D1533343

ENSAYO · FILOSOFÍA

**Roger Bartra** es doctor en sociología por la Sorbona y se formó en México como etnólogo en la Escuela Nacional de Antropología e Historia. Trabaja como investigador en el Instituto de Investigaciones Sociales de la UNAM y es miembro del Sistema Nacional de Investigadores; ha sido profesor e investigador visitante en diversas universidades en México y en el extranjero, entre ellas la Universitat Pompeu Fabra, en Barcelona; el Paul Getty Center, en Los Ángeles; la Universidad Johns Hopkins, en Baltimore; la Universidad de California en La Jolla; y la Universidad de Wisconsin. Es, además, autor de los libros *La jaula de la melancolía* (1987), *El salvaje en el espejo* (1992), *Oficio mexicano: miserias y esplendores de la cultura* (1993), *Las redes imaginarias del poder político* (1996), *El salvaje artificial* (1997), *La sangre y la tinta. Ensayos sobre la condición postmexicana* (1999), *La democracia ausente* (2000) y *Cultura y melancolía: las enfermedades del alma en la España del Siglo de Oro* (2001). En 1996 recibió el Premio Universidad Nacional y en 2004 fue nombrado investigador emérito.

## ROGER BARTRA
SELECCIÓN Y PRÓLOGO

# ANATOMÍA
# DEL MEXICANO

⊞ DeBOLS!LLO

**Anatomía del mexicano**

Primera edición en Debolsillo, 2005
Tercera edición, 2007
Cuarta reimpresión: enero, 2013
Cuarta edición: febrero, 2014
Primera reimpresión: febrero, 2015

D. R. © 2005, Roger Bartra

D. R. © 2015, derechos de edición mundiales en lengua castellana:
Penguin Random House Grupo Editorial, S. A. de C. V.
Blvd. Miguel de Cervantes Saavedra núm. 301, 1er piso,
colonia Granada, delegación Miguel Hidalgo, C.P. 11520,
México, D.F.

www.megustaleer.com.mx

Comentarios sobre la edición y el contenido de este libro a:
megustaleer@penguinrandomhouse.com

ISBN 978-607-312-151-4

Impreso en México/ *Printed in Mexico*

# Índice

# Prólogo

A lo largo del siglo XX la cultura mexicana fue inventando la anatomía de un ser nacional cuya identidad se esfumaba cada vez que se quería definirlo, pero cuya presencia imaginaria ejerció una gran influencia en la configuración del poder político. Esta antología ofrece a los lectores una muestra de los ensayos que han intentado aproximarse a ese ser nacional. Me parece que, como podrá comprobarse, los ensayos compendiados no solamente son una tentativa de entender el "alma mexicana", sino que son —con las artes plásticas, la ficción literaria, los programas radiotelevisivos, el cine, la televisión y la música— partícipes del proceso de gestación del canon nacionalista y revolucionario de "lo mexicano". Estoy convencido de que el siglo XX dio fe tanto del origen como del fin de esta curiosa modalidad cultural, aunque no cabe duda de que podemos encontrar un sinnúmero de precedentes y que veremos no pocas reminiscencias en los tiempos venideros.

Se ha dicho que los intelectuales de la primera mitad del siglo XX reflexionaban en los límites estrechos del aislamiento mexicano, dependientes de un pensamiento que debía pasar por París o por Madrid. Ése es nuestro infierno originario: el del atraso, el subdesarrollo y la dependencia. De allí que surgiesen fuerzas culturales que intentaron favorecer una acumulación intelectual propia, que sustituyese las importaciones, protegida por un mercado ideológico interno acotado por los gobiernos emanados de la Revolución mexicana. Por otro lado surgieron convicciones de que México albergaba, desde tiempos ancestrales, riquezas y recursos espirituales inagotables que era preciso rescatar, refinar, explotar e incluso exportar a las metrópolis para demostrar que treinta siglos de historia no habían pasado en vano. Todavía hoy encontramos rastros de estas corrientes economicistas y fundamentalistas, que al menos confluyen en un punto: en su profesión de fe esencialista. La tragedia del indigenismo de un Manuel Gamio radica precisamente en la contradicción que se esconde en el credo esencialista: la cultura india, alimento esencial, debía ser devorada y digerida por la modernidad. Si acaso hay una esencia cultural propia, única y específicamente mexicana, la relación de los intelectuales con esa mina es inevitablemente la del explotador de las riquezas naturales. Y la discusión tiende a centrarse en los procedimientos para extraer, procesar y distribuir la riqueza esencial, que puede ser considerada como un recurso natural renovable o no renovable. Estas ideas llegaron a adoptar, a finales del siglo XX, expresiones tecnocráticas; sirva de ejemplo sintomático la visión que quedó plasmada en los muy discutidos libros de texto de historia oficial que editó el gobierno salinista. Allí los mestizos fueron presentados una vez más como símbolos de esa sustancia primordial que constituye, supuestamente, la identidad nacional. Este mito nacionalista —racista y excluyente— ha ocultado la gran diversidad étnica de México. El libro oficial de historia de México al que me refiero (para cuarto año de primaria, publicado en 1992) termina con una exaltación nacionalista digna de la modernidad decimonónica: "La historia humana está llena de naciones desintegradas y de pueblos que no tuvieron la fortuna de volverse naciones". Así, los niños pueden comprender que México eludió, gracias a no se sabe qué hados benévolos, caer en el basurero de los pueblos desdichados carentes de personalidad y riqueza histórica. ¿No es ésta una desastrosa invitación para que los niños mexicanos sigan extrayendo de las insondables minas de la identidad los recursos míticos que les permitirán tolerar la miseria con dignidad? Por eso me parece que la identidad es un inquietante campo minado, en el doble sentido de ser un lugar atravesado por galerías subterráneas o sembrado de artefactos explosivos.

El lector que sienta curiosidad de explorar con detalle mis interpretaciones del canon de la identidad del mexicano podrá acudir a mi libro *La jaula de la melancolía* (1987). Esta *Antología*, por su parte, brinda la oportunidad de pasear por ese campo minado, a la vez familiar y extraño, y comparar las imágenes que se van presentando: creo que el lector no tendrá dificultad en reconocer la presencia de rasgos comunes en los pasajes, la luz de una especie de aura compartida por autores que difieren enormemente en sus ideas, sus sentimientos y sus inclinaciones. He querido que los lectores guarden la impresión paradójica de un manojo extraordinariamente heterogéneo de textos que sin embargo participan de una misteriosa afinidad. El conjunto de afinidades electivas, para usar la expresión de Goethe, que une los fragmentos de esta antología refleja, en mi opinión, el misterio del sistema político mexicano que creció a la sombra de la Revolución de 1910 y que dominó el país hasta el año 2000. Me parece que la explicación de ese "misterio" político se encuentra en los ámbitos de la cultura, en una compleja trama de fenómenos simbólicos que permitieron la impresionante legitimidad y amplia estabilidad del sistema autoritario a lo largo de siete décadas. He definido esta trama como una estructura de mediación o un tejido de redes imaginarias, cuyas huellas más remotas se encuentran en el mundo agrario y campesino que nació después de la Revolución de 1910. El régimen nacionalista revolucionario tenía una sólida base en muy complejos mecanismos de mediación política. El gobierno de la "revolución institucionalizada" sustentaba su legitimidad en una extraña gestación populista de formas no capitalistas de organización: una sucesión de reformas y refuncionalizaciones estimulaba la expansión de "terceras fuerzas", rurales y urbanas, que formaban la sólida base del régimen autoritario. En suma, surgió lo que alguna vez llamé un "poder despótico moderno" (Mario Vargas Llosa lo llamó "dictadura perfecta"), el cual no era un régimen fascista ni un poder represivo de excepción, sino un gobierno estable basado en una estructura mediadora no democrática capaz de proteger el proceso económico de las peligrosas sacudidas de una sociedad que albergaba todavía contradicciones de naturaleza no específicamente moderna. Esta estructura mediadora, en el campo de la cultura, cristalizó en la formación de la red de imágenes simbólicas que definieron la identidad nacional y el "carácter del mexicano". En estas redes ya no sólo hallamos al campesino cada vez más ilusorio creado por el nacionalismo populista, sino diversos actores, en realidad toda una compañía de teatro que escenifica una guerra en gran parte imaginaria. Muchos actores ficticios del drama son los llamados "marginales", una aglomeración simbólica que corresponde muy vaga y lejanamente a los grupos sociales reales que, más que marginados, viven materialmente aplastados bajo el peso de la miseria y la represión. El lector reconocerá a los marginales, en estas páginas, en la cohorte invocada de indios agachados, léperos enmascarados, mestizos relajientos, pelados inferiorizados, lidercillos gesticulantes o machos sentimentales. La investigación de esta simbología, que publiqué en el libro *La jaula de la melancolía*, produjo un diagnóstico poco optimista para el régimen: las redes mediadoras, estrechamente ligadas a la identidad nacional, se hallaban dañadas y por lo tanto el sistema estaba condenado a perecer. Gozo de la engañosa pero agradable ilusión de que mi modesta aportación crítica se unió en el año 2000 al amplio coro que logró la caída del sistema autoritario.

Al integrar esta antología, he querido invitar a los lectores a reflexionar sobre un aspecto inquietante de la transición democrática: ¿puede funcionar legítimamente un sistema político sin acudir al canon tradicional del nacionalismo revolucionario? ¿Podemos abandonar impunemente los estereotipos de la identidad nacional? ¿Debemos desechar la anatomía del mexicano para darle santa sepultura? ¿Es posible prever la forma que adoptarán las mediaciones legitimadoras bajo las nuevas condiciones democráticas que se abrieron en el año 2000? Intentemos imaginar si un nuevo y democrático sistema político mexicano podría funcionar y permanecer sin que su legitimidad se derive de la invención de redes mediadoras que lo liguen con la sociedad de su entorno, salvo por el funcionamiento de sus propios mecanismos electorales, y cimentar su cohesión sin acudir a estructuras simbólicas y normativas externas. Se trataría de un sistema legitimado por sí mismo, autónomo y basado en la racionalidad y la formalidad de la administración y en su capacidad de generar las condiciones políticas del bienestar. Con estos supuestos, el sistema político ya no requeriría de mediaciones ni, por tanto, de fuentes extrasistémicas de legitimidad. Para continuar en el ámbito de la termodinámica de los sistemas abiertos, tendríamos una actividad gubernamental estructurada de tal modo que lograría no sólo dominar sino además reducir la complejidad del medio ambiente social circundante, en la medida en que aumentase la complejidad de la actuación política. Es decir: uniformidad caótica —entropía— en la sociedad y orden sistémico en el gobierno.

Éste es, sin duda, el sueño de muchos administradores y tecnócratas, los cuales desearían tener la libertad de gestión suficiente para intentar, sobre la base de la "calidad total" y la racionalidad, que la gestión política vuele con impulso propio sin necesidad de recurrir a estructuras ideológicas o mediaciones sociales. En este sueño, en caso de que se presentara un déficit de racionalidad y eficiencia, el propio sistema lograría curar las heridas con medidas de carácter administrativo.

Esta utopía sistémica nos permite determinar rápidamente varias cuestiones estratégicas. Para comenzar, la gestión gubernamental debe operar sobre la base de una nueva cultura que sustituya al antiguo nacionalismo revolucionario. Se ha hablado de una cultura gerencial, cuya estructura simbólica debería tener la capacidad de articular la identidad del sistema político. No cabe duda de que, a escala mundial, se han acumulado muchas experiencias que alimentan la cultura gubernamental, enriquecida además por la transferencia de hábitos y prácticas procedentes del mundo empresarial. Desde luego, no quiero detenerme en detalles técnicos, sino preguntar: ¿es suficiente una cultura gerencial para dotar de legitimidad a un sistema político democrático? No lo creo, ni siquiera en el dudoso caso de que una cultura semejante trajese el bienestar económico a las amplias capas de la población más desposeída. La economía, por sí misma, no produce legitimidad.

La hegemonía de una cultura gerencial presupone que el sistema político mexicano, desde las elecciones del año 2000 que pierde el PRI, ya no requeriría —como he señalado— de fuentes externas de legitimidad: la eficiencia misma de las estructuras de gobierno debería ser una base suficiente para garantizar su continuidad. Pero como todos sabemos, y como es obvio, las estructuras gubernamentales en México están muy lejos de esa eficiencia gerencial y están demasiado contaminadas por modalidades corruptas, paternalistas o corporativas de gestión como para funcionar sustentadas únicamente por una nueva cultura gerencial y mercadotécnica. Es curioso que la oposición de izquierda haya sido la primera en usar la imagen según la cual, un grupo de políticos, encabezados por Vicente Fox, había ganado las elecciones de 2000 gracias a sus habilidades mercadotécnicas y gerenciales en la publicidad política, con las cuales había logrado engañar a millones de electores. El nuevo gobierno estaría ahora intentando trasladar su destreza gerencial a la administración pública.

Ésta es una explicación simplista que no permite comprender que la derrota del autoritarismo está inscrita en un complejo proceso de transición democrática. Distingo dos ciclos de la transición: el ciclo corto y el ciclo largo. El corto se inició con la crisis política de 1988, se extendió hasta las grandes tensiones de 1994, y finalizó con las elecciones del año 2000. Durante este periodo se produjo la transición política a un sistema democrático. Pero las causas profundas de la transición, que implican una gran crisis cultural, se inscriben en un ciclo largo que se inició en 1968 y que todavía no termina. Este ciclo largo comprende la crisis de las mediaciones nacionalistas que encarnaron en la anatomía del mexicano, y el lento crecimiento de una nueva cultura política. Precisamente en este ciclo de largo alcance podemos encontrar las señales de las nuevas formas de legitimidad. En los cambios y ajustes que propició el propio sistema en crisis podemos reconocer algunos indicios. Por ejemplo, frente a la crisis del nacionalismo el gobierno priísta optó por impulsar el Tratado de Libre Comercio y la globalización, y después, frente a los problemas de credibilidad, impulsó una reforma política que instauró un mecanismo electoral autónomo y confiable. Con estas medidas el gobierno priísta precipitó su fin, aunque su objetivo fuera todo lo contrario: alargar su permanencia en el poder. La oposición de izquierda interpretó equivocadamente las circunstancias: creyó necesario reconstruir la anatomía nacional, volver al nacionalismo revolucionario original (cardenista e incluso zapatista) y desarrolló una actitud populista de desconfianza ante la democracia electoral. El sector modernizante del PRI también se equivocó en su interpretación: creyó que los sectores tecnocráticos del gobierno, empapados de una nueva cultura eficientista y gerencial, habían logrado la legitimidad suficiente para triunfar en las elecciones de 2000. Se equivocaron, y su candidato perdió la contienda. Este desenlace es también una señal de advertencia a los nuevos gobernantes foxistas: sus capacidades empresariales, su talante tecnocrático y su inspiración gerencial —útiles sin duda en las tareas cotidianas de la administración— no serán suficientes para garantizar una nueva legitimidad. El nuevo régimen democrático necesitará arraigar en los mismos procesos de largo plazo que propiciaron la caída del sistema autoritario. Lo que no sabemos es si el gobierno de Vicente Fox podrá auspiciar este profundo proceso de cambio o se contentará con una gestión hábil y decorosa que, en el mejor de los casos, impida la quiebra del país. La historia reciente de otros países latinoamericanos (Argentina, Bolivia, Ecuador, Perú, Venezuela) nos indica que no estamos a salvo del peligro de naufragio. Así, el ángel de la historia le agradecería al gobierno de Fox haberse convertido en una eficiente agencia de pompas fúnebres encargada de sepultar al sistema autoritario, pero no lo consideraría un gran reformador que hubiese abierto las puertas a una nueva civilidad política y a una cultura política avanzada. Hay algunas señales inquietantes que indican que el gobierno de Fox podría contraponerse al curso profundo de la transición, contribuyendo con ello a frenar un ciclo de por sí lento. En todo caso, me parece que no será posible —ni sería benéfica— una amalgama de los mecanismos que el gobierno de Fox pueda emplear para mantener e incluso incrementar el apoyo popular y los procesos de gestación de una nueva cultura civil y democrática. Pero una contraposición entre el gobierno y la nueva cultura cívica emergente sería dramática y desastrosa.

El poder estatal no sólo se legitima por un ejecutivo eficiente, un parlamento representativo y una vigilancia justa. Se legitima principalmente por procesos culturales, educativos, morales e informativos que constituyen redes de vasos comunicantes que no respetan las fronteras tradicionales, ni las que dividen a los tres poderes, ni las de carácter territorial (sean electorales, estatales, nacionales, etcétera) ni las que separan los órdenes jerárquicos. Estas redes tienden a establecer nuevas y diversas formas, relativamente autónomas, de poder ciudadano.

Se trata de redes extraterritoriales, metademocráticas, transnacionales, globales o incluso posnacionales. A primera vista estas redes culturales abarcan un conjunto extremadamente heterogéneo: medios de comunicación (prensa, radio, televisión, internet); escuelas y universidades; grupos étnicos, religiosos, sexuales; editoriales y hospitales; organizaciones no gubernamentales, iglesias, sectas y agrupaciones marginales con vocaciones diversas (desde actividades paranormales hasta actuaciones paramilitares, desde pacifistas vegetarianos hasta dogmáticos terroristas).

Se trata de un nuevo espacio de poder más atravesado por los flujos culturales y simbólicos que por el intercambio de bienes materiales: un espacio legítimo, generador de legitimidad, pero poco y mal legislado, impulsado por una economía emergente que se basa más en la producción y circulación de las ideas y menos en la de objetos, más en el *software* que en el *hardware*.

La expansión de áreas de gestión autónoma y democrática tiende a ligarse a otro fenómeno: el paulatino surgimiento de una condición postnacional. La erosión del nacionalismo y su crisis como mecanismo legitimador no es una invitación a propiciar, como reemplazo, un nuevo nacionalismo: es más bien una señal de que comenzamos una época en que los fundamentos de la gobernabilidad no se encuentran en la exaltación ideológica de los valores nacionales. Es comprensible que esta situación haya alarmado a las fuerzas democráticas: en cierta medida estamos presenciando el derrumbe de viejos paradigmas progresistas y el surgimiento de amenazas renovadas. Pero una parte de la izquierda ha enfrentado los nuevos procesos con una actitud conservadora y estrecha: sólo advierte las amenazas de la privatización y de la dependencia con respecto a las redes globales, pero no comprende que es importante impulsar otros aspectos del proceso, como la ampliación de las autonomías democráticas y el combate a la corrupción (empresarial, burocrática o la ligada al narcotráfico y al crimen organizado).

La vieja izquierda aún tiene reacciones conservadoras ante estos cambios y adopta actitudes llamadas globalifóbicas, en lugar de analizar críticamente el proceso para descubrir aquellas facetas cuyo impulso puede auspiciar una elevación general de las condiciones y la calidad de la vida. Nos enfrentamos a una situación compleja y dramática: comprobamos que el desarrollo capitalista no conlleva necesariamente —como se creía y como todavía algunos creen— un empobrecimiento material de la población, pero en cambio sí abre nuevos espacios que contribuyen al empobrecimiento cultural y espiritual de la sociedad.

Éste es un problema espinoso y complicado. El empobrecimiento cultural no es, como se creía en los sesenta, una igualación mundial a fin de adaptar a la población a un mercado único, de acuerdo a modelos gestados por las sociedades de consumo altamente industrializadas. Las grandes amenazas no provienen de la circulación global de mercancías, ideas, valores y símbolos culturales, sino de otro proceso que acompaña a la globalización, como su sombra: el fortalecimiento de poderes locales que, en muchos casos, recuperan tradiciones culturales provincianas imbuidas de costumbres religiosas y fanatismos étnicos, intereses caciquiles o corporativos. No me refiero solamente a los poderes regionales que surgen gracias a la descentralización o a la federalización, sino también a aquellas fuerzas que se aprovechan de la simplificación de la normas y de la autonomía de lo que he llamado el cuarto poder (o los poderes culturales, sobre todo en los medios de comunicación, en la educación y en las instituciones religiosas), para impulsar, no los símbolos globalizadores del neoliberalismo y del mercado mundial, sino una extraña mezcla de rancios valores conservadores con la arrogancia soez de los nuevos ricos. Un coctel de globalización y provincianismo nos ofrecen cotidianamente muchas declaraciones de los jerarcas de la Iglesia, al igual que numerosos programas radiodifundidos y televisados. Un ejemplo extremo, pero revelador, es patente en la cultura del narcotráfico, combinación de catolicismo parroquial con crueles y desenfrenados apetitos de riqueza, de cursilería ranchera con negocios transnacionales. Otro ejemplo: cuando determinadas costumbres provincianas se transforman en reglas sancionadas en municipios o estados, se corre el riesgo de consagrar formas de gobierno integristas, sexistas, discriminatorias, religiosas, corporativas o autoritarias.

He enfatizado los problemas culturales no sólo porque mi oficio de antropólogo me obliga a ello, sino además porque estoy convencido de que el futuro de la democracia en México está estrechamente vinculado a las maneras en que la cultura política generalizará nuevas legitimidades. Pero, para concluir, quisiera plantear a otra pregunta: ¿qué procesos culturales legitimadores se implantarán realmente en los próximos años? Como no soy tan optimista para creer que el nuevo gobierno impulsará decididamente un amplio proceso de reformas, ni para pensar que en la sociedad mexicana no hay fuerzas poderosas que intentarán obstaculizar los cambios aun antes de que puedan siquiera proponerse formalmente, no puedo sino suponer que nos enfrentaremos a un periodo de turbulencia política. Si bien pueden presentarse sorpresas, hay indicios de que la turbulencia misma producirá elementos estabilizadores que podrían fortalecer la cohesión de las fuerzas democráticas e incrementar la eficiencia del sistema democrático. Es síntoma de que se trata de elementos extrasistémicos generados por las tensiones a que están sometidas las viejas estructuras y las antiguas ideologías, así como por las tendencias a la acumulación exorbitante de capital. Me parece que somos testigos de los primeros estadios del proceso substitutivo de los viejos actores, de los héroes cantinflescos con sentimientos de inferioridad, de los indios dormidos bajo un enorme sombrero, de los pachucos, de los revolucionarios corruptos, de la raza cósmica o de los mestizos albureros. Los nuevos actores extrasistémicos configuran lo que se podría denominar una franja de marginalidad hiperactiva, compuesta por sectores del PRI en descomposición, guerrillas virtuales y guerrillas reales, crimen organizado y cárteles de narcotraficantes, movimientos de protesta urbana y suburbana, y diversas agrupaciones paramilitares o terroristas. En realidad no se trata de un fenómeno desconocido: desde 1994 —con el alzamiento zapatista y los espectaculares asesinatos políticos— la sociedad mexicana comenzó a vivir los típicos procesos de cohesión y contracción que, si no rebasan los límites críticos, dan legitimidad a la actividad gubernamental. En mi opinión podemos observar cierta fragilidad en esta peculiar dialéctica espectacular entre una nueva marginalidad hiperactiva y la correspondiente cohesión de las fuerzas que intentan estabilizar una normatividad democrática del nuevo gobierno. Es cierto que este proceso implica la legalización (o, al menos, la legitimación) de una amplia variedad de expresiones políticas, étnicas, sexuales o religiosas, lo cual es un fenómeno enriquecedor. Sin embargo, también entroniza costumbres relacionadas con la violencia, la corrupción y las formas ilegales de protesta, las cuales es preciso evitar que se generalicen. Estas costumbres son como las drogas: su abuso puede llegar a generar dependencia. Ello fortalece sólo la estabilidad de las formas de un consenso lograda más por el temor que por el convencimiento cívico. Al mismo tiempo estos procesos obstaculizan la consolidación de un sistema democrático y republicano de partidos políticos modernos, un sistema sin el cual resulta casi imposible pensar en una nueva legitimidad democrática, cuya pluralidad abra las puertas a la imaginación social y a la creatividad política.

ROGER BARTRA

# I

## Primeras disecciones

# La sensibilidad del mexicano

EZEQUIEL A. CHÁVEZ

Señores:

1. Entre los más importantes estudios, tiene particular categoría el que lleva por fin delinear el carácter de los pueblos: debiera ser firme cimiento de cuantas disposiciones se refieren a cada sociedad; así las que intentan transformar la rigidez oscura de su ignorancia en la acertada y luminosa adaptabilidad de su inteligencia, como las que procuran convertir a los enemigos del cuerpo social en unidades cooperativas del mismo, y las que se esfuerzan por vigorizar los vínculos todos que a los hombres ligan.

Por no tener en cuenta la cardinal observación de que el carácter, o lo que es lo mismo, la resultante de todas las condiciones psíquicas de

---

Ezequiel A. Chávez (1868-1946) fue un prolífico ensayista y filósofo de orientación positivista que ocupó cargos importantes, en instituciones educativas, durante la época porfiriana. Es conocido especialmente por su interpretación psicológica de la vida de sor Juana Inés de la Cruz, a la que vio como una dama casta enamorada espiritualmente de un hombre que más bien deseaba su cuerpo: asqueada Juana Inés, habría tomado el velo de monja (*Ensayo de psicología de sor Juana Inés de la Cruz,* 1931). Ezequiel Chávez presentó el 13 de diciembre de 1900 una memoria en una sesión de la Sociedad Positivista que puede considerarse como el punto de partida de los estudios sobre el carácter del mexicano en el siglo XX. La memoria, que a continuación se reproduce, se tituló "Ensayo sobre los rasgos distintivos de la sensibilidad como factor del carácter mexicano", y se publicó en la *Revista Positiva* (núm. 3, 1° de marzo de 1901).

los individuos, varían con los pueblos, se incide a veces en el absurdo de querer trasplantar, lisa y llanamente, a un país instituciones educativas, represivas o políticas que han florecido en otro, sin reflexionar en que acaso no sean aclimatables en el intelecto, en los sentimientos y en la voluntad de los pueblos a quienes se trata de mejorar, ofreciéndoles un presente tan precioso tal vez, cuanto inadecuado.

Por olvidar asimismo que una institución social no es viable sino cuando está en consonancia con el grado de desenvolvimiento de las aptitudes mentales características del pueblo en el que se trate de implantarla, es por lo que a menudo se ha forjado en abstracto un sistema, para aplicarlo a un país, como se quiso hacer por los revolucionarios del glorioso año de 1789 que intentaron vaciar en el brillante molde de sus fantasías de patria francesa, sin ver que ésta, más grande aún que sus vastos ideales y diversa de ellos, iba a quebrarlos, apenas se quisiera encerrarla en los mismos.

La observación de que no basta que una ley satisfaga en abstracto a la inteligencia, sino que es indispensable que en concreto se adapte a las condiciones especiales del pueblo para el que se haya ideado, es sin embargo novísima, y de aquí nace la lamentable consecuencia que tantas veces ha podido notarse, sobre todo en los pueblos de educación latina, de que, planes maravillosamente trazados sobre el papel, constituciones armónicas, como los sueños de Platón, se estrellan en las asperezas de la práctica, o quedan en parte sin cumplirse, en tanto que en los pueblos de educación sajona por lo contrario, casi nunca se legisla para edificar sino se construye primero, y luego se formula en leyes lo que ya vino, lo que ya está hecho.

Aun entre esos pueblos conviene sin embargo observar si las instituciones que los rigen se adaptan en todo a sus rasgos psíquicos característicos, o si en parte son productos arbitrarios y artificiales, que convenga ir adaptando mejor.

Dificilísimo es en todo caso fijar en cualquier pueblo los rasgos distintivos de su carácter, los que hagan que determinadas formas constitutivas, de educación o de represión, lo perfeccionen, y que otras no le sirvan; y de aquí resulta que puede afirmarse que no hay un solo país en el que descanse sobre una base verdaderamente científica la pública organización.

No obstante, en varios pueblos se ha principiado ya a estudiar el carácter nacional, al que debían adaptarse las instituciones, y es valioso ejemplo de tal estudio el fino análisis que, de la psicología de los eslavos, ha hecho el hábil observador Sikorski; pero mejor que en casi toda Europa en los Estados Unidos se procura en el momento presente, observar y analizar las condiciones psíquicas de los elementos nacionales tales como aparecen en la infancia o en la juventud y a ese fin los alumnos en los laboratorios de psicología experimental de las universidades se someten a múltiples observaciones para adaptar a las circunstancias de cada cual los métodos apropiados y las dosis y la dirección de trabajos que le convengan.

En México casi nada o a lo menos demasiado poco hay sobre el particular; sabemos todos que somos distintos psíquicamente de un francés o de un angloamericano, de un chino o de un alemán; pero ignoramos en qué consiste la diferencia; por lo mismo conservamos en parte la ilusión de que instituciones buenas en otros países serán buenas también en el nuestro, sin hacerlas sufrir modificación ninguna; y tenemos a veces por la falta de estudio de tales asuntos, el candor de creer que podrán copiarse organizaciones ajenas y colocarlas sobre el organismo nacional de un modo perfecto, cuando sabemos que un simple traje bueno para un sajón no puede avenirse a un mexicano sin hacerle sufrir modificaciones considerables.

En el vacío de conocimientos expuestos hasta ahora sobre el carácter nacional flotan sin embargo varias observaciones felices, pero casi desarticuladas y de empírico valor; importa en consecuencia elaborar el estudio que en el particular no existe; fruto suyo será la institución científica del tratamiento adecuado, para la educación de los diversos componentes del cuerpo social, para la represión de los delincuentes, para la coherencia de los asociados todos.

2. Tal estudio no puede hacerse rápidamente: tiene singular dificultad porque representa como ya lo he dicho, la resultante de los fenómenos psíquicos que se revelan en los numerosos individuos que componen un pueblo y dichos fenómenos se encuentran inextricablemente entremezclados.

Por lo mismo para empezar el trabajo, en este enorme y poco explorado dominio, es indispensable dividir la dificultad en partes, como lo aconsejaba en sus reglas sobre método el inmortal Descartes, y perseguir cuidadosamente la solución de una parte del problema a fin de pasar a otra más tarde.

Debido a esto, he hecho punto omiso de los demás factores del carácter mexicano y he concretado el presente estudio a los rasgos distintivos de la sensibilidad como elemento constitutivo del mismo carácter.

Aun reduciendo así el campo de mi investigación, estoy seguro de que mi esfuerzo no puede merecer más que el título de ensayo, que habrá de corregirse y completarse más tarde; pero a lo menos me lisonjeo de que tendrá el mérito de iniciar estudios sistemáticos sobre un asunto que, como éste, debe servir de base a todas las futuras instituciones que en el país procuren plantearse.

3. Desde luego conviene notar que, en tanto que en otros lugares los pueblos constitutivos han sido machacados por el mortero de los siglos, hasta llegar a formar un solo cuerpo con cierta homogeneidad común, esto no ha pasado aún en el nuestro, pues el viejo sedimento indígena, a pesar de que han transcurrido ya cerca de cuatro centurias del principio de la Conquista, rige aún en varios millones de individuos, independiente, refractario y con carácter propio; asimismo con carácter propio se presenta el grupo de los descendientes directos y sin mezcla de los extranjeros y por último forman otros dos grupos irreductibles los individuos de razas mezcladas; dos grupos digo y no uno como siempre se afirma; dos porque son bien diversos: por una parte el descendiente de razas mezcladas que secularmente ha tenido antecesores constituidos en familias estables; ése es el resistente nervio del pueblo mexicano; y por otra parte el también descendiente de razas mezcladas pero que, en vez de tener un árbol genealógico de familias constituidas que le hayan dado una educación social y le hayan formado un alma de cooperador orgánico, ha tenido por lo contrario secularmente como antecesores individuos fortuitamente unidos en desamparado tálamo de incesantes amasiatos, el que tiene así la desgracia de ser hijo, nieto y biznieto de efímeros azares, el que al nacer se encontró rota o deshecha su familia, como rota la habían encontrado sus progenitores y los progenitores de éstos, forma el bajo fondo de la sociedad, es la hez de la misma, y fuera injusto aplicar a la parte restante de ella los rasgos distintivos que hubieran podido observarse en el

que no forma el elemento cooperador sino el destructor, el disolvente, el que flota como escoria en cierto tiempo en las calles e hincha luego el pletórico seno de los rebosantes presidios.

4. Son así diversas las observaciones que pueden hacerse en cuanto a los componentes demográficos de México: y será forzoso ir analizando lo peculiar de cada uno de dichos elementos, tanto al exponer los rasgos característicos de la producción de la sensibilidad, que será lo primero que bosqueje en este estudio, como al decir lo que a mi juicio caracteriza en sí misma dicha sensibilidad y al tratar en seguida de su duración y fuerza, para concluir por último con sus efectos sobre la conducta.

Seguiré así en mi exposición el mismo orden que sigue la vida, es a saber: nacimiento del fenómeno, su caracterización, su permanencia, sus efectos y término; y una por una de estas fases progresivas de la sensibilidad irán siendo estudiadas en mi bosquejo con referencia, de un modo alternativo, a los indígenas, a los mestizos vulgares y a los mestizos superiores que son los tres componentes propiamente dichos del pueblo mexicano; muy pocas observaciones haré en cambio respecto de los extranjeros y sus descendientes directos cuya múltiple connotación psíquica sólo mediatamente puede ser objeto de este trabajo.

5. Refiriéndome, pues, al primer punto que he indicado cabe preguntar: *¿cualquier excitante determina en los mexicanos con facilidad las emociones?* ¿son éstos para nuestros compatriotas fenómenos de pronto y rápido nacimiento como lo son para los franceses? ¿Basta una chispa para encender la sensibilidad o bien es al contrario de eclosión difícil y trabajosa y se necesitan reiterados estímulos, múltiples provocaciones, repetidos esfuerzos para formarla?

a) Desde luego por lo que se refiere a la raza indígena no temo asegurar que su sensibilidad se despierta con trabajo: nace poco a poco y durante largo tiempo resiste a los excitantes que tienden a provocarla: por eso en toda la América, desde los paralelos que se inclinan hacia la Osa Mayor hasta los que alumbran los claros rayos de la Cruz del Sur, es proverbial la flema imperturbable del indio, su estoica taciturnidad, su impasible inercia: todos los viajeros, a cualquiera nacionalidad que pertenezcan, la han observado y a esta dificultad muy grande para excitarla, se debe a que la obra de la civilización no tan trabajosa para esta masa compacta que por su misma insensibilidad relativa, no llega a tener nuevas necesidades y en consecuencia no acepta nada que rompa la cadena de sus hábitos: ni la lengua española de la que apenas posee unas cuantas voces carentes de sintaxis, prosodia y ortografía, ni la religión católica, de la que sólo ha asimilado partes de los ritos y de las formas exteriores; ni los útiles, ni los trajes, ni las habitaciones ni las costumbres.

La dificultad extraordinaria para suscitar emociones en el indio permite decir en consecuencia que parece tener desdén por todo: por el progreso como por el retroceso, por la muerte como por la vida, por el trabajo como por el descanso, por la esperanza como por la desesperación y si así pasa se debe a la dificultad inmensa que existe para que se desenvuelvan en él los procesos afectivos; en efecto, no mueven al hombre las ideas sino las emociones: el indio es un inerte sobre el que no se ejerce, sino débilmente, el factor fundamental de los actos.

Esta dificultad que a veces llega a ser casi imposibilidad de conmoción, es la que ha hecho que se diga que los millones de individuos de la raza indígena, que nuestra patria y la América latina albergan y forman una masa inconmovible que el progreso tiene atada en el pie y que dificulta y amengua sus movimientos.

b) Condiciones diversas son advertibles en los restantes elementos nacionales: en efecto, tanto los descendientes puros de los europeos que han venido al país como los individuos de las razas mezcladas tienen facilidad mayor para experimentar emociones; pero es de notarse que dicha facilidad presenta a su grado máximo en los europeos y en sus descendientes que a veces por males relativamente pequeños han querido volcar sobre México los horrores de la intervención extranjera y que durante la primera mitad de nuestra vida independiente, aguijoneados por esta facilidad de sentir los diversos cambios de la política y de su situación personal, pasaron de las antiguas filas de los realistas, como lo hicieron Iturbide, Santa Anna y otros muchos, a las filas de los independientes y de unas banderías políticas a las opuestas, repetidas ocasiones.

c) Excitabilidad menor en un grado puede advertirse en los hijos de familias mezcladas y regularmente establecidas; menos capaces de nutrir refinamientos de comodidad que la clase anterior nota, han resistido mejor también a las turbulencias; han visto sin conmoverse demasiado las tormentas públicas y han conservado en medio de los vaivenes su viejo asiento.

d) En cambio la clase sin raíces, la de los mezclados sin árbol genealógico fijo, tiene una sensibilidad variable: fácil en sumo grado para lo que estimula sus apetitos; inerte y como inexistente para las comodidades de la vida: así se explica la prodigiosa facilidad con que el mestizo de que hablo se enreda en relaciones amorosas y funda hogares que nunca duran más que efímeros tiempos, así se explica también la facilidad con que gasta más de lo que tiene, razón por lo que a menudo el mismo día o al menos muy poco después de la *raya,* tiene que acudir al *empeño*, para obtener a cambio de prendas, que por lo común pierde, el dinero necesario para satisfacer innumerables tentaciones y poquísimas necesidades; así se explica además que no le importe vivir desgarrado y sin muebles ningunos, siempre que sus apetitos encuentren satisfacción adecuada.

Queda de este modo señalado al primer rasgo distintivo de la sensibilidad mexicana por lo que se refiere a su modo de producción: superabundantemente fácil en el europeo y en el criollo, relativamente moderada en el mestizo de buena cuna, casi imposible en el indio; variable pero a menudo rápida en el mestizo vulgar.

6. Pasemos por lo mismo a otro punto: la sensibilidad propiamente dicha, caracterizada por el placer o el dolor en sus múltiples aspectos, se enriquece y se matiza al extremo bajo la influencia de las ideas que, involucrándose en condiciones variadísimas, forman como espléndido cortejo, innumerables emociones. De aquí por lo mismo nace el segundo problema: *una vez producida la emoción ¿qué la distingue en el carácter mexicano?* Predominan en ella las condiciones que pudiéramos llamar viscerales, o bien las modifica una opulenta y fácil cerebralización: si lo primero, debemos encontrar unas cuantas formas de emociones, siempre fecundadas por las ideas pero por pocas y apenas diferentes; si lo segundo, se nos presentará una cosecha múltiple de sentimientos, de numerosos colores y de floraciones diversas.

Tiene en esto particular influencia la instrucción, que arroja conocimientos en el vacío colmenar del cerebro: de aquí surgen por lo mismo hondas diferencias en nuestras masas sociales.

31

a) Para el indio, desprovisto en general de cultura y atado por viejísimos tradicionalismos así como por las paralizantes lianas de la superstición y por indestructibles hábitos, no puede haber muchas sino al contrario bien pocas emociones: por eso en tanto que casi respecto de todo es indiferente y permanece inerte, sólo llega a sentir lo que por largos años lo excita, y sólo llega a querer lo que una necesidad inveterada le hace experimentar: de aquí resulta que no concibe aún la patria mexicana; pero sí concibe su tierra y en particular ama la que le da su casi irrisoria alimentación, por eso el indio no defiende espontáneamente y por su sola iniciativa el territorio nacional: no sabe que a tanto se extiende su patria; defiende nada más su montaña, su terreno que conoce bien y que lo mismo disputa a las fuerzas extranjeras que a las federales y tanto a las de un Estado como a otro grupo de indios a quienes batirá implacablemente si con él tiene pleitos de dominio.

Suscitado así su firme amor a la tierra, con la que ha vivido por siglos en estricta unión y de la que ha sacado su vida misma, se ha suscitado también por la repetida influencia de inveteradas condiciones de un medio social despótico, la aversión por cuanto pueda limitar su libertad personal: aversión que lo hace desconfiado y receloso para todas las innovaciones, que lo empuja al aislamiento, que lo obliga a huir de las ciudades, que lo esconde en las serranías y lo aísla en los despoblados y que siempre que viene acompañada del sentimiento de su impotencia, cuando está sumergido en la civilización que no entiende, lo hace soportar, lo vuelve estoico; pero que en cambio le da entereza extraordinaria cuando este sentimiento de impotencia se desvanece.

Sin embargo, como el indio sabe bien que forma el cimiento secular de carne y de dolor sobre el que se yergue el edificio social, y tiene casi siempre perdida la esperanza de volcar la masa gigantesca que sobre él descansa en inmensa mole, busca a veces una puerta de escape de su razón en la embriaguez que lo enloquece y que lúgubremente lo hunde en el pesado mar de sus opacas alucinaciones.

La embriaguez sin embargo es transitoria y el peso de la vida es constante: el indio comprende por tanto que el único descanso definitivo es la muerte y si ya hoy no se suicidan numerosos indígenas como lo hicieron cuando los gobernantes españoles se empeñaban en arrancarlos de sus pobres tierras y hundirlos en la sentina de las ciudades, a lo menos tienen una suprema indiferencia por la muerte: perecen con verdadero estoicismo en los campos de batalla; en el patíbulo, sin pestañear siquiera, o en un lance vulgar, y en tanto que para los extranjeros *estar en capilla* es padecer el mayor de los suplicios, esto deja al indio frecuentemente impávido; con exageración se ha dicho que la muerte es para él un placer y que así lo patentiza en las fúnebres fiestas de los *velorios*: es decir demasiado; pero a lo menos casi no es un dolor y ha perdido el espanto tradicional que para otros pueblos tiene. Gracias a ello, resulta por lo mismo constituida la gran tetralogía de las emociones del indio: su amor a la tierra que le da de comer, su aversión idiosincrática y laudable a todo despotismo, su frecuente inclinación a la embriaguez y su indiferencia impávida por la muerte.

Las cuatro emociones así nacidas tienen sin embargo frecuentemente otra que les sirve de coronamiento: cuando en un desamparo el indio siente una mano que lo protege y lo levanta, experimenta una sorpresa tan profunda que determina un sentimiento más: un sentimiento que no es el de la amistad porque la amistad supone igualdad parcial y él no la siente, un sentimiento que es más que la gratitud y casi no menos que la adoración; ese sentimiento es el que hacía venir a los indios en busca de su protector fray Pedro de Gante, trayéndole flores y humildes frutos, sin que nada ni nadie pudiera convencerlos de que años atrás Gante había muerto; ese sentimiento es el que hizo en el Paraguay el imperio de los jesuitas, más fuerte que el de los españoles, y el que obtuvo numerosas veces la pacificación de tribus indómitas, que ningún guerrero vencía y que a menudo docilizaban en la Nueva España los misioneros.

Ese estado afectivo es también el que nace todavía ahora hacia los curas de pueblo y de montaña que a veces en apariencia y a veces de veras practican las virtudes del Cristo; pero tanto esta intensísima gratitud, sublimada en el fervoroso culto que se rinde a la Virgen de Guadalupe, a la divina amiga de Juan Diego, cuanto la aversión al despotismo y el amor al terruño, lo mismo que la inclinación al alcohol, como lenitivo de las miserias, y la fúnebre satisfacción de la muerte, no han nacido sino lentamente por el efecto secular de los sufrimientos y no se matizan ni se diversifican por la acción de las ideas, de modo que en resumen para el indio la sensibilidad se acerca a la forma que hemos llamado visceral, más honda pero menos cerebralizada.

b) Diversa es la condición del mestizo vulgar que enriquece su rápida sensibilidad fundamental con mayor número de ideas, y que, del hecho de vivir en las ciudades saca todas las sugestiones del magullamiento social: siendo como ha sido siempre un desheredado y no habiendo tenido ninguna o casi ninguna familia constituida, ni para él ni para sus abuelos, ha comprendido bien que todos sus triunfos y sus goces los debe a su arrojo, a su valor personal y que no debe esperar nada de nadie: por eso, como dice el conocido escritor Francisco Bulnes:

> es fanfarrón y valiente... pero no es supersticioso, ni potruco, ni semidiós... es prácticamente polígamo, infiel a todas sus damas, a sus dioses y a sus reyes. Es un espíritu bárbaramente... escéptico desinteresado como el indio, con una gran virtud, nada, ni nadie le produce envidia. No tiene más aspiración más que la de ser muy hombre... ama a su patria y tiene el sentimiento de lo que es una gran nación; es fiel como un árabe cuando promete pelear e informal como un astrólogo cuando promete saldar sus deudas... es anticlerical, jacobino sin apetito sanguinario: se burla de los frailes sin aborrecerlos y le entusiasma todo lo que es progreso, osadía, civilización.

Este cuadro en el que yo suprimiría el aserto de que entusiasme al mestizo vulgar todo lo que es progreso y cultura, pues estimo que eso no es exacto, me parece que debe completarse por otro rasgo que no se ha señalado: al hecho de que el mestizo vive perdurable e impenitentemente sin residencia duradera, sin hogar, por las condiciones especiales que lo han hecho nacer, se debe a que su sensibilidad no se intelectualice con la representación mental de lo futuro: rica y rápida para todo lo presente es una mariposa en torno de los placeres: no resiste ni a la tentación de la burla fácil, ni a la de la bebida embriagante, como no resiste a la sugestión de la falda que pasa o a la del motín callejero, ni a la de la pereza del san Lunes: en cambio, incapaz de asociar en sus emociones lo futuro, ni concibe la economía ni la vejez: no trata de salir de su esfera social de libertad y de irregular trabajo, ni se preocupa por aspiraciones superiores: su sensibilidad en consecuencia desde este punto de vista pudiera definirse como cerebral ciertamente, pero intuitiva, concreta, imaginativa, no intelectual propiamente dicha, abstracta y deductiva.

c) Por lo contrario, en el mestizo superior la sensibilidad se eleva hasta un grado más alto intelectualizándose: capaz de experimentar todas las emociones las experimenta en efecto todas, y las anima con el soplo fecundo de las ideas que, cuando se imponen con el ímpetu avasallador de los deseos y se levantan a lo mejor imaginable, se transforman en ideales: el mestizo superior en México ha sentido el ideal de la Independencia, de la Reforma, de la democracia, de la instrucción obligatoria, de la civilización profusa y gratuita y los va creando, no con la labor paciente y segura del anglosajón, paso tras paso, sino deductivamente, y a grandes y aunque a menudo torpes vuelos, lanzando sobre la república la fulguración de sus principios; deslumbrando con un Sinaí de profecías, con un Tabor de decretos; estrellándose hoy en parte con las realidades tardías, corrigiéndose hoy mismo y sin esperar a mañana para provocar nuevas auroras.

7. a) Estos caracteres permiten comprender los relativos a la *duración y fuerza de la sensibilidad,* en efecto: resultado de la poca cerebralización de las emociones en el indio es su maciza profundidad, su hondo enraizamiento, su fuerza indestructible: tal es el tercer rasgo distintivo que puede considerarse como fruto de los dos precedentes: con dificultad se produce la emoción en el indígena; pero por lo mismo rara vez viene una nueva a romper la secular estática de los antiguos sentimientos; con dificultad penetran ideas a matizar sus emociones y por eso no las diversifican ni las enriquecen; pero en cambio la fermentescible levadura del pensamiento no las altera, no las deslíe; las deja momificadas, incólumes, en su secular y sordo desenvolvimiento.

La profundidad de las emociones en el indio pudiera compararse así al surco que se abriera en el lecho de una laguna cuya superficie no se rizara sin embargo: honda y oscura la huella abierta por la dominación centurial no ha dejado vestigios en el magnífico bronce de los semblantes: el indio es comparable a menudo a un volcán coronado de nieves: es superiormente impasible aunque esté profundamente llagado: ni una sola contractura rompe la soberana armonía de las líneas de su rostro por más que la raza entera como el semidiós Cuauhtémoc haya tenido las plantas de los pies y las palmas de las manos consumidas a fuego lento.

De esta profundidad en las emociones nace una tenacidad inmensa, testarudo como el indio se dice a veces y debiera considerarse frecuentemente esta frase como un grande elogio: tal firmeza en las emociones no es nueva; en México indesarraigables eran los sentimientos del puñado de valientes que, aunque hubieran de impedirlo las tribus antes establecidas y la falta de terrero aprovechable, se apoderaron de la laguna donde hoy se asienta la capital de nuestra república: su firme decisión nacida de la tenacidad de sus emociones los hizo no doblegarse ante nada, crear jardines donde había pantanos, y palacios donde se sacudían revueltas aguas. La firmeza también de un amor patrio hizo a los aztecas resistir con heroísmo sin límites contra centenares de miles de hombres, en un asedio que eternizó la valentía indomable de aquellos dos titanes que se llamaron Cuitláhuac y Cuauhtémoc. La tenacidad igualmente de sus odios contra los que habían menoscabado sus libertades fue por otra parte la que hizo que millares y millares de indígenas ayudaran sin tregua al feroz extremeño, estimulándolo y casi forzándolo a tomar a México; aun hoy el invencible amor al terruño mantiene diez años a los yaquis el arma al brazo, luchando por defender las tierras que habían explotado en Sonora, y de generación a generación pasa a pueblos de indios, en sus interminables litigios sobre propiedad de inmuebles.

Esta incontrastable fuerza, esta pertinaz durabilidad de los sentimientos en el indio, no sólo es característica de los que han carecido de la cultura europea desde los tiempos más viejos hasta nuestros días: es también característica de los indios ilustrados: sello propio de la raza; cuando el sangriento sable de los realistas había debelado cabezas de insurgentes sobre todo el haz de la patria, cuando en todas partes los leones de los combates habían abandonado la lucha, un indio casi puro, el infrangible don Vicente Guerrero, persistió sin descanso, con la misma fe en el alma y la misma esperanza en el espíritu, sin desmayar ni flexionarse ante nada.

Este grande ejemplo no es único: el inmortal Benito Juárez es benemérito no sólo del Nuevo Mundo sino de la conciencia de la humanidad, porque los propios sentimientos patrióticos que le dieron una actitud genial en las primeras horas de la guerra de Reforma, lo acompañaron sin un segundo de vacilación en el desierto sin agua y sin pan de las estepas del norte, en el que pudo parecer definitivo el derrumbamiento de las esperanzas de libertad de México, cuando por largo tiempo la intervención se afianzaba en la capital del país.

Pero para comprobar de un modo pleno que tal estabilidad de sentimientos es idiosincrática en el indio, quiero aún recordar a dos hombres eminentes, es el primero: un resuelto cultivador del jardín de la literatura patria, el maestro Altamirano, en cuyo ánimo sólo había un amor: el de México, sublimado en sus genios por excelencia en Cuauhtémoc y Morelos, y sólo un odio, el de la tiranía, intensificada en sus más gigantescos sicarios, los conquistadores. El otro modelo de almas de bronce es el de un invulnerable, el de un resuelto caudillo, indígena casi puro, que desde la infancia soñó con la gloria, que fue joven y le arrancó a fuerza sus laureles; que fue hombre y escaló las cumbres del poder, para unir desde allí a los mexicanos todos, más que con los brazos de hierro de los ferrocarriles que ha extendido sobre el país, con su resuelta y franca mano abierta hoy para todos al través de la patria.

b) Bien diversa es desde este punto de vista la sensibilidad de los mestizos comunes: muy más brillante y aguda, más rápida e intelectualizada que la de los indios, en es cambio menos honda, recubre a veces sólo la superficie: hace un aborbotonamiento encima dejando intacto e ileso el fondo y por eso no es posible registrar un solo carácter en el fuerte sentido de esta palabra en ninguno de los descendientes de los amasiatos tradicionales: hombres sólo de lo presente se agotan con la hora que pasa, y sus energías, aprovechables para el combate en la época de las campañas, dejan una huella roja que bien pronto borra el esponjazo de los días; apenas ha pasado para ellos la sensación de un momento y ya la siguiente los conmueve, los sacude, los estruja y los abandona a la posterior: son los *inestables;* lo único que en ellos dura es lo que ha cultivado enérgicamente su medio social y que para sus efímeros triunfos les ha servido: su amor propio, que ellos llaman a veces su dignidad y que les forma un sentimiento del honor tan quisquilloso como el de los extintos señores feudales.

c) Para los del grupo mestizo superior, la permanente fijeza de las emociones nunca es tan grande como para los indígenas; pero tampoco es tan pequeña como la de los mestizos comunes; y esto depende de que, si intelectualizan sus sentimientos no lo hacen como estos últimos, por modos superficiales y concretos, por procedimientos intuitivos de simple imaginación, sino de una manera más alta, con tendencias a la formación de abstractos ideales, extensos en unos, raquíticos en otros; pero que forman casi siempre un eje de cristalización de los sentimientos, cerebralizándolos y haciéndolos al propio tiempo fuertes y vivaces, relativamente estables y concentrados: resultan así los hombres de sistema, los que arrojan sus tendencias en moldes determinados, los que bautizamos con el nombre de jacobinos; lo mismo que la mayor parte de los constituyentes para quienes el país debía adaptarse, quieras que no, al rigor nítido de sus conceptos racionalistas, de prodigiosa arquitectura rectilínea, artificial y hermosa.

El producto soberano de esta forma de la sensibilidad, enriquecida con todos los tonos y todas las armonías de la inteligencia, irizada con todas las luces de un ideal superior, y sistemándose en un conjunto estructural científico, es hasta ahora el mexicano de clara percepción y vastos conocimientos, el que con la piqueta de la ciencia se propuso derribar el solio de la anarquía, el padre de la Escuela Nacional Preparatoria, Gabino Barreda.

Así, compendiando, por lo que se refiere a su duración, la sensibilidad en el indio es permanente, definitiva, de cristal de roca; en tanto que en el mestizo vulgar es inquieta y en el mestizo superior sistemática: esto depende de que mientras que en el cortejo de estados de conciencia que acompañan a toda emoción y que forman su *halo* como lo llama el psicólogo William James, es monótono y pobre en la cabeza del indio: es rico y versátil en el mestizo vulgar, cuyas sensaciones son cambiantes y cuyos variados movimientos producen múltiples y diversas resonancias afectivas, que no se manifiestan en el mestizo superior, el cual alumbra con una luz única, la de sus ideales, sus sentimientos, formándoles en torno a un mismo círculo de luz.

8. Y réstame ahora solamente el cuarto problema, el referente a las manifestaciones, a los *efectos de la sensibilidad*: ¿produce ésta múltiples

reacciones exteriores, es expansiva, dinámica, centrífuga, o bien por lo contrario determina efectos internos, es centrípeta, inerte?

a) Aquí también aparece característica la psicología del indio: los mayores sufrimientos en los hospitales, las más atroces operaciones no lo hacen lanzar un grito: sus orgías son silenciosas y mudo su trabajo: durante la intervención francesa pudo observarse que en tanto que los cuarteles donde había descendientes de antiguos ligures y galos eran clamorosos y que al través de sus paredes parecía salir una explosión de vida, los cuarteles de los mexicanos eran callados como conventos de trapenses; con razón en consecuencia refiriéndose al indio ha dicho Bulnes: "es un hombre que debía vestir una mortaja y regalar sus magníficos dientes, pues ni ríe, ni habla, ni canta y casi ni come. Job en su muladar es un vociferador de color socialista; el indio en el suyo es el verdadero Job, con aspecto taciturno y ateo".

De este carácter interno y centrípeto de la sensibilidad indígena se desprende una resultante inesperada: en tanto que todas las razas inferiores son impulsivas, en tanto que en ellas la reacción sucede inmediatamente a la excitación, originando así numerosos delitos, el indio es una excepción en la América toda: no es impulsivo, no reacciona con la celeridad del rayo: su sensibilidad tiene carácter inerte y como pasivo estático: a veces la conmoción que experimenta queda sin respuesta, otras veces se aplaza largo tiempo, produciendo así siniestros rencores que hacen decir que el *indio nunca olvida*. La sensibilidad entonces queda, digámoslo así, virtualizada en cuanto a sus efectos, contenida: si se sorprende a un indio en el acto de ir a cometer un delito perpetrándolo sobre otro indio, la actitud observable en ambos es característica: ninguno exhala un grito: vuelven con sórdido silencio a sus ocupaciones; las quejas o las injurias que se escapaban entre los apretados dientes se hielan de repente. Por eso muchos de los crímenes que cometen los indígenas son bien distintos de los que otros hombres cometen: son el fruto de pasiones reconcentradas, de odios voraces que se han empollado largo tiempo; a menudo los provocan los celos, y como no los acompaña la explosión de manifestaciones que habría en individuos diversos, tienen el siniestro resplandor de los rayos que estallan sin nubes: brotan así sobre la taciturnidad y la impasible atonía del indio cóleras blancas, pasiones frías que horrorizan tanto más a los hombres de otras razas cuanto que no están hechos para entenderlas.

Por el mismo carácter interno de la sensibilidad indígena, por esta su evolución relativamente tardía, resulta que el indio, dominado y como quebrantado durante siglos, como lo estaban desde la época de Motecuhzoma Xocoyotzin los infelices *macehuales,* ha llegado a ser capaz de soportarlo todo: lo mismo el hambre, que sacia con el más exiguo alimento; que la fatiga, que parece no experimentar después de inmensas jornadas en las que atraviesa el país convertido en bestia de carga; y tanto la larga peregrinación con silicios de espinas para llegar al santuario de Guadalupe, cuanto la afrenta del zafio tendero que lo trata con burla procaz e imbécil desdén, y el despotismo del amo de la hacienda, de la misma manera que el del militar de superior graduación que lo coge de leva, lo trata a cintarazos y lo lleva a pelear y a morir en cualquier hecho de armas.

Por eso se ha dicho que, cuando dejó de cebarse en él el ave de presa de la conquista siguió cebándose en el mismo el gran detentador de los bienes de manos muertas, y luego que éste fue vencido por la Reforma ha seguido aún oprimiéndolo, vejándolo y siendo su vampiro, el cacique del pueblo, el dueño de la hacienda, el picapleitos que hace sudar oro a la discordia, el *quidam* de tez blanca, todos los que viven con él, todos los que junto a él pasan.

El resultado de esta centenaria expoliación hecha por millones de opresores no ha sido la pulverización de la raza o mejor diré su aniquilamiento absoluto, porque ha salvado al indígena la relativa dificultad que tiene para que en él se produzcan estados afectivos y su lentitud para efectuar reacciones: ha ejercitado así la fuerza de los débiles, la de la humildad, la del desfallecimiento, a veces la de la hipocresía: desconfiando con razón de todo y de todos se ha hecho semejante a una sombra que carece de voz y hasta de aliento, para vivir sin ser sentido, y sólo ha opuesto resueltas y heroicas resistencias cuando la desesperación lo sacude hasta las entrañas o cuando, cosa inusitada y casi monstruosa, a fuerza de ser rara llega a sentirse fuerte. Cómo en este último caso sin embargo, no reacciona sino después de concentrar en sí mismo innumerables esfuerzos, su acción tiene una energía que llega a asombrar, sobre todo por segura entereza, por su tenacidad sin desfallecimientos, tal como se advierte en los eximios patricios indígenas que han logrado sobreponerse a todo, y que desde Cuauhtémoc hasta Juárez y también puede decirse hasta Díaz, han venido ilustrando nuestra historia.

b) Por lo contrario, en el mestizo vulgar las reacciones sensitivas representan el polo opuesto de las del indio: si la sensibilidad de éste es inerte, estática, la del mestizo es invasora, dinámica; si la del sucesor de los Motecuhzomas es sorda, centrípeta y a menudo yace en estado virtual, la del individuo a quien despectivamente llamamos el *pelado* de México es exterior, centrífuga y expansiva; si el indio jamas o casi nunca procede por súbitas reacciones, si su emotividad está formada por pasiones que estallan aparentemente en frío, por lo contrario en el mestizo vulgar es siempre o casi siempre impulsiva, ardorosa y fugaz: por eso la criminalidad del hijo de la plebe de nuestras ciudades se caracteriza como lo ha hecho notar hábilmente el distinguido sociólogo don Miguel S. Macedo, por la reacción súbita y a menudo desproporcionada respecto del excitante: para él se produce el reino de los reflejos extremado a menudo por la embriaguez, y en gran parte de la altiplanicie por el pulque, que, según la atinada observación del doctor Macouzet, caracteriza el segundo periodo de sus efectos por el estado deambulatorio impulsivo, que aniquila la deliberación para los actos volitivos, y convierte a su víctima en una simple máquina de impulsos, en un resorte que cualquier soplo suelta y que se precipita en múltiples agresiones por los más fútiles motivos: es que entonces no es el excitante externo el que determina la reacción, es el excitante que pudiera llamarse intestinal, que caldea la sangre y tonifica al extremo los músculos, que provoca ardorosas sensaciones cenestésicas de una vida orgánica momentáneamente hipertrofiada, y lanza, no a bestia, al proyectil humano, sobre todo y sobre todos.

c) Diferente forma afecta la sensibilidad estudiada en cuanto a sus efectos en los mestizos superiores: en éstos las emociones son también del tipo dinámico y centrífugo, conducen a la realización de actos; pero por el hecho de que numerosas ideas han venido a enriquecer dichas emociones y las han hecho proliferar abundosamente, resulta que unas detienen la precipitación de las otras; se inhiben entonces entre sí por cierto tiempo, se equilibran en parte: el fiel de la resolución, en la

41

balanza de la voluntad, oscila un poco antes de inclinarse de un modo irrevocable, y deja al acto una vez formado, el fuerte sello de la reflexión, por la que extinto ya el aventurero régimen de los reflejos, fértil en sorpresas, se abandona el puesto a la voluntad por fin en plena vía de organizarse o en ocasiones ya formada.

Este contrabalanzamiento de los estados afectivos, que pone un alto entre el excitante y la acción, y tiende el puente de las deliberaciones como irremediable camino de la conducta, este entrechoque de factores emotivos, hace que surjan netamente, en los individuos que lo experimentan, el concepto del propio interés y del interés ajeno y que aparezcan (no sólo como en general lo hacen antes, bajo las forman subconscientes, sino también bajo las formas conscientes), el egoísmo y el altruismo. Estas dos irizaciones de la sensibilidad se marcan entonces mejor que en ninguna otra parte entre los mestizos superiores; pero cábeme orgullo al afirmar que en México poco se observa la egoísta rapacidad de ciertas razas, y por lo contrario se advierte una tendencia de índole altruista, como lo han visto bien los acertados pensadores don Enrique C. Creel y don Telésforo García quienes observan que la honradez del comercio mexicano y su tolerancia muy grande para los cobros, tienden a volverse proverbiales, por tal manera que así la sensibilidad estrecha del egoísta puro, que sólo siente sus propios estados de ánimo, se ve agrandada a menudo en considerable número de mexicanos por la facilidad que tienen para imaginar y sentir lo que otros sienten, con ganancia no despreciable de progreso moral.

Sin duda por esta causa, lo que pudiéramos llamar don de simpatizar colectivamente por el progreso y de promoverlo, aunque ha existido en los más ilustrados de los indígenas, sobre todo se advierte en la gran masa de los mestizos superiores que por su considerable estado de cultura, han sido mejor que los restantes grupos demográficos del país los que con hambre y sed de perfeccionamiento han planteado y resuelto, a menudo satisfactoriamente, colosales problemas nacionales.

9. Quedan así en rápido esbozo, los rasgos distintivos de la sensibilidad mexicana, diseñados en una exposición que puedo y debo considerar casi sin precedentes, pues aun el cuadro fundamental de las diversas formas abstractas del fenómeno emotivo, según que se le estu-

die en su nacimiento, en sí mismo, en su duración o en sus efectos no ha sido formulado hasta hoy: obra mía es así en cuanto a ese cuadro el presente estudio, como lo es también el bosquejo que con relación a sus varios puntos de vista he procurado trazar, de peculiaridades de los diversos grupos, que si bien en parte habían sido señalados, lo habían sido sin el propósito de descubrir su coordinación sistemática.

10. Me atreveré finalmente a resumir la exposición de estas observaciones diciendo en suma: los rasgos distintivos de la sensibilidad como factor del carácter mexicano son los siguientes: *en lo relativo a su producción:* difícil para el indio, fácil para el criollo, intermedia para el mestizo superior y variable para el mestizo vulgar; *en sí misma y en lo concerniente a sus relaciones con la inteligencia,* casi visceral para la mayoría de los indígenas, intelectualizada con las formas más groseras de la ideación para el mestizo vulgar, intelectualizada con más o menos completos ideales, para los mestizos superiores; en lo *relativo a su duración,* con *raíces de ahuehuete,* hondas y fuertes en el indígena, inquieta y versátil en el mestizo ínfimo, sistemáticamente permanente en los más perfectos de los mestizos; por último, en lo *que se relaciona con los efectos de la propia sensibilidad,* virtualizados, de carácter centrípeto, interno y con reacciones tardías, pero casi infalibles en el indio, dinámica-impulsiva en la hez del pueblo, dinámica-deliberante en los hijos superiores de la raza mezclada.

11. a) Resumiendo aún en otra forma puede decirse: de los elementos que constituyen el heterogéneo organismo mexicano, el primero y más viejo, el de las venerables razas fundadoras, el de los patriarcas de nuestra estirpe nacional, el indígena, se caracteriza psíquicamente en punto a su sensibilidad, por ser tan difícil de producirse que por eso se ha llamado al indio, inerte; por eso se dice que lo domina una atonía secular; nace no obstante gracias a fuertes o largos y reiterados esfuerzos del medio social, y entonces no se diversifica por lo común con la germinativa levadura de múltiples ideas, sino que toma cierta forma visceral y casi pudiera decirse vegetativa, que persiste largo tiempo incólume en un estado virtual de cristalización interior, susceptible de terminarse ya por una ruptura crítica, de terremoto que todo lo conmueve, ya por el lento y seguro desenvolvimiento de acumuladas energías, tales como las de Juárez, de poder incontrastable. Y puede verse

así que la cualidad suprema de esta forma de sensibilidad, estriba en su solidez, en su firme consistencia, por virtud de la que México puede seguir teniendo, como ha tenido ya, una serie, larga para su incipiente existencia, de verdaderos y grandes caracteres.

b) Por lo que toca a los mestizos vulgares, reúnen, a una sensibilidad de producción más fácil, una fertilización de las emociones más ricas, abonadas como son las rudimentarias, por los procesos de imaginación concreta e inferior, que se refieren por lo común a lo presente y que, sin implicar representaciones mentales ulteriores, no dan paso a la deliberación, sino que en breve plazo aniquilan, con la ola de las sensaciones nuevas, las antiguas, por lo común deleznables, y desatan el torrente de las acciones irreflexivas a menudo de impulsivo carácter, tan funestas para la integridad de la disciplina corporativa.

c) En fin, en los mestizos superiores lígase a una rápida y fácil excitabilidad, a una epidermis moral muy delicada, una opulenta proliferación de ideas y abstracciones, que intelectualizan los sentimientos orientándolos hacia lo futuro y más o menos hacia lo ideal, dándoles en consecuencia cimientos adventicios, anclas más bien, que lo sujetan en el mar de lo tornadizo, y que por contrabalancearse en cada vez con otras muchas sugestiones mentales, dan margen a profusas deliberaciones, que a la par vuelven más o menos reflexivos los actos y que ponen en ellos no sólo la conciencia del placer y del dolor propios, sino la del dolor y placer ajenos, seguro germen del altruismo.

12. Podemos en consecuencia estar en el conjunto, satisfechos de las condiciones psíquicas nacionales: la rápida excitabilidad y la dinámica deliberación del mestizo superior, pudieran ser funestas sin la resistente solidez del indio ilustrado, que da cimientos de montaña a las fulminantes iniciativas del hijo de las razas mezcladas; por otra parte la inerte sensibilidad, la difícil penetración del indio son infaustas, porque la gran máquina del progreso no puede con ese elemento, ponerse en marcha: ligadas no obstante la cerebralizada emoción, fina y múltiple del mestizo y la seguridad de roca, la tenaz persistencia del indio, pueden asegurar la implantación resuelta de los progresos instaurados. En medio no obstante, queda el que sólo ha llegado a la categoría de un útil peligroso, el mestizo vulgar, y urge tanto amueblar el cerebro del indio con ideas que lo hagan entrar en la fecunda corriente de la

civilización, como dar hogares a los hijos tradicionales de la encrucijada, para destruir todo parasitismo y todo comensalismo en nuestra patria, y erigir a todos sus hijos en unidades vivientes, de profunda cooperación orgánica.

13. Llego así con las precedentes consideraciones al término de este tan atrevido ensayo: antes de terminar réstame, sin embargo, llamar la atención en cuanto a que, siendo como es prodigiosamente compleja la *psiquis* de los pueblos, el escorzo que he delineado no comprende ni puede comprender más que verdades de conjunto, de término medio, verdades que aparecerán enumeradas en cada individuo por el concurso multiforme de sus especiales circunstancias, éstas pueden hacer y por desgracia hacen a veces cuando constituyen para determinados seres un medio social delicuescente, que individuos de la buena población mexicana, de la que ha tenido seguro abolengo de familias estables, decaigan de una jerarquía psicológica hasta la de la parte del pueblo que me atreveré a caracterizar diciendo que forma un *nomadismo urbano.*

El bosquejo que acabo de perfilar señala sólo en consecuencia, vuelvo a repetirlo, la fisonomía intermedia de los grupos que he analizado; en ella los individuos aparecen con variaciones tan numerosas como las que de un mismo tema melódico pueden obtenerse, gracias al prodigio de las combinaciones orquestales.

14. En todo caso, seguro como estoy de que faltan aún numerosas observaciones que hacer, y que retocarán, modificarán y completarán este estudio, quedaré satisfecho si los que en México piensan y me hacen el honor de prestarme su atención, fijan sus miradas en el presente informe *canevas* y lo enriquecen con sus penetrantes y sagaces estudios, a fin de que quede definitivamente hecho el cuadro que hoy delineo y sirva después para que conocida científicamente la manera especial, no sólo de sentir sino también de pensar y de querer, o en otros términos, los elementos constitutivos del carácter nacional, se adapten progresivamente las instituciones patrias a la marcha ascendente del alma mexicana.

# Pasiones mexicanas

JULIO GUERRERO

La Sociedad Positivista terminó en diez sesiones la lectura y discusión de *La génesis del crimen*. En la última ofrecí contestar por este periódico las objeciones que de una manera tan detenida y franca se me presentaron escribiendo un estudio especial sobre cada asunto que fue motivo de crítica. Pero antes deseo hacer pública mi respetuosa gratitud hacia los miembros de esa sociedad y a las distinguidas personas que de una manera tan asidua concurrieron a las sesiones y tomaron parte en los debates. Hubo noche en que se reunieron treinta y dos personas, miembros de la sociedades Alzate, Academia de Medicina, y de Jurisprudencia, Sociedad de Ingenieros y Arquitectos, banqueros,

---

En 1901 Julio Guerrero (1862-1937), sociólogo y abogado, publicó en París un libro que sorprendió y provocó grandes polémicas. *La génesis del crimen en México* es un texto que cimenta las bases positivistas para una definición del carácter del mexicano. La disección de Julio Guerrero analiza especialmente los aspectos mórbidos de la sociedad mexicana. La extrema violencia que caracteriza la historia del siglo XIX produjo, escribe Guerrero, "una impresión profunda en el espíritu mexicano", por lo que su cerebro "se llenó con escenas de lucha, sangre, fuego, combates, fugas asesinatos, incendios, robos y raptos" (p. 231). La Sociedad Positivista auspició una serie de sesiones para discutir el polémico libro; a continuación se reproduce el comentario y la réplica de Julio Guerrero a las críticas que le hiciera el prestigiado jurista Miguel S. Macedo, una de las cabezas de los "científicos" porfirianos, en una de las sesiones a propósito de la melancolía del mexicano. El texto se publicó con el título de "Transiciones pasionales del ebrio mexicano" en el semanario *La República* (núm. 3, 22 de junio de 1901).

comerciantes, empleados públicos de alta categoría, periodistas, estudiantes, etcétera, presentando el auditorio un aspecto imponente por la alteza de las inteligencias allí congregadas y por la profundidad de sus conocimientos. La vanidad más exigente hubiera quedado complacida al ser objeto de honores tan distinguidos como fueron la atención dada a la lectura pública del libro, la benevolencia con que fue aplaudido y las cordiales felicitaciones que se tributaron. Fue una noble expansión de simpatía a las ideas, que premia los esfuerzos y compensa la lucha y sacrificios que ésa como toda obra intelectual requiere. Reciban pues, esas personas, mis más sinceros agradecimientos.

Esas sesiones, sin embargo, tenían una significación mayor. Mi obra es un *credo* nuevo de moral; en él diseco y expongo a mis compatriotas el mecanismo por el cual la conciencia mexicana llega a perder sus energías; y estoy por consiguiente obligado a explicar hasta el último detalle y a todo el que me interpele las objeciones y dudas que produzca. Cuando se me invitó para asistir a las sesiones que en mi honor había decretado la Sociedad Positivista, sin ser miembro de ella, debí prescindir por consiguiente de todo sentimentalismo de vanidad o modestia y resolverme a afrontar el examen de teorías, que nuevas en la ciencia muchas veces, venían a dar un carácter científico al estudio de la conducta mexicana. Como mexicano, y como aficionado al estudio, estaba por consiguiente obligado a presenciar los debates y a contestar las objeciones. Así lo hice mientras duraron; pero como son aunque de detalle muy numerosas, y requieren análisis minuciosos, me propongo dedicarles artículos especiales a cada una, ofreciendo para la réplica las columnas de este periódico, a mis distinguidos críticos.

En la página 23 del libro en cuestión se lee:

Cuando la atmósfera no está cargada, el espíritu se sosiega; pero la reacción es en sentido depresivo, y por eso el mexicano que no tiene alcohol, aunque no es triste por naturaleza, tiene accesos de melancolía, como lo prueba el tono espontáneamente elegiaco de sus poetas, desde Netzahualcóyotl, o el que firmó las composiciones conocidas con su nombre, la serie inacabable de románticos en los tiempos modernos, y la música popular mexicana, escrita en *tono menor*, esas danzas llenas de melancolía que las bandas mili-

tares lanzan en los parques públicos a las brisas crepusculares, pre-
ñadas de suspiros y sollozos; y esas canciones populares que al son
de la guitarra en las noches de luna se entonan en las casa de ve-
cindad, o por los gallos que recorren las avenidas. El medio que
habitamos suele transformar en tendencias melancólicas la gravedad del indio y la seriedad del castellano. En la capital, sin embargo, *el uso del alcohol y otras causas que después estudiaré, a veces
neutralizan este resultado, desarrollando un aticismo rudo y malévo-
lo que hace reír del prójimo; y una filosofía semiestoica y semiburlo-
na que hace desdeñar la vida y afrontar la muerte a balazos o
puñaladas por cualquiera chiste de periódico o párrafo de gacetilla.*"

El licenciado Miguel S. Macedo objetó este párrafo diciendo: "que
el alcohol no hace pasar al mexicano de la melancolía a la alegría, sino
a la malignidad y a la ira impulsiva".

Pocas o ninguna duda puede despertar la palabra *mexicano* en las
conversaciones familiares o cuando se emplea en asuntos políticos,
porque sus caracteres legales están perfectamente marcados y significa
el individuo que por nacer en el territorio nacional, por provenir de
padres mexicanos, por haberse naturalizado como tal, etcétera, goza en
México de determinada clase de derechos. Las diferencias que cada una
de estas condiciones pueda producir son motivos muy graves de debates jurídicos y de controversias políticas en verdad, pero cuando se fija
la connotación de esa palabra por el carácter legal, ya no quedan dudas
sobre los derechos, prerrogativas, obligaciones y responsabilidades que
la voz connota. En asuntos psicológicos no es lo mismo: no pueden
deslindarse con facilidad los significados por derivar de fenómenos in-
trínsecamente confusos; y es sin embargo, indispensable separar los
fenómenos que cada atributo de la connotación significa, so pena de
hacer la investigación imposible por falta de orden y de separación en
las ideas. Voy por consiguiente a separar los dos conceptos principales
que tiene la palabra *mexicano* y que corresponden a diversos grupos
humanos en los problemas científicos de la conducta, antes de abordar
la tesis del licenciado Miguel S. Macedo.

Por *mexicano* se entiende el habitante de la república que tiene la nacionalidad mexicana, cualquiera que sea su naturaleza *étnica,* y el *indio* nada más. Ahora bien, como la primera acepción abarca todos los caracteres de la segunda, al emplear en una discusión psicológica esa expresión, se incurre en la más grave de todas las confusiones, pues al todo se le atribuyen los caracteres de la parte, y a la parte las del todo. Para obviar este inconveniente analizaré la tesis del licenciado Macedo en sus aplicaciones respectivas a las dos acepciones; distinguiendo en dos las masas humanas que connotan: *mexicanos indios* y *mexicanos no indios*: expresión antitética esta última, que significa el *polihibridismo* de razas que convergen en el habitante actual de la república; pero advirtiendo que en este análisis no puedo considerarlos sino en tanto que se hayan radicados, no sólo en la parte superior de la mesa central, según los límites de altitud que fijé en mi libro a todas las alteraciones de carácter que tengan su origen próximo o remoto en la atmósfera, sino a la capital y poblados inmediatos por ser según mis teorías, la aglomeración humana en las ciudades, una de las principales causas de la embriaguez, y la ciudad de México mi centro especial de observaciones. El estudio es imposible para el resto de la república en una fórmula general.

En el mexicano donde la sangre blanca, amarilla, negra y aun roja se han mezclado en proporciones indeterminables pero suficientes para borrar en el cuerpo las líneas y el color del indio, la tesis, en lo general, es falsa. Tanto en la embriaguez de cantinas, como en los trastornos que el *champagne* puede producir en banquetes políticos o convivialidades amistosas, la alegría va como en todo el mundo, soltando sus risas y bullicio a medida que la libaciones aumentan. A la actitud ceremoniosa y silenciosa de los comensales que con servilleta en el ojal de la levita y atendiendo damas, comienzan a platicar en voz baja de sociales frivolidades, suceden siempre y a medida que el servicio corre expresiones picarescas, y frases galantes, la voz sube, el ruido de los cubiertos se acelera y entre el *crescendo* de las conversaciones, la risa con sus *picicattos* cromáticos, viene a animar la algarabía del festín y a dar un tono de contento y de felicidad a la reunión. Lo mismo sucede en las cantinas. Si al primer aperitivo, sucede el segundo, y a éste el tercero, las conversaciones siguen a medida que la intoxicación sube el mismo grado de animación y de contento. Los rostros irradian satisfacción, chispean los ojos, las chanzonetas vienen y francas carcajadas, indican continuamente que la serie psicológica de transformaciones que el alcohol produce, sigue en México la misma gama que en el resto del mundo. Si se le cambia el coeficiente de personas y de bebida, substituyendo el *jaquette* por la blusa y la chaqueta, y la cerveza y el *cocktail* por el pulque, el cuadro es el mismo, siempre que se cambie también el coeficiente de intelectualidad que en los brindis entra en juego.

Pero la alegría, con su explosión de risas y como fenómeno psicológico concomitante al exceso de energía que la sobretonicidad del alcohol produce es la misma. Suele terminar la embriaguez, por un fenómeno de reacción, en arranques melancólicos, o por una instantánea secreción hepática en impulsos iracundos de escándalos y riñas; pero pasando antes por la alegría como en todas partes y como ha sido desde que Noé o Baco pusieron a la embriaguez entre los pérfidos y efímeros procedimientos de felicidad. Estos hechos son de observación cotidiana y dada la masa de individuos en donde se presentan y la variedad de licores con que se alegran, no permiten otra clase de pruebas.

No puede negarse, sin embargo, que con frecuencia se observe en reuniones mexicanas, a individuos, que a medida que beben decaen en una melancolía pálida y taciturna que de súbito se convierte en una explosión delirante de denuestos y golpes, acompañados de rechinamiento de dientes y miradas chispeantes. Pero estos son casos individuales que pueden distribuirse en dos grupos: los intoxicados en las pulquerías y *figones* con el pulque adulterado con alcoholes industriales, de que hablé en el primer número, y los individuos que, siempre y con cualquiera bebida sufren esa transición efímera pero terrible, de la tristeza a la ira. En los primeros, que también se encuentran en las cantinas y salones, porque con alcoholes metílicos son adulterados en México todos los vinos, licores y cervezas, esa *vesanía* efímera está explicada por el tósigo, y lo mismo sucede con el alemán o americano que la toma, porque es el efecto natural de esos excitantes. Dado el número menor de éstos, en toda clase de observaciones, tendrá que aparecer menor, y por consiguiente el fenómeno parece exclusivo al mexicano. Respecto al segundo grupo, basta leer la literatura científica extranjera para encontrar ese tipo de embriaguez. Zola y Tolstoi la han descrito y es un caso frecuente de estudio en la criminalidad europea, aunque de génesis desconocida. No puede, por consiguiente, decirse que sólo en México suele extirparse la alegría en la gama psicológica de la embriaguez, dejando en contacto inmediato a la ira y a la tristeza, como afirma la tesis del licenciado Macedo.

En el grupo de los indios mexicanos, deben hacerse otras observaciones. Es difícil encontrar indios de raza pura en la capital en número suficiente para establecer una inducción respecto a las perversiones de espíritu que les produzca la embriaguez. La masa mayor de habitantes en la capital y en el Distrito Federal es de mestizos, en los cuales la sangre europea, la china, la negra y la india se encuentran en proporciones varias pero que borran el tipo aborígena de América. Apenas en las rancherías de los pueblos vecinos se encuentran representantes puros de las antiguas razas aztecas, chalcas, mexicas, nahoas, etcétera, que antes poblaron estas regiones; pero están en un estado de degeneración tan honda y la depresión de su espíritu es tan habitual, que si suele ser cierto que la alegría no les viene con la embriaguez, tampoco les viene la ira. A la ligera tonicidad que en sus organismos raquíticos produce el *tlachique* de esas regiones o el aguardiente de las tiendas, sucede una locuacidad necia y pasajera que pronto termina en relajaciones musculares de todo su cuerpo, y en un estupor de imbecilidad, que recogiendo más y más ideas y sangre de sus cerebros a medida que las libaciones aumentan, acaba por derribarlos y tenderlos en la vía pública con el sueño letárgico del bruto alcoholizado.

En las regiones periféricas del valle, y sobre todo entre los antiguos chalcas diseminados por Chalco, Tlalmanalco, Ameca, Milpa Alta, así como en Tlalpam, Xochimilco, Mixcoac, San Ángel, etcétera, la raza está más entera y pura. La embriaguez es menos frecuente entre ellos y no presenta esas alternativas de melancolía e ira impulsiva que señala la tesis del licenciado Macedo. El hecho es de observación fácil y aun de estadística, pues las riñas son muy raras en esas masas, y menos los delitos de sangre, con excepción del pueblo de Ayotzingo, donde unos y otros abundan, pero sin necesidad de alcoholización previa. En estos pueblos las festividades se celebran por lo general con banquetes humildes, pero honestos, y entonces el pulque se escancia en abundancia. No hay abogado de indios que no haya sido obsequiado de esta manera y que no haya observado la serie sucesiva de animación, locuacidad, risas y riñas a veces, pero pasando, como en todas las razas, por la alegría. Hay ebriedades especiales entre ellos, y los llorones, taciturnos, locuaces, pendencieros, melancólicos, etcétera, son de observación vulgar, como ya los había observado hace cuatrocientos años fray Bernardino de Sahagún; pero la embriaguez nunca se ha presentado uniformemente entre ellos como una transición de la tristeza a la ira.

No tenemos razón por consiguiente para decir que en el mexicano el alcohol sea impotente para alegrarlo. Si en su cuerpo hay una anatomía completa, su diafragma y su laringe pueden vibrar con las pulsaciones de la risa, y si los efectos fisiológicos del alcohol son sobreexcitar los músculos, los tiene que poner en juego cuando las primeras luces de la embriaguez van iluminando en el cerebro sus cuadros falaces de felicidad. ¡Ojalá y este periodo pérfido no existiera en la ebriedad del mexicano! El vicio habría perdido aquí su más formidable auxiliar, al anhelo de gozar sus alegrías efímeras pero reales; y que a sabiendas de su cruento costo de infortunios ulteriores, lleva al miserable a la taberna o a la cantina.

# Unidad e imitación

ANTONIO CASO

## El problema de México

> *In Christo é nata nova creatura.*
> *Spogliato homo vecchio, e fatto novello.*
>
> *Amor de caritate.*
> Poesía atribuida a san Francisco de Asís.

Los problemas nacionales jamás se han resuelto sucesivamente. Como nuestras necesidades, a medida que pasa el tiempo, se acumulan y quedan sin satisfacción adecuada, la única solución posible es la trágica, esto es, la guerra civil. Otros pueblos, más felices que el nuestro, han ido resolviendo, por partes sucesivamente, como dijimos antes, sus cuestiones políticas y sociales. México, en vez de seguir un proceso dialéctico uniforme y graduado, ha procedido acumulativamente. Por esta razón, a veces, la patria misma parece peligrar, si intenta buscar un

---

Antonio Caso (1863-1946) encabezó una rebelión filosófica contra el positivismo porfirista en nombre de la Revolución mexicana. Pensó que ni el positivismo ni el socialismo se avenían con la verdadera manera de ser del mexicano. La reacción antipositivista llevó a Caso hacia una exaltación metafísica de la intuición basada en una extraña lectura de la fenomenología. Le obsesionaba el problema de la falta de unidad cultural y el exceso de imitación, como lo muestran los dos apasionados artículos que se presentan a continuación, publicados originalmente en la *Revista de Revistas*: "El problema de México" (23 de diciembre de1923) y "México: ¡alas y plomo!" (10 de febrero de 1924).

término a sus desventuras consustanciales. Pero no ha dependido sólo de nosotros el que nuestros problemas se acumulen y nos dejen perplejos ante la realidad social y nos tornen revolucionarios inveterados. Causas profundas, que preceden a la Conquista, y otras más, que después se han conjugado con las primeras, y todas entre sí, han engendrado el formidable problema nacional, tan abstruso y difícil, tan dramático y desolador.

Desde el punto de vista de la civilización, es claro que la Conquista fue un bien inmenso. Europa, gracias a España, realizó en América la más extraordinaria ampliación de sus posibilidades de desarrollo cultural. Pero, desde el punto de la felicidad humana (que es el más alto y el mejor para juzgar de los actos de un grupo humano), la Conquista fue un mal, un inmenso mal para los aborígenes del Anáhuac.

Dícese comúnmente que el español vino a dar al traste con los ídolos y sacrificios humanos, y plantó sobre las ruinas de los *teocallis* paganos, la cruz cristiana. Sí. Esto implica un gran bien para la civilización universal; pero implica, asimismo, un dolor, un martirio y, sobre todo, un problema dificilísimo de resolver en la historia mexicana: la adaptación de dos grupos humanos a muy diverso grado de cultura. Cortés frente a los aztecas, es tanto como el Renacimiento europeo frente a los imperios del Oriente clásico que inician la historia. ¿Cómo formar un pueblo con culturas tan disímiles? ¿Cómo realizar un "alma colectiva" con factores tan heterogéneos? ¿Cómo, en fin, conjugar en un todo congruente, la incongruencia misma de la Conquista?... Con sacrificios humanos y organización bárbara y feudal, nuestros antepasados fueron menos civilizados, pero más felices que nosotros.

Durante siglos se prosiguió en el empeño de amalgamamiento y síntesis. Los numerosos lustros del virreinato, los larguísimos años de dominación española, significaron ese esfuerzo de mutua inteligencia de los factores que sumó violentamente la Conquista; pero, mientras Nueva España continuaba su lenta vida colonial, los pueblos de civilización europea habían inventado y procuraban ensayar y realizar ideologías políticas y sociales nuevas, que rompieron la muralla china del aislamiento en que a sus colonias tuvo la metrópoli; y, al realizarse la Independencia, el imperio de Agustín I fue ya imposible. Las ideas revolucionarias francesas y el ejemplo de los Estados Unidos, derribaron el trono (que habría podido darnos la paz y el desarrollo orgánico que sus emperadores dieron al Brasil); y nos declaramos, a destiempo, demócratas y republicanos federales. Esto no es simplemente consecuencia de una "imitación extralógica" e irreflexiva. Los hombres todos, mexicanos o no, buscamos siempre lo que creemos mejor, y, claro está, tendemos a ensayarlo en nuestros propios asuntos y problemas; pero las condiciones de México hicieron que, como no se había resuelto aún el problema de la Conquista (la unificación de la raza, la homogeneidad de la cultura), el esfuerzo democrático resultara fallido. ¿Culpa de quién? De nadie; de la fatalidad histórica que nos refirió a la cultura europea, desde el Renacimiento, y que nos hace venir dando tumbos sobre cada uno de los episodios de nuestra historia atribulada.

La democracia plena impone, como necesidad o requisito previo, la unidad racial, el trato humano uniforme; y en México esta uniformidad, esta unidad no ha existido nunca.

Mientras no resolvamos nuestro problema antropológico, racial y espiritual; mientras exista una gran diferencia humana de grupo a grupo social y de individuo a individuo, la democracia mexicana será imperfecta; una de las más imperfectas de la historia. Pero es imbécil decir que no nos hallamos preparados para realizarla por completo, y que, por tanto, debemos optar por otra forma de gobierno diferente. Los fusilamientos de Padilla y el cerro de las Campanas, probarán siempre que en el suelo de México no arraigan imperios. Lo que arraiga es la tragedia terrible en que vivimos, en que nos movemos y somos.

El último episodio de la imitación de las ideologías sociales y políticas de Europa en nuestro ambiente nacional, es el socialismo, el bolcheviquismo. Lo propio que dejamos dicho de la historia de la democracia mexicana, diremos de la nueva tesis, cuya dialéctica social apenas si se inicia. El socialismo, teóricamente, como reivindicación de bienes humanos conculcados a los desposeídos por los poderosos es, más que una idea plausible, una verdad indudable. Su aplicación a nuestro medio histórico y orgánico tropezará, no obstante, con tantos obstáculos o más, como halló la democracia en el siglo XIX. ¡Todavía no resolvemos el problema que nos legó España con la Conquista; aún no resolvemos tampoco la cuestión de la democracia, y ya está sobre el tapete de la discusión histórica el socialismo en su forma más aguda y apremiante!... Así será siempre nuestra vida nacional, nuestra actividad propia y genuina. Consistirá en una serie de tesis diversas, imperfectamente realizadas en parte y, a pesar de ello, urgentes todas para la conciencia colectiva; todas enérgicas y dinámicas. Porque estas diversas teorías sociales no nacieron de las entrañas de la patria; sino que proceden de la evolución de la conciencia europea y han irradiado de ahí hasta nosotros.

¿Y la solución posible de las cuestiones nacionales? Difícilmente la concebimos. Los proletarios tienen derecho de ambicionar, como sus hermanos de Europa y los Estados Unidos, la reivindicación que los fascina. Los demócratas tienen razón de propugnar el triunfo de sus ideales democráticos. Los mexicanos todos habremos de seguir siendo mexicanos; esto es, llevaremos implícitas las determinaciones y limitaciones de nuestra historia.

El drama no terminará nunca. Un siglo hemos gastado en perenne revuelta y así seguiremos —si las condiciones internacionales no nos obligan a otra cosa—, hasta poner de acuerdo los ideales extranjeros, pero no extraños, con lo propio y vernáculo; y si carecemos de capacidad y fortaleza, pereceremos en la contienda. Detenernos es imposible. ¡Dios nos acompañe! ¡Quizás el problema de la patria, como todas las cuestiones que no se acierta a resolver, sea solamente un sutil, un arcano problema de amor!


México: ¡Alas y plomo!

Una de las leyes fundamentales de la actividad social es la imitación. No sólo de la vida social, sino de la vida psicológica. Se imita mucho más de lo que se inventa, y, al inventar, es más lo que se imita que lo que se inventa. El más grande de los ingenios que honra a la humanidad, debe mucho más a sus precursores que a su propio ingenio. Un Newton, un Einstein, un Descartes están contenidos en sus predecesores, y parecen desarrollar, explícitamente, lo implícito en ellos. El cartesianismo está, en su principio fundamental, dentro de las disputas de san Agustín contra los escépticos de su tiempo. El *dubito, ergo cogito, ergo sum*, es el propio argumento del obispo de Hipona contra los académicos. Comte es un católico que conserva el formalismo de la Iglesia y lo sintetiza con ideas de Diderot, Hume, Turgot y Condorcet. La invención genial flota, si así puede hablarse, en la atmósfera intelectual de la época que la engendra. Esto no significa rebajar o menospreciar al individuo de excepción, sino situarlo, positivamente, en su ambiente histórico. No es un arcángel que deslumbra a seres inferiores que, sonámbulos, lo siguen, como pensó Carlyle; sino, como opina Gabriel Tarde, un hombre que sabe auscultar con finura y precisión el alma de sus contemporáneos. Es el "alma de mil almas", que dice Shakespeare; pero un alma humanísima, en suma.

Hay pueblos que inventan como hay hombres que inventan; y pueblos que imitan como imitamos los individuos; pero unos y otros no son de diversa naturaleza. Toda sociedad humana es capaz de exaltación y rendimiento de provecho máximo. Las llamadas razas inferiores pueden hacerse valer y transformarse en semilleros de actividad intelectual y moral. En el siglo XVII, se creía que los alemanes no eran, como los franceses, capaces de poseer una literatura vernácula personal, superior. Bastó la *Dramaturgia* de Lessing para probar al mundo no sólo que Alemania podía tener una literatura propia, sino que ya la tenía y la había olvidado para complacerse sin tino en la imitación de los productos del espíritu francés. Goethe, Herder, Schiller dieron al traste con la fábula ofensiva para el genio alemán, y, en nuestros días, se sabe que Alemania es maestra del mundo en letras, ciencias y filosofía. Todavía más, la evolución filosófica de Alemania es acaso el único fruto intelectual de la civilización cristiana que puede equipararse al desarrollo del pensamiento helénico, de Pitágoras y Heráclito, a Platón y Aristóteles. Se dice: Sócrates y Kant; son los dos Sócrates, los dos incomparables fundadores y renovadores de la historia del pensamiento.

México no ha sido un pueblo inventor. Nos referimos, claro está, a la nación mexicana derivada de España y la cultura autóctona; porque, esta última, lejos de significar poco en la evolución social del mundo, es, con la cultura incaica, una de las pocas elaboraciones originales de todos los tiempos. Su sitio colócase inmediatamente después de las grandes civilizaciones orientales: la china, la indostánica, la persa, la egipcia y la caldeoasiria.

Mas, si nuestros padres, conquistados por España, fueron originalísimos y profundamente inventores, nosotros no nos hemos distinguido por este don que refleja, mejor que otro cualquiera, los quilates del genio de una raza. Nuestras formas sociales y políticas proceden de Europa y los Estados Unidos de América. Así tenía que ser, en mucha parte, dado el corto lapso de nuestra vida independiente; pero urge ya, por la felicidad de nuestro pueblo, que cesemos de imitar los regímenes políticosociales de Europa y nos apliquemos a desentrañar de las condiciones geográficas, políticas, artísticas, etcétera, de nuestra nación, los moldes mismos de nuestras leyes; la forma de nuestra convivencia; el ideal de nuestra actividad. No podemos seguir asimilando los atributos de otras vidas ajenas. Nuestra miseria contemporánea, nuestras revoluciones inveteradas, nuestra amargura trágica, son los frutos acerbos de la imitación irreflexiva. Seamos, en buena hora, demócratas, socialistas o fascistas; pero recordemos que nuestra democracia no puede ser la de los Gracos ni la de Lincoln; que nuestro socialismo no podría calcarse sobre la pauta asiática y mística de Lenin, ni nuestro espíritu conservador, revestir la indumentaria pintoresca de los súbditos del dictador Mussolini. Imitar sin cordura, es el peor de los sofismas; y como, según dijo el gran poeta francés, "la justeza del entendimiento es la justicia del corazón", el sofisma burdo, la imitación ridícula, se convierte en crimen social. Imitar si no se puede hacer es otra cosa; pero aun al imitar, inventar un tanto, *adaptar*; esto es, erigir la realidad social mexicana en elemento primero y primordial de toda palingenesia. ¡Más nos habría valido saber lo que hay en casa que importar del extranjero tesis discordantes con la palpitación del alma mexicana! El verdadero redentor no es el iluso que desconoce el suelo donde pisa, sino el sabio que combina lo real y lo ideal en proporciones armoniosas. Lo ideal no es lo irreal, sino la realidad misma que se combina con la inteligencia y se depura y magnifica en ella.

¡Idealistas que os empeñáis en la salvación de la república, volved los ojos al suelo de México, a los recursos de México, a los hombres de México, a nuestras costumbres y nuestras tradiciones, a nuestras esperanzas y nuestros anhelos, a lo que somos en verdad! Sólo así nos conduciréis a un estado mejor y nos redimiréis de nuestro infortunio. Para salvarse precisa ante todo saber. El ensueño más puro es no más quimérico, si no afianza en "la santa realidad" y con ella se integra. Quien quiera volar ha de tener "alas y plomo", que decía Bacon, ha de ser respetuoso y osado, "valiente y cortés", como reza el proloquio castellano. Sin aspirar a algo mejor se retrocede sin remedio; pero sin saber con precisión a dónde se va, se fracasa, sin duda. "Alas y plomo"; tal ha de ser el lema de nuestra redención ambicionada! La gravedad de la materia pondera la intrepidez del pensamiento. ¡México: Alas y plomo!

# La raza cósmica

JOSÉ VASCONCELOS

En el proceso de nuestra misión étnica, la guerra de emancipación de España significa una crisis peligrosa. No quiero decir con esto que la guerra no debió hacerse ni que no debió triunfar. En determinadas épocas el fin trascendental tiene que quedar aplazado; la raza espera, en tanto que la patria urge, y la patria es el presente inmediato e indispensable. Era imposible seguir dependiendo de un cetro que de tropiezo en tropiezo y de descalabro en bochorno había ido bajando hasta caer en las manos sin honra de un Fernando VII. Se pudo haber tratado en las Cortes de Cádiz para organizar una libre federación castellana; no se podía responder a la monarquía sino batiéndole sus enviados.

En este punto la visión de Mina fue cabal: implantar la libertad en el Nuevo Mundo y derrocar después la monarquía en España. Ya que la imbecilidad de la época impidió que se cumpliera este genial designio, procuremos al menos tenerlo presente. Reconozcamos que fue una desgracia no haber procedido con la cohesión que demostraron los del Norte; la raza prodigiosa, a la que solemos llenar de improperios sólo porque nos ha ganado cada partida de la lucha secular. Ella triunfa porque aduna sus capacidades prácticas con la visión clara de un

La exaltación del mestizaje, que fue incubada por los positivistas y por el evolucionismo social de los científicos porfiristas, fue llevada a su paroxismo por José Vasconcelos (1881-1959) en su célebre libro *La raza cósmica,* publicado en 1925, del cual se publica un fragmento revelador. Con un tono profético avasallador, Vasconcelos vaticinó que en América Latina surgiría una civilización verdaderamente universal hecha con el genio y con la sangre de todos los pueblos.

gran destino. Conserva presente la intuición de una misión histórica definida, en tanto que nosotros nos perdemos en el laberinto de quimeras verbales. Parece que Dios mismo conduce los pasos del sajonismo, en tanto que nosotros nos matamos por el dogma o nos proclamamos ateos. ¡Cómo deben de reír de nuestros desplantes y vanidades latinos estos fuertes constructores de imperios! Ellos no tienen en la mente el lastre ciceroniano de la fraseología, ni en la sangre los instintos contradictorios de la mezcla de razas disímiles; *pero cometieron el pecado de destruir esas razas, en tanto que nosotros las asimilamos, y esto nos da derechos nuevos y esperanzas de una misión sin precedente en la Historia.*

De aquí que los tropiezos adversos no nos inclinen a claudicar; vagamente sentimos que han de servirnos para descubrir nuestra ruta. Precisamente, en las diferencias encontramos el camino; si no más imitamos, perdemos; si descubrimos, si creamos, triunfaremos.

La ventaja de nuestra tradición es que posee mayor facilidad de simpatía con los extraños. Esto implica que nuestra civilización, con todos sus defectos, puede ser la elegida para asimilar y convertir a un nuevo tipo a todos los hombres. En ella se prepara de esta suerte la trama, el múltiple y rico plasma de la humanidad futura.

Comienza a advertirse este mandato de la Historia en esa abundancia de amor que permitió a los españoles crear una raza nueva con el indio y con el negro; prodigando la estirpe blanca a través del soldado que engendraba familia indígena y la cultura de Occidente por medio de la doctrina y el ejemplo de los misioneros que pusieron al indio en condiciones de penetrar en la nueva etapa: la etapa del mundo Uno. La colonización española creó mestizaje; esto señala su carácter, fija su responsabilidad y define su porvenir. El inglés siguió cruzándose sólo con el blanco y exterminó al indígena; lo sigue exterminando en la sorda lucha económica, más eficaz que la conquista armada. Esto prueba su limitación y es el indicio de su decadencia. Equivale, en grande, a los matrimonios incestuosos de los faraones, que minaron la virtud de aquella raza, y contradice el fin ulterior de la Historia, que es lograr la fusión de los pueblos y las culturas. Hacer un mundo inglés; exterminar a los rojos, para que en toda la América se renueve el norte de Europa, hecho de blancos puros, no es más que repetir el proceso victorioso de una raza vencedora.

Ya esto lo hicieron los rojos; lo han hecho o lo han intentado todas las razas fuertes y homogéneas; pero eso no resuelve el problema humano; para un objetivo tan menguado no se quedó en reserva cinco mil años la América. El objeto del continente nuevo y antiguo es mucho más importante. Su predestinación obedece al designio de constituir la cuna de una raza; raza quinta en la que se fundirán todos los pueblos, para reemplazar a las cuatro que aisladamente han venido forjando la Historia. En el suelo de América hallará término la dispersión, allí se consumará la unidad por el triunfo del amor fecundo, y la superación de todas las estirpes.

Y se engendrará, de tal suerte, el tipo síntesis que ha de juntar los tesoros de la Historia, para dar expresión al anhelo total del mundo.

Los pueblos llamados latinos, por haber sido más fieles a su misión divina de América, son los llamados a consumarla. Y tal fidelidad al oculto designio es la garantía de nuestro triunfo.

En el mismo periodo caótico de la Independencia, que tantas censuras merece, se advierten, sin embargo, vislumbres de ese afán de universalidad que ya anuncia el deseo de fundir lo humano en un tipo universal y sintético. Desde luego, Bolívar, en parte porque se dio cuenta del peligro en que caíamos, repartidos en nacionalidades aisladas, y también por su don de profecía, formuló aquel plan de federación iberoamericana que ciertos necios todavía hoy discuten.

Y si los demás caudillos de la Independencia latinoamericana, en general, no tuvieron un concepto claro del futuro; si es verdad que llevados del provincialismo, que hoy llamamos patriotismo, o de la limitación, que hoy se titula soberanía nacional, cada uno se preocupó no más que de la suerte inmediata de su propio pueblo, también es sorprendente observar que casi todos se sintieron animados de un sentimiento humano universal que coincide con el destino que hoy asignamos al continente iberoamericano. Hidalgo, Morelos, Bolívar, Petion el haitiano, los argentinos en Tucumán, Sucre, todos se preocuparon de libertar a los esclavos, de declarar la igualdad de todos los hombres por derecho natural; la igualdad social y cívica de los blancos, negros e indios. En un instante de crisis histórica, formularon la misión trascendental asignada a aquella zona del globo: misión de fundir étnica y espiritualmente a las gentes.

De tal suerte se hizo en el bando latino lo que nadie pensó hacer en el continente sajón. Allí siguió imperando la tesis contraria, el propósito confesado o tácito de limpiar la tierra de indios, mogoles y negros, para mayor gloria y ventura del blanco. En realidad, desde aquella época quedaron bien definidos los sistemas que, perdurando hasta la fecha, colocan en campos sociológicos opuestos a las dos civilizaciones: la que quiere el predominio exclusivo del blanco y la que está formando una raza nueva, raza de síntesis, que aspira a englobar y expresar todo lo humano en maneras de constante superación. Si fuese menester aducir pruebas, bastaría observar la mezcla creciente y espontánea que en todo el continente latino se opera entre todos los pueblos y, por la otra parte, la línea inflexible que separa al negro del blanco en los Estados Unidos, y las leyes, cada vez más rigurosas, para la exclusión de los japoneses y chinos de California.

Los llamados latinos, tal vez porque desde un principio no son propiamente tales latinos, sino un conglomerado de tipos y razas, persisten en no tomar muy en cuenta el factor étnico para sus relaciones sexuales. Sean cuales fueren las opiniones que a este respecto se emitan, y aun la repugnancia que el prejuicio nos causa, lo cierto es que se ha producido y se sigue consumando la mezcla de sangres. Y es en esta fusión de estirpes dónde debemos buscar el rasgo fundamental de la idiosincrasia iberoamericana. Ocurrirá algunas veces, y ha ocurrido ya, en efecto, que la competencia económica nos obligue a cerrar nuestras puertas, tal como lo hace el sajón, a una desmedida irrupción de orientales.

Pero, al proceder de esta suerte, nosotros no obedecemos más que a razones de orden económico; reconocemos que no es justo que pueblos como el chino, que bajo el santo consejo de la moral confuciana se multiplican como los ratones, vengan a degradar la condición humana, justamente en los instantes en que comenzamos a comprender que la inteligencia sirve para refrenar y regular bajos instintos zoológicos, contrarios a un concepto verdaderamente religioso de la vida. Si los rechazamos es porque el hombre, a medida que progresa, se multiplica menos y siente el horror del número, por lo mismo que ha llegado a estimar la calidad.

En los Estados Unidos rechazan a los asiáticos por el mismo temor del desbordamiento físico propio de las especies superiores; pero también lo hacen porque no les simpatiza el asiático, porque lo desdeñan y serían incapaces de cruzarse con él. Las señoritas de San Francisco se han negado a bailar con oficiales de la marina japonesa, que son hombres tan aseados, inteligentes y, a su manera, tan bellos como los de cualquiera otra marina del mundo. Sin embargo, ellas jamás comprenderán que un japonés pueda ser bello. Tampoco es fácil convencer al sajón de que si el amarillo y el negro tienen su tufo, también el blanco lo tiene para el extraño, aunque nosotros no nos demos cuenta de ello.

En la América Latina existe, pero infinitamente más atenuada, la repulsión de una sangre que se encuentra con otra sangre extraña. Allí hay mil puentes para la fusión sincera y cordial de todas las razas. El amurallamiento étnico de los del Norte frente a la simpatía mucho más fácil de los del Sur, tal es el dato más importante, y a la vez más favorable, para nosotros, si se reflexiona, aunque sea superficialmente, en el porvenir. Pues se verá en seguida que somos nosotros de mañana, en tanto que ellos van siendo de ayer. Acabarán de formar los yanquis el último gran imperio de una sola raza: el imperio final del poderío blanco.

Entre tanto, nosotros seguiremos padeciendo en el vasto caos de una estirpe en formación, contagiados de la levadura de todos los tipos, pero seguros del avatar de una estirpe mejor. En la América española ya no repetirá la Naturaleza uno de sus ensayos parciales, ya no será la raza de un solo color, de rasgos particulares, la que esta vez salga de la olvidada Atlántida; no será la futura ni una quinta ni una sexta raza, destinada a prevalecer sobre sus antecesoras; lo que de allí va a salir es la raza definitiva, la raza síntesis o raza integral, hecha con el genio y con la sangre de todos los pueblos y, por lo mismo, más capaz de verdadera fraternidad y de visión realmente universal.

Para acercarnos a este propósito sublime es preciso ir creando, como si dijéramos, el tejido celular que ha de servir de carne y sostén a la nueva aparición biológica.

Y a fin de crear ese tejido proteico, maleable, profundo, etéreo y esencial, será menester que la raza iberoamericana se penetre de su misión y la abrace como un misticismo.

Quizá no haya nada inútil en los procesos de la Historia, nuestro mismo aislamiento material y el error de crear naciones nos han servido, junto con la mezcla original de la sangre, para no caer en la limitación sajona de constituir castas de raza pura. La Historia demuestra que estas selecciones prolongadas y rigurosas dan tipos de refinamiento físico; curiosos, pero sin vigor; bellos con una extraña belleza, como la de la casta brahmánica milenaria; pero a la postre, decadentes. Jamás se ha visto que aventajen a los otros hombres ni en talento, ni en bondad, ni en vigor. El camino que hemos iniciado nosotros es mucho más atrevido, rompe los prejuicios antiguos, y casi no se explicaría si no se fundase en una suerte de clamor que llega de una lejanía remota, que no es la del pasado, sino la misteriosa lejanía de donde vienen los presagios del porvenir.

Si la América Latina fuese no más otra España, en el mismo grado que los Estados Unidos son otra Inglaterra, entonces la vieja lucha de las dos estirpes no haría otra cosa que repetir sus episodios en la tierra más vasta, y uno de los dos rivales acabaría por imponerse y llegaría a prevalecer. Pero no es ésta la ley natural de los choques, ni en la mecánica ni en la vida. La oposición y la lucha, particularmente cuando ellas se trasladan al campo del espíritu, sirven para definir mejor los contrarios, para llevar a cada uno a la cúspide de su destino, y, a la postre, para sumarlos en una común y victoriosa superación.

La misión del sajón se ha cumplido más pronto que la nuestra, porque era más inmediata y ya conocida en la Historia; para cumplirla no había más que seguir el ejemplo de otros pueblos victoriosos. Meros continuadores de Europa en la región del continente que ellos ocuparon, los valores del blanco llegaron al cenit. He ahí por qué la historia de Norteamérica es como un ininterrumpido y vigoroso *allegro* de marcha triunfal.

¡Cuán distintos los sones de la formación iberoamericana! Semejan el profundo *scherzo* de una sinfonía infinita y honda; voces que traen acentos de la Atlántida, abismos contenidos en la pupila del hombre rojo, que supo tanto, hace tantos miles de años, y ahora parece que se ha olvidado de todo. Se parece su alma al viejo cenote maya, de aguas verdes, profundas, inmóviles, en el centro del bosque, desde hace tantos siglos que ya ni su leyenda perdura. Y se remueve esta quietud de infinito, con la gota que en nuestra sangre pone el negro, ávido de dicha sensual, ebrio de danzas y desenfrenadas lujurias. Asoma también el mogol con el misterio de sus ojos oblicuos, que toda cosa la mira

68

conforme a un ángulo extraño, que descubre no sé qué pliegues y dimensiones nuevas. Interviene así mismo la mente clara del blanco, parecida a su tez y a su ensueño.

Se revelan estrías judaicas que se escondieron en la sangre castellana desde los días de la cruel expulsión; melancolías del árabe, que son un dejo de la enfermiza sensualidad musulmana: ¿quién no tiene algo de todo esto o no desea tenerlo todo? He ahí al hindú, que también llegará, que ha llegado ya por el espíritu, y aunque es el último en venir parece el más próximo pariente.

Tantos que han venido y otros que vendrán, y así se nos ha de ir haciendo un corazón sensible y ancho que todo lo abarca y contiene y se conmueve; pero, henchido de vigor, impone leyes nuevas al mundo. Y presentimos como otra cabeza, que dispondrá de todos los ángulos para cumplir el prodigio de superar a la esfera.

[...]

Después de examinar las potencialidades remotas y próximas de la raza mixta que habita el continente iberoamericano y el destino que la lleva a convertirse en la primera raza síntesis del globo, se hace necesario investigar si el medio físico en que se desarrolla dicha estirpe corresponde a los fines que le marca su biótica. La extensión de que ya dispone es enorme; no hay, desde luego, problema de superficie. La circunstancia de que sus costas no tienen muchos puertos de primera clase casi no tiene importancia, dados los adelantos crecientes de la ingeniería.

En cambio, lo que es fundamental abunda en cantidad superior, sin duda, a cualquiera otra región de la Tierra: recursos naturales, superficie cultivable y fértil, agua y clima. Sobre este último factor se adelantará, desde luego, una objeción: el clima, se dirá, es adverso a la nueva raza, porque la mayor parte de las tierras disponibles está situada en la región más cálida del globo.

Sin embargo, tal es, precisamente, la ventaja y el secreto de su futuro. Las grandes civilizaciones se iniciaron entre trópicos y la civilización final volverá al trópico.

La nueva raza comenzará a cumplir su destino a medida que se inventen los nuevos medios de combatir el calor en lo que tiene de hostil para el hombre, pero dejándole todo su poderío benéfico para la producción de la vida. El triunfo del blanco se inició con la conquista de la nieve y del frío. La base de la civilización blanca es el combustible. Sirvió primeramente de protección en los largos inviernos; después se advirtió que tenía una fuerza capaz de ser utilizada no sólo en el abrigo, sino también en el trabajo; entonces nació el motor, y, de esta suerte, del fogón y de la estufa procede todo el maquinismo que está transformando al mundo.

Una invención semejante hubiera sido imposible en el cálido Egipto, y, en efecto, no ocurrió allá, a pesar de que aquella raza superaba infinitamente en capacidad intelectual a la raza inglesa. Para comprobar esta última afirmación basta comparar la metafísica sublime del *Libro de los muertos* de los sacerdotes egipcios con las chabacanerías del darvinismo spenceriano. El abismo que separa a Spencer de Hermes Trismegisto no lo franquea el dolicocéfalo rubio ni en otros mil años de adiestramiento y selección.

En cambio, el barco inglés, esa máquina maravillosa que procede de los vikingos del Norte, no la soñaron siquiera los egipcios. La lucha ruda contra el medio obligó al blanco a dedicar sus aptitudes a la conquista de la naturaleza temporal, y esto precisamente constituye el aporte del blanco a la civilización del futuro. El blanco enseñó el dominio de lo material. La ciencia de los blancos invertirá alguna vez los métodos que empleó para alcanzar el dominio del fuego y aprovechará nieves condensadas, o corrientes de electroquimia, o gases de magia sutil, para destruir moscas y alimañas, para disipar el bochorno y la fiebre. Entonces la humanidad entera se derramará sobre el trópico, y en la inmensidad solemne de sus paisajes las almas conquistarán la plenitud.

Los blancos intentarán, al principio, aprovechar sus inventos en beneficio propio, pero como la ciencia ya no es esotérica no será fácil que lo logren; los absorberá la avalancha de todos los demás pueblos, y finalmente, deponiendo su orgullo, entrarán con los demás a componer la nueva raza síntesis, la quinta raza futura.

La conquista del trópico transformará todos los aspectos de la vida; la arquitectura abandonará la ojiva, la bóveda y, en general, la techumbre, que responde a la necesidad de buscar abrigo; se desarrollará otra vez la pirámide; se levantarán columnatas en inútiles alardes de belleza y, quizá, construcciones en caracol, porque la nueva estética tratará de amoldarse a la curva sin fin de la espiral, que representa el anhelo libre, el triunfo del ser en la conquista del infinito.

El paisaje pleno de colores y ritmos comunicará su riqueza en la emoción; la realidad será como la fantasía. La estética de los nublados y de los grises se verá como un arte enfermizo del pasado. Una civilización refinada e intensa responderá a los esplendores de una Naturaleza henchida de potencias, generosa de hábito, luciente de claridades. El panorama del Río de Janeiro actual o de Santos con la ciudad y su bahía nos puede dar una idea de lo que será ese emporio futuro de la raza cabal que está por venir.

Supuesta, pues, la conquista del trópico por medio de los recursos científicos, resulta que vendrá un periodo en el cual la humanidad entera se establecerá en las regiones cálidas del planeta. La tierra de promisión estará entonces en la zona que hoy comprende el Brasil entero, más Colombia, Venezuela, Ecuador, parte del Perú, parte de Bolivia y la región superior de la Argentina.

Existe el peligro de que la ciencia se adelante al proceso étnico, de suerte que la invasión del trópico ocurra antes que la quinta raza acabe de formarse. Si así sucede, por la posesión del Amazonas se librarán batallas que decidirán el destino del mundo y la suerte de la raza definitiva. Si el Amazonas lo dominan los ingleses de las Islas o del continente, que son ambos campeones del blanco puro, la aparición de la quinta raza quedará vencida. Pero tal desenlace resultaría absurdo; la Historia no tuerce sus caminos, los mismos ingleses, en el nuevo clima, se tornarían maleables, se volverían mestizos, pero con ellos el proceso de integración y de superación sería más lento. Conviene, pues, que el Amazonas sea brasileño, sea ibérico, junto con el Orinoco y el Magdalena. Con los recursos de semejante zona, la más rica del globo en tesoros de todo género, la raza síntesis podrá consolidar su cultura. El mundo futuro será de quien conquiste la región amazónica. Cerca del gran río se levantará Universópolis, y de allí saldrán las predicaciones, las escuadras y los aviones de propaganda de buenas nuevas. Si el Amazonas se hiciese inglés, la metrópoli del mundo ya no se llamaría Universópolis, sino Anglotown, y las armadas guerreras saldrían de allí para imponer en los otros continentes la ley severa del predominio del blanco de cabellos rubios y el exterminio de sus rivales obscuros. En cambio, si la quinta raza se adueña del eje del mundo futuro, entonces aviones y ejércitos irán por todo el planeta educando a las gentes para su ingreso a la sabiduría. La vida fundada en el amor llegará a expresarse en formas de belleza.

Naturalmente, la quinta a raza no pretenderá excluir a los blancos, como no se propone excluir a ninguno de los demás pueblos; precisamente la norma de su formación es el aprovechamiento de todas las capacidades para mayor integración del poder. No es la guerra contra el blanco nuestra mira, pero sí un guerra contra toda clase de predominio violento, lo mismo el del blanco que, en su caso, el del amarillo, si el Japón llegara a convertirse en amenaza continental. Por lo que hace al blanco y a su cultura, la quinta raza cuenta ya con ellos y todavía espera beneficios de su genio. La América latina debe lo que es al europeo blanco y no va a renegar de él; al mismo norteamericano le debe gran parte de sus ferrocarriles y puentes y empresas, y de igual suerte necesita de todas las otras razas.

Sin embargo, aceptamos los ideales superiores del blanco, pero no su arrogancia; queremos brindarle, lo mismo que a todas las gentes, una patria libre en la que encuentre hogar y refugio, pero no una prolongación de sus conquistas. Los mismos blancos, descontentos del materialismo y de la injusticia social en que ha caído su raza, la cuarta raza, vendrán a nosotros para ayudar en la conquista de la libertad.

Quizá entre todos los caracteres de la quinta raza predominen los caracteres del blanco, pero tal supremacía debe ser fruto de elección libre del gusto y no resultado de la violencia o de la presión económica. Los caracteres superiores de la cultura y de la naturaleza tendrán que triunfar, pero ese triunfo sólo será firme si se funda en la aceptación voluntaria de la conciencia y en la elección libre de la fantasía. Hasta la fecha, la vida ha recibido su carácter de las potencias bajas del hombre; la quinta raza será el fruto de las potencias superiores. La quinta raza no excluye; acapara vida; por eso la exclusión del yanqui, como la exclusión de cualquier otro tipo humano, equivaldría a una mutilación anticipada, más funesta aún que un corte posterior. Si no queremos excluir ni a las razas que pudieran ser consideradas como inferiores, mucho menos cuerdo sería apartar de nuestra empresa a una raza llena de empuje y de firmes virtudes sociales.

Expuesta ya la teoría de la formación de la raza futura iberoamericana y la manera como podrá aprovechar el medio en que vive, resta sólo considerar el tercer factor de la transformación que se verifica en el nuevo continente: el factor espiritual que ha de dirigir y consumar la extraordinaria empresa. Se pensará, tal vez, que la fusión de las distintas razas contemporáneas en una nueva que complete y supere a todas va a ser un proceso repugnante de anárquico hibridismo, delante del cual la práctica inglesa de celebrar matrimonios sólo dentro de la propia estirpe se verá como un ideal de refinamiento y de pureza.

Los arios primitivos del Indostán ensayaron precisamente este sistema inglés para defenderse de la mezcla con las razas de color, pero como esas razas obscuras poseían una sabiduría necesaria para completar la de los invasores rubios, la verdadera cultura indostánica no se produjo sino después de que los siglos consumaron la mezcla, a pesar de todas las prohibiciones escritas. Y la mezcla fatal fue útil no sólo por razones de cultura, sino porque el mismo individuo físico necesita renovarse en sus semejantes. Los norteamericanos se sostienen muy firmes en su resolución de mantener pura su estirpe; pero eso depende de que tienen delante al negro, que es como el otro polo, como el contrario de los elementos que pueden mezclarse. En el mundo iberoamericano el problema no se presenta con caracteres tan crudos; tenemos poquísimos negros y la mayor parte de ellos se han ido transformando ya en poblaciones mulatas. El indio es buen puente de mestizaje. Además, el clima cálido es propicio al trato y reunión de todas las gentes.

Por otra parte, y esto es fundamental, el cruce de las distintas razas no va a obedecer a razones de simple proximidad, como sucedía al principio, cuando el colono blanco tomaba mujer indígena o negra porque no había otra a mano. En lo sucesivo, a medida que las condiciones sociales mejoren, el cruce de sangre será cada vez más espontáneo, a tal punto que no estará ya sujeto a la necesidad, sino al gusto; en último caso, a la curiosidad. El motivo espiritual se irá sobreponiendo de esta suerte a las contingencias de lo físico. Por motivo espiritual ha de entenderse, más bien que la reflexión, el gusto que dirige el misterio de la elección de una persona entre una multitud.

# El mesías mexicano

ANITA BRENNER

1

Una antigua profecía popular en México anuncia que "cuando el templo mayor de los aztecas aparezca en la plaza principal de la ciudad de Tenochtitlán, coronado por el sol, volverán a los ancestros sus antiguos derechos". En agosto de 1926 fue hallado un monolito en la plaza principal de la capital, antigua Tenochtitlán, al efectuarse las obras de reparación y restauración del Palacio Nacional. Se trata de un facsímil del templo mayor de los aztecas, con un sol de piedra esculpido en su superficie.

Extraña historia para 1926, pero México es un país peculiar. Su singularidad comienza con la misma conformación de su territorio, que cambia súbitamente de los más exuberantes trópicos a las grises y áridas alturas rocosas que circundan los volcanes. Las tierras calientes, las templadas y las frías se entrecruzan y penetran las unas en las otras en tres planos, de modo que se puede estar a la orilla de un

La joven antropóloga Anita Brenner (1905-1974) publicó en 1929, en inglés, un brillante y conmovedor ensayo titulado *Idols Behind Altars*. Nacida en Aguascalientes y formada en la tradición culturalista de Franz Boas, en Nueva York, Brenner añadió a su libro la pasión populista y mesiánica típica de la época. El estudio que dio lugar al libro de Anita Brenner lo realizó acompañada de los fotógrafos Edward Weston y Tina Modotti. Se publica íntegro el primer capítulo, "El mesías mexicano", en la traducción de Sergio Mondragón (publicada originalmente en la edición de Editorial Domés, en 1983, de *Ídolos tras los altares*).

cañón viendo la nieve de una montaña, mientras a centenares de metros abajo de uno crecen el café y los plátanos. Su dramática y natural yuxtaposición de climas y paisajes es como la luz, que en todas partes cambia rápidamente y sin transición del claro día a la noche oscura, al igual que sus tormentas, breves y poderosas; las milpas crecen y desaparecen con rapidez. México da la sensación de estar inacabado, y al mismo tiempo fijo para siempre.

Un lejano horizonte de montañas cárdenas, ineludible como el temor que se posa sobre los hombros de los forasteros, es común a costa, cañón, desierto y planicie. Muchas de esas montañas son volcanes, algunos de los cuales están vivos y ocasionalmente inquietos en su sueño, por lo que son determinantes en la configuración de esa extraña e insistente vaguedad que es la esencia de la vida de México, vaguedad unida a otra no menos insistente sensación de inmutabilidad. Las montañas dominan físicamente. Las romas pirámides volcánicas se multiplican y reproducen en diferentes materiales y tamaños, en templos y observatorios prehispánicos, en rectangulares conventos coloniales, en las casas de pueblos sombreados por palmeras en los que vetas de lava circundan los campos, cercados con la misma roca sombría. El indio, sentado en cuclillas y envuelto en su sarape, y su mujer, liada en el rebozo, justifican con su propia arquitectura la antigua costumbre de llamar con nombres de persona a los volcanes.

Montañas, vegetación —de antigua progenie, árboles centenarios, cactos, maíz, calabazas— y la misma gente, todos poseen una tensa y animal vitalidad. El maguey tiene puntas como garras en sus verdinegros músculos fibrosos; hay maíz dentado; frutos y carne tienen la misma textura firme y sanguínea; y los mexicanos hablan y enfrentan los hechos sin excusas éticas o sentimentales. Quien se queda suficiente tiempo entre ellos no puede escapar a esta demanda de integridad. Uno podrá odiar eso, sintiéndose impotente para penetrar su sentido, o amarlo con pasión. En ambos casos queda fascinado. Las mujeres en particular se sienten acorraladas por ese carácter, y también quienes no pueden abandonar los conceptos traídos con ellos de cualquier parte.

Con un hacha intelectual para agobiar, esta tierra es la locura con las libertades que se toma con el tiempo y el espacio, con sus desigualdades sociales, con los muchos rostros en que alienta pero que forman, sin embargo, una unidad. La mente del visitante se agita de una interpretación a otra mientras se desintegra o se despliega con un nuevo vigor, y va, al igual que el paisaje, a los extremos, adquiriendo una fe inconmovible como la de los indios o una duda permanente como la de los mestizos; beberá la enfermedad como muchos otros extranjeros; o escribirá poesía, cantará y pintará como lo hacen la mayor parte de los nacionales. Porque el polvo de México roe y arrebata el corazón humano; pero con el polvo de México envolviéndolo, aquel corazón no encuentra ya la paz en ningún otro país.

Sin la necesidad de ser descifrado o de tener una interpretación histórica, México se explica a sí mismo armoniosamente y con brío como una gran sinfonía o una pintura mural, coherente consigo mismo, no como una nación en desarrollo, sino como una imagen con temas dominantes y formas y valores en permanentes y variadas relaciones, y siempre en el presente como los códices aztecas que eran historia pero también calendario y texto sagrado.

2

Miren en derredor —dice un antiguo poeta mexicano—, y maravíllense con este paisaje de moradas multicolores... creado y enriquecido con la gracia. Podemos nosotros miserables ver la luz entre las flores y oír las canciones de los fértiles campos, podemos contemplar todas esas cosas... creadas y enriquecidas con la gracia. Ellos habitan el lugar de la primavera, aquí en los vastos campos, y sólo para nuestro bienestar cae el agua turquesa en quebradas gotas sobre la superficie de los lagos. Allí donde reverbera el cuádruple rayo, allí donde florecen las amarillas y fragantes flores, allí moran los mexicanos, los macehuales.

Siempre recurrente en el pensamiento de México se encuentra esta obsesión con la transparencia de la vida. La vida moviéndose de una forma a otra, pero siempre la misma. El movimiento definido por el reposo. La luz transformándose en oscuridad sin cesar, plantas y gente muriendo por necesidad, en un punto predeterminado, sólo para renacer. Por eso la constante preocupación con la muerte, y por eso el mesías mexicano.

El mesías mexicano nació con el primer sol otorgador de vida, en la leyenda el más miserable y leproso hermano de una familia de dioses que luego fue transformado en fuego para más tarde ascender al cielo. Sol, montañas, dioses, héroes (mártires por destino), curanderos y rebeldes —ésta es la pasta de la que está hecho el mesías. Tiene múltiples formas. Es ubicuo, pero es siempre el mesías, proyección de la divinidad. Siempre muere, siempre retorna. Es fundamentalmente un principio abstracto cuya función es inflamar, sustentar, absolver, unir y dar vida.

Tezcatlipoca, el perenne joven Espejo Humeante, o Piedra Ardiente, era la montaña, el viento de la noche, el jaguar, y estaba presente, aunque esencialmente invisible, en las formas de los sacerdotes o de la gente que llevaba su nombre o se ataviaba con ropajes como los suyos. Tezcatlipoca era dramáticamente transferido cada año al cuerpo viviente del más hermoso joven cautivo, al que se honraba durante una estación y se adoraba como dios. Al fin del año recibía a la muerte, para alimentar al sol, el que podía de este modo vivir y animar las cosechas del próximo año. Quetzalcóatl, la Serpiente Emplumada, era agua, el viento del sur, reptil, pájaro, plantas, médico, maestro, astrónomo, sacerdote, y una persona ordinaria, aunque sabia. En su papel de rey enseñó la agricultura a la gente y cómo medir el tiempo y las estrellas. Luego se embarcó en un bote de alas blancas prometiendo regresar. Se le consideraba eternamente presente en la forma del viento y la serpiente, como sacerdote y en toda persona ordinaria pero sabia.

El Tepoztón de Tepoztlán, un pueblo montañoso cerca de la capital, es, como lo significa su nombre, señor de la montaña sobre la que su templo descansa. Es también el ancestro Ome Tochtli, quien ayudó a descubrir el fértil maguey con su jícara de leche intoxicante. Es cada uno de los reyes que gobernaron el pueblo. Es asimismo el joven guardián que todavía hoy cuida su morada en ruinas. Y es el hombre que año tras año se viste en rojo y verde y entona un triunfal y desafiante canto azteca en el atrio del templo de Nuestra Señora de la Natividad, protectora católica del pueblo y moradora al pie de la montaña del Tepoztón. Es el hijo favorito de esta virgen, pese a que cuando ella llegó, él, furioso, devastó como viento las cosechas y, como gusano blanco de la muerte, las raíces del maíz. Hizo su aparición en el hombro de la montaña bajo la forma de una vasta serpiente y como relámpago, como jaguar de fauces prodigiosas y horrendo rugido, como ser radiante de tocado reverberante, cabalgando la tormenta. El Tepoztón "generalmente vaga por los campos protegiendo los sembrados y velando los asuntos y el bienestar de la gente". Se le reconoce como campesino con un sombrero de palma en la cabeza. "Todos sabemos que es pobre y habita entre nosotros." Cuando las lluvias se atrasan se aparece en los sueños o fuera de ellos, magníficamente ataviado con plumas y listones rojos y verdes, "y por eso se sabe que es un dios". Hace entonces conocer sus deseos, mismos que son satisfechos por la gente, y en seguida otorga la lluvia. Durante la Revolución ayudó a los campesinos rebeldes contra los soldados federales. El Tepoztón, como el Teutli de Milpa Alta, el Señor de Chalma o la plañidera Malintzin de largos cabellos, "es una persona poderosa que sabe tanto del bien como del mal". Dicen las consejas que, como todas las deidades, "duerme en las montañas. A veces se remueve inquieto. Pero algún día despertará, y entonces temblará, y lloverá lava y agua hirviente, en una enorme y bárbara respiración. Entonces la gente dejará de llevar cargas sobre sus espaldas."

En la mentalidad mexicana el mesías va siempre acompañado del desastre: terremotos, conquistas, revoluciones, el sacrificio de un guía; muerte y sufrimiento. En consecuencia, todas las profecías que prometen restauración se complementan con anuncios de catástrofes. Una nueva vida surgía de las cenizas de los fuegos que encendían los antiguos mexicanos al final de cada ciclo de cincuenta y dos años, en los cuales se destruían asimismo todas las posesiones, con un sentido de extinción inaplazable. Esos ciclos no estaban concebidos cronológicamente: cada uno era un renacimiento, aunque repetía los días y sucesos del pasado, con los mismos nombres y detalles idénticos. Por tanto las profecías eran tan previsibles como las estaciones: el mesías-mártir se hallaba cifrado en una fecha.

El retorno de Quetzalcóatl era esperado hacia el final de un ciclo que coincidió con la extinción del imperio azteca, y fue precedido por cometas, temblores de tierra y siniestros mensajeros. Moctezuma fue advertido de que el fin de su reinado estaba próximo, y con él su propia muerte. Luego Cortés materializó la forma humana blanca y barbada —como el maíz, pero no azteca— de la radiante Serpiente. En el siglo XVIII, justo antes de la guerra de Independencia, dos cultos caballeros españoles penetraron sin anunciarse en la choza de un indio en los aledaños de la ciudad de México, "y sorprendieron a un hombre muy viejo, en cuclillas sobre su petate, con los espejuelos sobre la nariz, estudiando un jeroglífico o mapa pintado". El viejo trató inútilmente de ocultarlo; presionado a hablar, explicó por fin que se hallaba "calculando el tiempo previsto para el colapso del reinado español".

Nezahualcóyotl, el poeta-rey azteca, cantó las dos fases de esa perpetua obsesión mexicana de la cual es símbolo el mesías.

> Yo vi, como mexicano, que nuestro señorío iba a ser destruido.
> Yo, bañado en lágrimas, advertí que teníamos que agacharnos y ser aniquilados.
> Que no me encolerice el que la grandeza de México esté a punto de ser destruida.
> Las humeantes estrellas se alzan contra esto; aquel que ama las flores está a punto de perecer.
> Aquel que amó nuestros libros gimió, lloró por la llegada de lo que aniquila.

Luego en otro poema dice: "La oscuridad del sepulcro no es sino el corroborante lecho del glorioso sol, y lo luctuoso de la noche sólo sirve para enmarcar lo radiante de las estrellas..."

En un plano diferente otro poeta parece repetirlo: "Los desdeñados y los esclavos emergerán con cantos; pero sus opresores serán pronto consumidos por el fuego, entre el aullar de los lobos".

Siempre la insistencia en el retorno. Hay gran cantidad de fe en esas profecías. Muchas de ellas se realizan según lo previsto. Circulan entre la gente de boca a oído, en baladas, himnos, chucherías populares, y hasta en los gestos. Uno no sabe exactamente cómo, pero allí están. Más tarde o más temprano las montañas y los hombres lo corroboran. En los años en que se preparaba la Revolución de 1910 y justo antes de que estallara, ante la sordera del dictador, la gente hablaba ya de lo que estaba a punto de ocurrir. Recuerdo haberme visto izada en medio de una multitud para mirar el resplandor de un cometa en el cielo, y a la mujer que me cargaba decir: "Eso anuncia guerra, muerte, miseria, hambre y enfermedad". Días más tarde llovieron cenizas venidas de un lejano volcán, durante un día y una noche. La gente decía: "Va a llover sangre".

Cuando Madero, dirigente político de la revuelta que siguió, entró triunfante en la capital, fue vitoreado por una enardecida y entusiasta muchedumbre que llenaba las calles y se apretaba en azoteas y ventanas; pero ese mismo día un temblor de tierra partió en dos un gran edificio de la ciudad. La gente dijo, y Madero lo sabía, que su muerte estaba próxima. Mientras, en las montañas de Morelos, Zapata y su brutal y apasionada tropa de campesinos clamaban por la devolución de sus tierras comunales; en Yucatán, Felipe Carrillo Puerto enseñaba a los peones mayas sus derechos constitucionales. Ambos murieron por su causa, conociendo el destino que les aguardaba.

Tiempo después surgió en las montañas del norte un muchacho indio sin nombre que fue apodado el Niño Fidencio. El milagroso Fidencio, según el panfleto que circuló tan anónimamente como un rumor:

No es como los innumerables brujos, hueseros, hipnotistas y demás curanderos que de tiempo en tiempo surgen en México, particularmente en el campo... Las crónicas del siglo XVIII hablan de Tzantzén, un indio de las montañas de Zacatecas, extraordinariamente al tanto de los poderes curativos de hierbas y plantas. Hacia el fin de la guerra de Independencia hizo su aparición la nebulosa figura de sor Encarnación, una monja tránsfuga de su convento que se convirtió en bálsamo y auxilio de los guerrilleros mexicanos. Se dice que todo aquel que bebe de la fuente que ella hizo brotar milagrosamente con las manos, se ve libre de toda dolencia y sus heridas cicatrizan... En los últimos años han surgido numerosos curanderos: Rutila, la pequeña mujer de Agua Azul, Guadalajara, quien se ofreció para resucitar al gobernador... María Auxiliadora, una campesina de San Luis Potosí... Don Erasmo Mata, el célebre don Erasmo quien con la misma afabilidad pregona el fin del mundo y cura a los enfermos con las mágicas plumas de su gallo profeta. Pero Fidencio es otra cosa, una pura, serena y humilde figura, un niño generoso que hace andar a los tullidos mientras entona ingenuas baladas y canciones, y reparte entre los pobres las riquezas y oblaciones que los poderosos le entregan.

Poco después de su aparición en 1928, Fidencio anunció que no viviría mucho tiempo. La gente debería apresurarse para ser curada, porque sólo estaría dos años entre ellos Una ciudad surgió en torno suyo en el desierto, habitada por una población flotante que le pedía les restaurara la vista, el habla, el movimiento, la vida misma. Se le llamó el Lugar del Dolor. Muchos de los curados declararon que el poder de Fidencio residía en la bebida que preparaba arrojando en una tina las flores y frutas que le regalaban. Otros decían que sus poderes venían de los cantos que entonaba. Su favorita era una canción de amor que dirigía a una flor azul de la montaña, y con ella, se decía, facilitaba el proceso de la muerte y aquietaba cualquier dolor. Pero lo que más frecuentemente se rumoraba era que el poder de Fidencio provenía del mismo Lugar del Dolor. El árbol bajo el cual gemía y oraba para implorar el don de la curación quedó convertido en capilla y altar. Las velas ardían en derredor y los suplicantes se arrodillaban a sus puertas. Pero Fidencio no prestaba oídos a esas explicaciones de sus poderes. Sólo decía: "Aquellos que sufren tienen la gracia de Dios; con el sufrimiento se alcanza la salud, y está bien que así sea, porque todo aquel que quiere el bienestar debe ser fortificado con pesares y dolor".

3

La antigua obsesión mexicana de la muerte que dio origen al mesías subyace como una parte orgánica del pensamiento de México. Surge como una motivación en el arte desde antes de la Conquista, sobrevive durante todo el periodo colonial y reaparece una y otra vez hoy en día. Hay calaveras en monolitos de lava, en miniaturas de oro y cristal, en máscaras de obsidiana y jade; cráneos esculpidos en muros, moldeados en vasijas, encontrados en pergaminos, dibujados sobre telas; se les encuentra en glifos y con un esqueleto y una ocupación en juguetes infantiles; moldeadas en silbatos, alcancías, matracas, campanas, máscaras y joyería; en grabados y aguafuertes, en corridos; en las decoraciones de establecimientos de bebidas; convertidas en velas y entretenimiento. La calavera tiene muchos significados en el habla mexicana. La lucen dioses, payasos, demonios y demás personería de la sapiencia mexicana. Hay hasta un día nacional en su honor.

El Día de los Muertos quedó establecido por los frailes misioneros de acuerdo al calendario cristiano, pero era ya un hábito antiguo entre los mexicanos. La fiesta se celebra los días primero y dos de noviembre. El día de Todos los Santos es el día de todos los antepasados adultos, y el día de Todas las Ánimas pertenece a los niños. Los espíritus retornan de acuerdo a sus edades, a comer con sus parientes vivos. La mesa se dispone sobre un altar en el que hay tortillas, frijoles, chile, arroz, fruta y otros platillos de la dieta diaria, además de las especialidades de la estación: calabaza en tacha, pulque, atole de maíz azul de delicada dulzura, y pan de muerto. A los niños se les reparten calaveras de azúcar, ataúdes de dulce, huesos de chocolate escarchado, tumbas, ofrendas y llamativos entierros.

Los vivos no tocan la comida hasta que los muertos se han ido, permaneciendo sentados toda la noche con sus "muertitos" (término afectuoso para los seres humanos invisibles), como si estuvieran en un velorio —un velorio mexicano donde se canta, se ora, se bebe y se ama. Y es efectivamente un velorio, excepto que las oraciones no se dicen por los muertos, sino a ellos. Todos "velan el muerto" comiendo sobre las tumbas, que quedan convertidas en mesas de banquete similares a las que se dispusieron en las casas, y sobre ellas se pone la comida, entre apretados ramos de flores de color morado profundo, y la amarilla y áspera al olfato cempoalxóchitl, la sagrada y ancestral flor. Pequeñas banderas ondean sobre los terraplenes, y aquí y allá se levantan arcadas y tendajones, en el estilo de las canoas de recreación. Los recientemente apesadumbrados o los escrupulosos verterán realmente algunas lágrimas por los "muertitos"; pero de algún modo esas lágrimas son como las flores y las calaveras: forman parte de la decoración. Los amados parientes que "ya enrollaron sus petates", atienden al llamado y deben ser tratados con toda cortesía. Una alegría ceremoniosa es el tono apropiado.

Se supone que la clase alta de rostros empolvados de la cosmopolita ciudad de México debe creer que los muertos no son otra cosa que tierra; empero, cuidadosamente aderezadas con la duda, el mexicano culto cuenta muchas de las mismas historias que el arriero escuchó, historias de aparecidos que conversan y vuelven a partir, muertos que no tienen nada con ellos que los diferencie de cualquier otra persona. Los fantasmas mexicanos no son perseguidores. Llaman calladamente desde la tumba demandando pisadas ligeras, ya que la tierra está suelta y cae incómodamente sobre ellos, o preguntan si pueden o no tomar un fresco jarro de agua, como solían hacerlo y ofrecerlo a los de arriba.

Y, ¿por que regresan los muertos? Generalmente, sólo para saludar. A veces también para asomarse un poquito a los asuntos del mundo. El Departamento de Arqueología excavó en el sitio señalado a un joven indígena por el espíritu de su ancestro, el príncipe Xicoténcatl, y encontró un templo enterrado. El director del Museo Nacional relata que una vez vino un indio a decirle que en un cerro cercano a su pueblo yacía un valioso tesoro, uno de los muchos que, se dice, fueron ocultados a los voraces ojos de los españoles. El indio, que era muy viejo, le dijo que había venido a verlo aconsejado por el cura del pueblo. Dejó su nombre y dirección y se fue. Cuando el director visitó el pueblo en busca del viejo fue informado de que, en efecto, el hombre era del lugar pero había muerto dos años antes. La descripción que le hicieron del difunto correspondía con exactitud a la del hombre que lo había visitado en el museo. El viejo había sido carbonero. Los cerros en que solía cortar madera fueron explorados en busca del supuesto escondrijo, pero nada se halló. El director contaba esta historia con verdadera satisfacción.

En la ciudad de México la fiesta del 2 de noviembre es una alucinación. Elegantes pastelerías hacen oscilar sobre las pastas francesas el signo: "Compre su pan de muerto". Sus iluminados y sofisticados anaqueles se ven repletos de hileras y pirámides de calaveras en miniatura y de tamaño natural y aun más grandes, de blanco almibarado o color crema, con ojos de cerezas rellenas de licor y azucaradas y burlonas sonrisas que muestran hileras de dorados dientes. Los funerales están fabricados con chocolate de la mejor calidad y guirnaldas de fruta cristalizada —y aunque toda esta pompa maravillosa sea en honor de los difuntos, no hay niño en la ciudad que no despierte exigiendo en ese día "mi entierro" o al menos "mi calavera".

En esa fecha los cementerios de las ciudades se hallan tan animados como los camposantos de los pueblos. Automóviles y camiones transportan visitantes durante todo el día, y en los cementerios se instalan puestos de limonada y fotógrafos ambulantes que hacen su día tomando fotos de parejas abrazadas y grupos familiares enmarcados en decoraciones de utilería con pretenciosos monumentos de mármol o enramadas churriguerescas. Mercados y parques se adornan con la parafernalia del carnaval, pero los puestos de comida están festonados con interminables hileras de enormes calaveras y se iluminan con luces de velación. La cerámica, las máscaras y las revistas y periódicos que se venden en este día no son los prácticos u ornamentales objetos de otras festividades. Las publicaciones que el resto del año dan versiones realistas de gente de todas las clases y profesiones, en el Día de Muertos hacen aparecer a ésta despojada de mundanas posesiones, por ejemplo la carne. El carpintero y el vendedor de fruta, el cura y el profesor, el asesino, el poeta y la prostituta, Don Juan y el presidente de la república, el general, el arriero, el indígena triste, el político, el torero, el aviador, la monja, el periodiquero, la emperifollada secretaria y el turista, todos toman en forma de esqueleto sus usuales lugares y quehaceres en la escena nacional, en particular aquellos que implican rasgueo de guitarras, beber de pulque y otras placenteras tendencias humanas de días más carnales.

La ciudad hace una parodia de la ceremonia. La prensa cristaliza ese omnipresente estado de ánimo haciendo de sí misma un obituario, con un poder de sugestión tal que aun los eventos ordinarios parecen inventados o pertenecientes al pasado remoto. Difícilmente puede uno saber en esos días, y a nadie le importa mucho, la diferencia entre los vivos y los muertos, el pasado y el presente, la fantasía y los hechos. Ediciones especiales de tiras cómicas publican caricaturas políticas y teatrales de personajes notables, vivos o muertos, pero reunidos todos con calavera y esqueleto y un epitafio apropiado. Una ingeniosa canción popular se refiere a esta confusión con el pretexto de pedir para el periodiquero su "calavera":

Sabe que lo que vende es mentira
que las noticias que trae
el diario que el muerto compra
se desintegran como él.

Este diario trae noticias
de otro matiz:
que sólo peste y canillas
es cuanto los vivos hacen.

Las letras negras aparecen blancas,
la verdad de lo falso surge,
el obeso luce flaco
y el vivo por fuerza muere.

Esta familiaridad con la muerte produce un sacudimiento en la mente de los europeos; pero en un lugar en donde la muerte es un huésped tan familiar como en México, ésta no es ya un personaje temido ni adulado. El guerrillero se mofa de ella con brutalidad cuando canta con un alarido y un disparo, "si me han de matar mañana que me maten de una vez..." La ciudad también arremete con astucia convirtiéndola en bufón, y le resta importancia a su cacareado valor. El indígena le concede la atención que considera justa: "Todos tenemos una deuda con la muerte", dice. En el fondo de esta afirmación hay escepticismo. El duelo y el habla ceremoniosa son parte de esa obsequiosidad que los aztecas tenían hacia sus dioses, y por idénticos motivos. Su preocupación estriba en controlarlos. Para el hecho físico de la muerte se deja un margen suficientemente amplio para que quepan en él todas las posibilidades, pero, con excepción del fenómeno en sí, a la muerte se le despoja de toda importancia.

No es el sentimiento de la futilidad lo que anima debajo de esta actitud hacia la muerte, sino una preocupación nacida de la pasión por la vida, un sentimiento de artista, su sentido de la limitación y su batalla contra ella, así como una afirmación permanente y el propósito de reforzar la vida con las propias fuerzas. El control se alcanza con las herramientas del artista, dándole un lugar físico a una realidad material y convirtiéndola en imagen. La calavera es el símbolo de aquello que, como la lluvia, los árboles, los colores y los pájaros, queda apresado, controlado y convertido en evidente vida perdurable. Es el quehacer del artista, como el de México es desdeñar todas las otras cosas por el amor a elaborar imágenes.

Es el pensamiento de pintores y escultores que viaja del ojo y la mano hacia la abstracción, que cristaliza en términos de objetos que se fabrican, se mueven y se tocan, como en:

> ...Yo, el cantor, he pulido mi noble canción como una esmeralda reluciente, la he perfeccionado para que igualase el canto de los pájaros y desentrañase la esencia de la poesía, la he entreverado con las reverberaciones de la esmeralda a modo de hacerla aparecer como una rosa floreciendo, para poder regocijarme de este modo en el Dador de Vida.

Esto no es pensar sólo en palabras. Costumbres y tradiciones, hábitos y leyes son "los libros y pinturas de nuestros ancestros"; descendientes y continuadores son "las imágenes y los dobles" de sus predecesores; el rey es "los ojos y la boca de los dioses", y es también el lícito guardián del "esculpido cofre de forjadas joyas" que es la nación. La mente misma queda convertida en imágenes, cada una de las cuales sirve para simbolizar otras cosas, por ejemplo: "una flor de hermosa voz es mi mente, una flor de hermosa voz es mi tambor...", en que la flor aparece como el símbolo azteca para la belleza en abstracto. Los más delicados acontecimientos de la mente son de este modo expresados en formas diferentes:

> Maravilloso el espectáculo de la canción que respira descendiendo sobre mi tambor, despojándose de sus plumas y esparciendo por todos los rincones los cantos del Dador de Vida... Llueven preciosas piedras y hermosas plumas en lugar de palabras; es el gozo de las viandas, el gozo de aquel que en verdad se interna en el Dador de Vida.

Con tanta frecuencia como la calavera aparece la mano humana, el símbolo del artista para significar lo creativo. Este motivo aparece una y otra vez desde el tiempo de los aztecas, sola o pulsando un instrumento, o bien portando la quieta y simbólica flor. La mano es la respuesta mexicana a la vida, una respuesta a todos sus fenómenos, incluida la muerte. Reiterativa, como en este poema, la respuesta del artista: "Sollozante y perdido cavilé sin fin buscando la raíz del poema, para plantarlo aquí en la tierra y que le infundiera ánimo a mi espíritu".

4

Una vasta disparidad existió desde un principio entre el indio, tradicionalmente quieto en su petate con los brazos sobre las rodillas, la cabeza inclinada y la mente en las estrellas, con sus manos ocupadas en darle vida al barro, a la piedra y a los surcos con el ánimo triste —tristeza sosegada, no melancolía—, y el conquistador de casco y a caballo, ambicioso, persistente, místicamente atormentado, desleal, aventurero, pendenciero, malignamente atractivo. Ambos se comprometieron en actividades y sentimientos ya existentes —el Dador de Vida, la creación de objetos hermosos, y ese sentido de las proporciones que hace a ambos extremadamente corteses, y también intolerantes hacia los compromisos y el mal gusto.

El México mestizo conserva esta integridad. Apasionadamente atado a la belleza, el indio repudia la fealdad desdeñándola. El mestizo se vuelve contra ella con violencia. Se cuenta la historia de un general mestizo que recorría la plaza de un pueblo recientemente capturado por sus tropas, y que disparó contra un hombre que pasaba sin molestar a nadie. Cuando le preguntaron por qué lo había matado sin siquiera conocerlo, respondió: "Porque era muy feo".

El gesto del mestizo es la *vacilada*, una carcajada irreverente y sardónica llena de duda y vehemencia, de desesperación, una expresión grotesca y ofensiva. Abarca con esta actitud todas las posibilidades, mismas que el indio abraza con una fe y una confianza perfectas. Ambos pueden relatar con toda seriedad la conversación que han sostenido con un espíritu, el modo en que opera un milagro, el cumplimiento de una profecía; ambos saben combinar y gustar una bebida suave con un plato picante; ambos observan el regreso de los muertos. Los dos son heroicos, el mestizo en tono y el indio en historia y vida cotidiana. Coinciden así en el heroísmo, postulado como el valor más alto por un poeta mexicano moderno, quien, por cierto, nunca abandonaba su pistola:

Tres heroísmos en conjunción:
el heroísmo del pensamiento,
el heroísmo del sentimiento
y el heroísmo de la expresión.

Ésta es la clave con la cual México se resuelve a sí mismo. En otro estado de ánimo, canta como antaño:

Mi corazón es un cántaro de barro,
tierra cocida con el fuego del amor.
Con las lluvias de mi reino
he colmado mi ahuecado corazón,
las dulces aguas del cielo
han inundado mi ser.

¿Quién beberá de esto el alma
de los sueños y el amor?
¡Por la boca doy la vida!

A la vuelta del camino
quebraron mi corazón.
El agua fluyó del cielo
haciendo un río al caer.

A la sombra de un viejo árbol
el alma de mi pueblo se lamenta
como María Magdalena
en su desesperación.

¿Quién lavará con mis lágrimas su herida
con el agua de mi corazón
hay alguien allí para llorar conmigo?

Consistente sólo consigo mismo, México asimila y rechaza gentes, formas, ideas. En el mismo siglo hombres morenos pueden danzar al ritmo de tambores, modelar ídolos y tender flores rojas en el altar de un dios de piedra en las montañas; o vestidos de overol, ensamblar Fords en las gargantas de los volcanes y comer sardinas empacadas en Seattle. Lo que México asimila en su rostro, sólo contradictorio en apariencia, lo convierte finalmente en algo propio. Los cuatrocientos años transcurridos desde la Conquista han sido testigos de la disminución progresiva de la influencia directriz de los blancos, quienes abandonaron el país, murieron o penetraron al mestizaje. El gobierno mismo es mucho más mestizo que hace veinte años. Las cúpulas de las iglesias coloniales, coronadas de cruces, son como otros tantos cerros empenachados, los cuales también se hallan coronados de cruces. Las iglesias se encuentran saturadas de símbolos nativos; los santos, que fueron esculpidos sobre los ídolos originales, volvieron a ser modelados hasta el punto de que ya no parecen europeos. Muchas de las enseñanzas de los frailes misioneros forman parte ahora de la mentalidad indígena, pero, entretejidas en la vida de las ciudades, corren hebras de las antiguas creencias indias. Damas de sociedad portan así amuletos de amor fabricados por los indios. Sus hijos conocen tanto la cuchara de plata como al monstruoso *nahual,* pájaro con cara de hombre, y a las brujas mexicanas, que no son de la clase que viaja en escobas: éstas se transportan sobre bolas de fuego y, cuando no están en movimiento, viven como vecinas quietas y corteses en la puerta de al lado; en el corazón de la capital hay esculpidas serpientes de roca que miran impasibles a los autos y tranvías atestando las calles.

Toda esta parafernalia satisface necesidades y simpatías nativas. Las cosas que México repele son las inconsistencias, lo falso, las imposiciones o los transplantes artificiales, que mueren violentamente o por abandono, trátese de gentes, ideas o formas, dejando sólo sus envolturas, como el pretencioso Teatro Nacional de brilloso mármol que se hunde bajo su propio peso en el lodoso suelo en que fue erróneamente construido. O como el pueblo de Chapingo, hecho al vapor por un secretario de Agricultura, arrobado ante el éxito de experimentos similares en otras partes del mundo.

El pueblo de Chapingo, contemporáneo del Lugar del Dolor, fue erigido sobre el diseño de la unidad habitacional de una fábrica norteamericana, y equipado con luz eléctrica e instalaciones sanitarias modernas. Se dijo que los campesinos que asomaban sonrientes por las perfectas ventanas y saludaban en los jardincillos de las casas, para la publicidad del gobierno, habían sido pagados y acarreados como extras de cine el día de la inauguración, mientras el presidente recorría la Calle del Trabajo y la Avenida de la Producción, deteniéndose a admirar la escuela, el teatro y la cooperativa amueblada de armarios tan funcionales como sacados de una caja de juguetes.

Nadie habitó después Chapingo, que hoy se halla desierto. Los matorrales llenan las bien trazadas avenidas y las milpas invaden las entarimadas casas que ya empiezan a agrietarse bajo el reverberante sol mexicano. A la entrada vive el cuidador, su único habitante, en una casa construida con adobes, de techo bajo, sombría y fresca en el interior, con piso de tierra y llena de niños y animales. En la puerta y sobre el chiquero cuelgan sin simetría las macetas de geranios. La ropa lavada gotea colgada de las enmohecidas aspas del molino de viento. Adentro, una máquina de coser chirría puntada tras puntada sobre anchos ropajes de algodón blanco. Y sobre la carretera que conduce de regreso a la capital, un letrero esculpido para la inauguración anuncia y explica el pueblo de Chapingo: "Ésta es la cooperativa de Chapingo, que no espera ni cree en nada que no haya sido hecho con las propias manos".

5

La necesidad de vivir creando y de otorgar al mundo físico un rango espiritual, así como un sentido de la proporción, componentes todos de la pasión del artista, son los ingredientes de esa integridad mexicana. Por eso, México no puede ser medido con otros raseros que no sean los propios, como ocurre con los valores que se aprecian en una pintura, y es por eso también que los mexicanos sólo pueden ser inteligibles si se les considera como artistas. Cualquier artista en el mundo participaría de su peculiar rechazo de los valores que otros aprecian, y de la profunda importancia que conceden a cosas que en otras partes resultan triviales. Miguel Ángel y Cézanne no hallarían anormal su punto de vista, y sin duda se regocijarían con él.

Un hombre con semejante punto de vista piensa en función de la creación de cosas. Completar su tarea puede tomarle entonces un día o un año, pero que lo hecho le satisfaga es todo lo que cuenta, y no el tiempo o el tamaño, porque si no está interesado lo hará mal o simplemente no lo hará. Si la cosa por hacer lo llama por sí misma entonces él la realizará mejor que nadie, y la cosa no tiene que ser necesariamente un vaso o un poema. Si piensa que una ley, edificio, idea o cuadro están bien hechos, o son hermosos —lo que es lo mismo para él— no inquirirá si hay algo mejor que eso, ni si es valioso, cómodo, moral, o el reverso de todas esas cosas para alguien más. Ninguna otra consideración es comprensible para él. Sus acciones son cuestión de pasión o de gusto. Y siempre en escrutinio consigo mismo en primer lugar, moldea formas tangibles en las cuales vaya incluido su propio corazón.

Es por esto que en ningún otro lugar como en México el arte ha sido una parte orgánica de la vida, acorde con los fines del país y la búsqueda nacional, una posesión individual y siempre la primera opción para el país y para el individuo. No se buscaron recetas para encontrar la belleza: la necesidad la creó. Tampoco se la cultiva artificialmente. Se da tan natural y espontáneamente que la gran masa del monumental arte mexicano es anónima. México sólo conoce el sendero del trabajo creativo. Si el tufo de sus desechos flota en el aire, sólo la gente que es únicamente nariz será incapaz de detectar otra cosa que no sea el tufo. México es una tierra desnuda y sangrante, poblada de gente que ha vivido en agonía; pero tiene un cuerpo tan lleno de vitalidad y tan fuerte, que puede encaminarse a los extremos de la belleza y el horror con el mismo entusiasmo. Es una tierra en movimiento, no de gente muerta, ni en resurrección, sino perennemente renacida.

Una poderosa y cristalina corriente de vida anima los tres objetos que México elabora: objetos hermosos, construidos colectivamente por manos que revitalizan el trabajo realizado por manos precedentes sobre artículos de uso material, como una vasija; objetos hermosos de uso espiritual, hechos también colectivamente, como un ídolo, una iglesia o un mural, que se disfrutan colectivamente; y objetos hermosos realizados individualmente dentro de esas dos tradiciones sintetizadas que apuntan siempre a lo humano: inteligible patrimonio del mundo entero.

La respuesta mexicana a la vida es la vida. Su tradición es el funcionamiento que un cuerpo muerto ciertamente no posee y que un cuerpo animado posee en proporción a su fuerza. Por ello el artista es siempre la persona más esencialmente viva, y al mismo tiempo la más profundamente feliz e infeliz de todas las criaturas, aunque todos los hombres posean el mismo funcionamiento; sólo que algunos se encuentran atrofiados, o emasculados y otros en esclavitud, o prostituidos o muertos. Por eso México, siendo predominantemente artista, tiene un mesías que muere y que está siempre vivo, con tantos nombres y formas que no se le puede asir en ninguna; un mesías con humildad y con fuerza, que mata y cura, marchita y anima, sufre y se regocija. Un mesías que es la imagen de su gente, un moreno maestro de sí mismo, pródigo con el resto del mundo. La profecía que lo aureola es una profecía sin tiempo que se alimenta de sí misma y se cumple perpetuamente. Una profecía que no necesita fe sino visión: la mano morena, color de la tierra, modelando una esférica vasija del color de la mano.

# Contra el nacionalismo

JORGE CUESTA

¿Existe una crisis en la literatura mexicana de vanguardia? Esta pregunta necia ha provocado, aparte de los más o menos irreflexivos síes o noes que sorprendió el periodista, autor de la pregunta, en los escritorios que lo respondieron de prisa, observaciones más meditadas o menos circunstanciales que merecen que se las considere con detenimiento. Unas se refieren a la literatura de vanguardia y al vanguardismo; otras, a la literatura mexicana y al nacionalismo. De estas últimas me ocupo.

Samuel Ramos y José Gorostiza, dos escritores jóvenes, han propuesto "una vuelta a lo mexicano", en cuyos riesgos ya no ha reparado el señor Ermilo Abreu Gómez, en el momento en que Ramos y Gorostiza comienzan a desconfiar de ella quizá. El hecho de que su idea se convierta, casi sin alteración, en idea de Abreu Gómez, ya debe de merecer la desconfianza de ellos. Pues en eso consiste su riesgo; en que en esto viene a parar. El señor Ermilo Abreu Gómez ya la hace servir de escudo a la mediocridad y a la incultura. ¿Que será en manos de quien

---

El escritor Jorge Cuesta (1903-1942) estaba convencido de que lo más extranjero y lo más falsamente mexicano que se ha producido en la literatura y el arte de nuestro país son las obras nacionalistas. El artículo que se publica es una crítica ácida a Ermilo Abreu Gómez (apareció originalmente el 22 de mayo de 1932, con el título de "La literatura y el nacionalismo", en un suplemento de *El Universal*). Es interesante anotar que la actitud crítica de Cuesta, como la de otros integrantes del grupo de los Contemporáneos, no lo colocó al margen de la Revolución mexicana. De hecho, paradójicamente, los Contemporáneos contribuyeron de manera decisiva a la mitología que se tejió en torno del carácter del mexicano.

la tome después? ¿Pero qué ha sido en manos de quienes ya la tomaron antes? Esa idea no es nueva ciertamente, ni mexicana tampoco; ya demasiada estupidez se ha amparado con ella. Su antigüedad nacional se remonta al descubrimiento de América; fueron los primeros emigrantes quienes la trajeron consigo, en busca de un mundo menos exigente para ellos. "La vuelta a lo mexicano" no ha dejado de ser un viaje de ida, una protesta contra la tradición; no ha dejado de ser una idea de Europa contra Europa, un sentimiento antipatriótico. Sin embargo, se ofrece como nacionalismo, aunque sólo entiende como tal el empequeñecimiento de la nacionalidad. Su sentir íntimo puede expresarse así: lo poseído vale porque se posee, no porque vale fuera de su posesión; de tal modo que una miseria mexicana no es menos estimable que cualquier riqueza extranjera; su valor consiste en que es nuestra. Es la oportunidad para valer, de lo que tiene cada quien, de lo que no vale nada. Es la oportunidad de la literatura mexicana.

Que valga lo suyo, que valga lo que todos tienen, que valga lo que no vale, es lo que exigen quienes se encuentran desposeídos por la tradición. Gracias a la inversión de conceptos propia de todas las formas del resentimiento, es a la tradición a la que señalan como desamparada y desposeída, como inválida. Claman porque haya vestales que vigilen la ininterrupción de su fuego, como si todavía pudiera ser tradición la llama estéril que entrega su vigilancia a los veladores de después. Es la tradición quien vela, y quien prescinde de los que usurpan su conciencia. Para durar, para ser, se vale de quienes menos la previenen, de quien menos la falsifica. ¿Cuándo se oyó a un Shakespeare, a un Stendhal, a un Baudelaire a un Dostoievski, a un Conrad, pedir que la tradición le fuera cuidada y lamentarse por la despreocupación de los hombres que no acuden angustiosamente a preservarla? La tradición no se preserva, sino vive. Ellos fueron los más despreocupados, los más herejes, los más ajenos a esa servidumbre de fanáticos. Quien está más ignorado por la tradición, más abandonado por ella, luego supone que la tradición depende de algo como la concurrencia de fieles a su templo; luego predica a los hombres que cumplan con el penoso deber de auxiliarla, de retenerla; luego dice, como el señor Abreu Gómez: "los discípulos no se seducen; se merecen". La tradición es una seducción, no un mérito; un fervor, no una esclavitud. Por eso no necesita, para durar, para ser tradición, de las amargas tareas que se imponen los insensibles a su seducción, a su valor.

Hay dos clases de románticos, dos clases de inconformes; unos, que declaran muerta a la tradición y que encuentran su libertad con ello; otros, que la declaran también muerta o en peligro de muerte y que pretenden resucitarla, conservarla. La tradición es tradición porque no muere, porque vive sin que la conserve nadie. Pero no es así para estos inconformes, entre los cuales no existe real diferencia: es el mismo filesteísmo el que ambos alimentan, así se dividan en protestantes y ortodoxos. En América encontraron el objeto más adecuado para vaciar su pasión en él. Léanse las relaciones de los primeros colonizadores americanos, protestantes o jesuitas. Para librarse de la tradición o para salvarla, América les parece el lugar ideal, mundo plástico y virgen. En valores europeos tradicionales. Actualmente, la escuela propiamente protestante de estos rebeldes es la que merece el nombre estricto de americanismo, y la representa un escritor como Waldo Frank. La escuela propiamente ortodoxa, tradicionalista, es la que ha sido capaz de dividirse en tantas ramas como naciones se crearon en el continente; aquí mexicanista, allá guatemaltequista, paraguayista, argentinista. Lo que las dos tendencias persiguen es romper sus amarras con Europa, con la tradición, a la que dan por muerta o por sólo viviente en la memoria que la conserva; a las veces, la dan también por encadenada a ella misma, gracias a supuestas razones biológicas que les permiten proponer: Europa, para Europa. Quieren sólo librarse de la medida que los empequeñece, dar valor a la miseria que poseen, no verse desposeídos de lo que vale.

Digo Europa, porque Europa llaman a esta tradición que rehuyen con el fin de imaginar la que pueden llamar también México o América. Europeo debían llamar, sí, y europeísta, a su mexicanismo, a su americanismo, para expresarse sin falsedad. Pero de allí es donde parte su nacionalidad, su originalidad: de su estrechez de miras. No les interesa el hombre, sino el mexicano; ni la naturaleza, sino México; ni la historia, sino su anécdota local. Imaginad a La Bruyére, a Pascal, dedicados a interpretar al *francés;* al hombre veían en el francés y no a la excepción del hombre. Pero mexicanos como el señor Ermilo Abreu Gómez sólo se confundirán al descubrir que, en cuanto al conocimiento

97

del mexicano, es más rico un texto de Dostoievski o de Conrad que el de cualquier novelista nacional característico; sólo se confundirán de encontrar un hombre en el mexicano, y no una lamentable excepción del hombre. Pues esto les entorpece su tradición nacional, su medida doméstica; les prohíbe hacer reproches como éste: "La vanguardia mexicana no ha surgido para mejorar ni para empeorar ningún camino trazado o esbozado por nuestra sensibilidad, por nuestra mentalidad, por nuestro dolor, por nuestra angustia"; les prohíbe substituir los mandatos de la especie con los dictados de la angustia y el dolor del señor Abreu Gómez. (Por otra parte, también les prohíbe ignorar las materias en las que se pronuncian con la autoridad que desean; pero no con la que consiguen, diciendo, por ejemplo de un árbol: "como trasplanto, sólo produce frutos entecos, picados, sin semilla", cuando deberían saber que es principio elemental de arboricultura el trasplanto, para obtener más frutos y más vigorosos.)

La tradición no es otra cosa que el eterno mandato de la especie. No en lo que parece y la limita, sino en lo que perdura y la dilata, se entrega. Así, pues, es inútil buscarla en los individuos, en las escuelas, en las naciones. Lo particular es su contrario; lo característico la niega. Aparte de que sólo la afirma su libertad, su superfluidad, su independencia de cualquier protección, ¿cómo podría protegerla el nacionalismo que no es sino la exaltación de lo particular, de lo característico? El nacionalismo equivale a la actitud de quien no se interesa sino con lo que tiene que ver inmediatamente con su persona; es el colmo de la fatuidad. Su principio es: no vale lo que tiene un valor objetivo, sino lo que tiene un valor para mí. De acuerdo con él, es legítimo preferir las novelas de don Federico Gamboa a las novelas de Stendhal y decir: don Federico para los mexicanos, y Stendhal, para los franceses. Pero hágase una tiranía de este principio: sólo se naturalizarán franceses los mexicanos más dignos, esos que quieren para México, no lo mexicano, sino lo mejor. Por lo que a mí toca, ningún Abreu Gómez logrará que cumpla el deber patriótico de embrutecerme con las obras representativas de la literatura mexicana. Que duerman a quien no pierde nada con ella; yo pierdo *La cartuja de Parma* y mucho más. Me atrevo a advertirlo porque, por fortuna, son muchos más los mexicanos que, no sintiendo como el señor Abreu Gómez, son incapaces de decir: "no son grandes (nuestros artistas)... porque son diestros en el manejo de sus artes, sino porque han sabido rebasar sobre las formas, sobre los aspectos, el espíritu nuevo de México, el ansia de nuestra sensibilidad". He ahí expresado (lastimosamente, como se lo merece) el derecho que se conceden los mediocres a someter al artista a que satisfaga el ansía de su pequeñez, la cual, con el fin de dignificarse y justificarse, se ofrece como una ansia colectiva, como "el ansia de nuestra..." Pero muchos hombres pequeños nunca sumarán un gran hombre. Vale el artista, precisamente, por su destreza y no por el servicio que podría prestar a quienes son menos diestros que él. Vale más mientras le sirve a quien es todavía más diestro. Cuánto vale para los más incapaces es sin duda lo que tiene menos valor, lo que no dura, lo que no será tradición.

Nota. Las citas entre comillas son del artículo publicado por el señor Ermilo Abreu Gómez, en *El Ilustrado* de 28 de abril de 1932, con el título: "¿Existe una crisis en nuestra literatura de vanguardia?"

# México eterno

## ANTONIN ARTAUD

He venido a México para entrar en contacto con la tierra roja. Es el alma separada y original de México lo que me interesa sobre todo. Pero antes de enfrentarme con esta alma, y para estar seguro de tocar el fondo de ella, quiero estudiar la vida real de México en todos sus aspectos.

He llegado aquí con un espíritu virgen, lo que no quiere decir que sin ideas preconcebidas. Pero las ideas preconcebidas pertenecen al dominio de la imaginación; así pues, me las reservo.

No carezco de ideas sobre lo que fue, antaño, la verdadera cultura de México. Pero yo establezco una diferencia de fondo entre la civilización y la cultura. Las formas exteriores del arte pueden diferenciar entre sí a una multitud de civilizaciones, pero su variedad deja intacto el espíritu profundo de una cultura. Bajo diversos aspectos exteriores que sólo el arte diferencia, existe en México una espiración cultural única; la cultura cobriza del sol.

Conozco casi todo lo que enseña la historia sobre las diversas razas de México y confieso, autorizado por mi calidad de poeta, que he soñado sobre lo que ella no enseña.

---

En cierta ocasión el inquietante dramaturgo francés Antonin Artaud (1896-1948), que acababa de regresar de México, se topó en París con Georges Bataille y le dijo en tono conspirativo: "Sé que usted comprende cosas bellas. Creo que debemos hacer un fascismo a la mexicana". Artaud huía de lo que llamó la "superstición del progreso" y buscaba en el alma mexicana y en el culto a la muerte los secretos del cosmos. En un breve artículo titulado "La cultura eterna de México", publicado en *El Nacional* el 13 de julio de 1936, explicó sus ideas.

Entre los hechos históricos conocidos y la vida real del alma mexicana, existe un margen inmenso en el cual la imaginación —y me atrevo a decir que también la adivinación individual— pueden correr libremente.

Poseo, pues, una idea sobre la cultura maya, sobre la tolteca, sobre la zapoteca; y lo que me interesa ahora es volver a encontrar en el México actual el alma perdida de esas culturas y la supervivencia de ellas, tanto en el comportamiento de los pueblos como en el de los gobernantes.

México se encuentra en el camino del sol, y lo que se debe perseguir en él es el secreto de aquella fuerza de luz que hacía girar las pirámides sobre su base, hasta situarlas en la línea de atracción magnética del sol. Y no es éste un secreto de charlatán.

En mi actitud no hay nada que se asemeje a la nostalgia poética y estéril de un pasado muerto, sino el sentimiento de una ciencia perdida, de una actitud profunda del espíritu del hombre que considero de vital importancia volver a encontrar.

Si es cierto que poseo una idea de la cultura eterna de México, también lo es que no tengo juicio que formular, ni opinión que emitir sobre la política actual de México. No es ésta mi rama ni el asunto me atañe. Estoy aquí como espectador y me atrevería a decir que como discípulo. He venido a México a aprender algo y quiero llevar enseñanzas a Europa. Éste es el motivo de que mis investigaciones no puedan referirse sino a la parte del alma mexicana que ha permanecido limpia de toda influencia del espíritu europeo. No es la cultura de Europa lo que he venido a buscar aquí sino la cultura y la civilización mexicanas originales. Me declaro discípulo de esta originalidad y quiero extraer enseñanzas de ella.

Se habla del espíritu latino de México. Y la primera cuestión que me planteo a mí mismo, es la de fijar la medida en que el espíritu europeo en su forma latina, informa todavía el alma mexicana de hoy.

El espíritu latino es la cultura racional, es la supremacía de la razón. Contra este delirio de invenciones es contra el que se precisa reaccionar actualmente y el que, por otra parte, ha producido la industrialización química de las cosechas, la medicina de los laboratorios, el maquinismo en todas sus formas, etcétera. El maquinismo hace estéril todo esfuerzo humano y, en suma, conduce a rebajar el esfuerzo del hombre, a desesperanzar la emulación entre los hombres y a convertir en inútil y molesta toda investigación de la calidad. En cuanto a la medicina de los laboratorios, incapaz de percibir el alma sutil y fugitiva de las enfermedades, trata al hombre viviente como si fuera un cadáver.

Al espíritu latino se deben, además, las ideas democráticas de Europa; el nacionalismo; no el nacionalismo a secas, sino cierta forma de nacionalismo egoísta del que no adolece el México actual.

Porque existe el nacionalismo cultural que afirma la calidad específica de una nación y de las obras de una nación y las distingue. Este nacionalismo es irreprochable, y existe el nacionalismo que se puede llamar cívico y que bajo su forma egoísta, se resuelve en chauvinismo y se traduce en luchas aduanales y en guerras económicas, cuando no en guerra total.

En lo que se refiere, por ejemplo, a la medicina de los laboratorios, se debe saber que existe en Europa y particularmente en Francia una reacción en contra de esta medicina que se apoya casi exclusivamente en la experiencia y las experiencias, y que deriva sus conclusiones de los datos que le proporcionan el microscopio, la disección de la materia muerta, etcétera.

Debo señalar aquí un retorno al empirismo que, en su forma primaria, produce curanderos y merolicos, y que, en su forma trascendente se encuentra en la base de una fórmula grandiosa como la homeopatía.

La homeopatía, con su principio de similitud, se halla íntimamente ligada a la medicina de las plantas. Buscaré, pues, en México, la supervivencia de una antigua medicina de las plantas, relacionada con lo que se llama en Europa la medicina "espagírica", cuyo teórico más eminente fue Paracelso a fines de la Edad Media.

No tengo por el momento conclusiones que sacar, pero me parece haber distinguido en México dos corrientes; una que aspira a asimilar la cultura y la civilización de Europa, imprimiéndoles una forma mexicana, y otra que, continuando la tradición secular, permanece obstinadamente rebelde a todo progreso. Por escasa que sea, esta última corriente contiene toda la fuerza de México y será en ella en donde encontraré las supervivencias de la medicina empírica de los mayas y de los toltecas; la verdadera poética mexicana que no consiste sólo en escribir poemas, sino que afirma las relaciones del ritmo poético con el aliento del hombre, y por medio del aliento, con los movimientos puros del espacio, del agua, del aire, de la luz, del viento.

La cultura profunda de México viene de muy lejos. Trae en ella la tradición de las razas que caminaron un día la civilización.

He venido a averiguar, ante el ostensible derrumbe de la civilización actual de Europa, de qué manera se propone México afirmar su cultura tradicional y si, no tratando de resucitar formas gastadas de mi vida, aspira a probar la duración en él de un espíritu que, desde mi punto de vista de poeta, llamaré mágico; espíritu que, al ser considerado desde un punto de vista estrictamente científico, se convierte de hecho en la manifestación de una energía psicológica verdadera.

Por medio de esa energía infinitamente extendida en la naturaleza, el hombre de la antigüedad entraba, si se puede decir así, en posesión de los acontecimientos. Se sabe que para los mayas, por ejemplo, no existía el destino. La naturaleza no tiene poder sobre nosotros sino en razón de nuestra ignorancia y de nuestra ceguera secular.

Pero en el momento en que se habla de nuevo y casi en todas partes de humanismo, se presenta la ocasión de afirmar los verdaderos poderes, la alta potencia dominadora del hombre, que lo hace dueño de los acontecimientos.

Una cultura que considera el universo, como un todo, sabe que cada parte actúa automáticamente sobre el conjunto. Sólo hace falta conocer sus leyes.

Conocer el destino es, en suma, dominar el destino, puesto que el mundo exterior cae bajo el dominio de la inteligencia tanto en el presente como en el futuro.

Por medio de datos astrológicos muy precisos, extraídos de una álgebra trascendente, es posible prever los acontecimientos y obrar sobre ellos. Los antiguos mayas llevaron a un grado de rara perfección tales datos y la posesión de esta ciencia.

Sentado lo anterior, concluyo que existe en el fondo de la verdadera cultura solar, un sentido secreto que voy a tratar de determinar.

El sol, para usar el antiguo lenguaje de los símbolos, aparece como el mantenedor de la vida. No es el elemento fecundante, el soberano provocador de la germinación. Es todo eso, madura lo que existe, pero ésta es, si se puede decir, la menor de sus facultades. Quema, consume, calcina, elimina, pero no destruye todo lo que suprime. Mantiene la eternidad de las fuerzas por medio de las cuales la vida se conserva bajo el amontonamiento de la destrucción y merced a la destrucción misma.

Para decirlo todo de una vez —y en esto consiste el verdadero secreto—, el sol es un principio de muerte y no un principio de vida. El fondo mismo de la antigua cultura solar consiste en haber señalado la supremacía de la muerte.

Hay en la India adoradores de Shiva, "el destructor", y de Vishnu, "el conservador". Pero la destrucción es transformadora. La vida mantiene su continuidad por la transformación de las apariencias del ser.

Ahora bien, los adoradores de Shiva tienen por emblema el espíritu del fuego, la gran corriente devoradora de formas, esa especie de fuerza impulsora que convertía a los hombres cobrizos del antiguo México en mantenedores determinados de la muerte. Y esto no es una paradoja verbal.

Realizar la supremacía de la muerte no equivale a inutilizar la vida presente. Es poner la vida presente en su lugar; hacerla cabalgar sobre varios planos a la vez; sentir la estabilidad de los planos que hacen del mundo viviente una gran fuerza en equilibrio; es, en fin, restablecer una gran armonía.

He venido a buscar en el México moderno la supervivencia de estas nociones o a esperar su resurrección.

# II

Invención de una anatomía

# El complejo de inferioridad

SAMUEL RAMOS

El actual florecimiento de los estudios sobre el mexicano, no es el fruto de un capricho o veleidad del pensamiento, ni obra de una improvisación, sino el síntoma de una auténtica inquietud de nuestra conciencia provocada por motivos externos e internos. Los motivos externos pueden encontrarse en la crisis de la revolución de 1910 y en una situación histórica mundial favorable a la definición de regionalismos. En cuanto a los motivos internos, están constituidos por la maduración del espíritu mexicano que llega a la mayoría de edad y siente desarrollarse su individualidad propia. Los estudios sobre lo mexicano no podían surgir del vacío, del mero deseo de encontrar algo que no existe. Si tal inquietud se ha generalizado es porque el núcleo de esa individualidad ya existe, aun cuando no como entidad acabada, sino como

El filósofo Samuel Ramos (1897-1959) es sin duda el gran inventor de la anatomía del nuevo mexicano emergido de las cenizas de la Revolución de 1910. Aunque ya existía una sólida tradición que había disecado el alma nacional, su libro *El perfil del hombre y la cultura en México,* publicado en 1934, consolida de manera definitiva la imagen arquetípica de "lo mexicano". Eminente figura del grupo de los Contemporáneos, Ramos expresa el pánico ante la masificación propia de la sociedad industrial y establece que los seres surgidos del progreso mexicano están heridos por un sentimiento de inferioridad. Se consignan a continuación las reflexiones que hiciera Ramos en 1951, casi veinte años después de la publicación de su famosa obra, en un ensayo titulado "En torno a las ideas sobre el mexicano", que apareció en *Cuadernos Americanos* (año X, vol. LVII, núm. 3, 1951). Aquí, además de resumir sus tesis, contesta las críticas que le hiciera Rodolfo Usigli en el ensayo que reproducimos más adelante.

un proceso en marcha. Por otra parte he podido comprobar que ese interés por el conocimiento de nosotros mismos, está animado por la convicción de que es la labor de pensamiento más necesaria y más propia de nuestro momento histórico. Parodiando una conocida frase de Pope, diríamos que el estudio propio del mexicano es el mexicano. Hace dieciocho años que presenté yo por primera vez una doctrina sobre este tema, en un ensayo muy conocido, que encontró una gran resonancia, pero como resuena una voz solitaria. Desde el primer momento me di cuenta que el tema era de una magnitud que rebasaba las posibilidades de un solo hombre. Hoy veo realizada una esperanza que no me había abandonado: la de que el tema interesara a un grupo numeroso de hombres preparados, para abordar la cuestión desde diferentes ángulos y enriquecer el conocimiento del mexicano, mediante exámenes rigurosos de las diferentes manifestaciones de su vida. Sólo una contribución colectiva es capaz de rendir resultados apreciables que influyan de modo decisivo en la orientación de nuestra vida y nuestra cultura. Soy pues, el primero en encomiar y alentar a todos aquellos que, con seria decisión, han resuelto dedicar su actividad intelectual a este tema, cualquiera que sea el enfoque y el método empleado para su tratamiento. Creo que es el tema al que debe darse prioridad en las diversas disciplinas filosóficas, históricas y antropológicas de México, para beneficio de nuestra más genuina vida y cultura nacionales. Los trabajos que se han hecho recientemente, me han sugerido muchas reflexiones, algunas simplemente aclaratorias de mis propias ideas, que juzgo pueden ser útiles para precisar algunos puntos fundamentales sobre la cuestión. Muchas personas me han preguntado si yo no he proseguido mis reflexiones sobre el mexicano y su cultura y aun me han incitado para que las prosiga. Aquí quiero contestar esas preguntas diciendo que si hasta ahora no las había continuado, ello se debe tal vez a una condición particular del mecanismo de mi pensamiento que no se pone en marcha sino por reacción, cuando mis ideas provocan la aparición de otras ya sean opuestas o solamente distintas. Es decir, que mi pensamiento sobre el mexicano ha permanecido estático durante los años en que nadie se había ocupado de la cuestión. Para mí era necesario pues la aparición de esta imprevista y fecundísima cosecha de ideas sobre lo mexicano, a fin de reanudar mis propias reflexiones al respecto.

Una de las preguntas que se hacen a propósito de la caracterización del mexicano es la siguiente: ¿A qué tipo de mexicano corresponden los rasgos que se señalan? ¿Pueden aplicarse igualmente a los blancos y a los indios? A pesar de su diversidad racial me parece que las diferencias no son tan profundas como parece. Los mestizos y criollos tienen muchos caracteres comunes con el indio. Aun cuando los conquistadores españoles dominaron a los indios por la superioridad de su civilización, es un hecho que fueron también en buena parte conquistados por los nativos. Desde el siglo XVI, como lo señaló Luis González y González los españoles fueron influenciados por la lengua, las costumbres, el ambiente de la vida indígena, hasta el punto que puede hablarse de un mestizaje no únicamente de sangre, sino también de cultura. En nuestros días sigue el indio mezclado en la vida económica, política y cultural del país. Participa en ella ya sea como agricultor o como obrero, ya sea espiritualmente, por la penetración de su folklore en el arte; y cuando se separa de su comunidad para asimilarse a la vida de la ciudad, demuestra sus aptitudes compitiendo, en igualdad de circunstancias, en el comercio, la política y las profesiones intelectuales. Sus diferencias respecto a los blancos y mestizos son en general de condición social y económica que ocasiona una desigualdad en el nivel cultural, pero que no implica una inferioridad mental. Considerado en conjunto, el ambiente indígena constituye el trasfondo, el *hinterland* de la vida mexicana.

Otra de las observaciones que se aducen como impedimento para tratar al mexicano como tipo general, es la existencia de grupos regionales, en relación con las variadas zonas geográficas y climáticas del país. Se podrían catalogar esos grupos del modo siguiente: los habitantes de la altiplanicie, que corresponde a la región central del país de clima frío. Los de tierra caliente y de las costas. Los norteños y los yucatecos. A este respecto, hay que decir que tales variedades no afectan la unidad nacional. Aunque estos grupos humanos están separados por grandes distancias, los sacudimientos revolucionarios han tenido el efecto de movilizarlos y hacerlos que se pongan en contacto. Especialmente la última Revolución, que los hizo desplazarse en todos sentidos, ocasionó una verdadera mescolanza de todos los hombres del país. De los del norte con los del sur; los del occidente con los del oriente;

los de abajo con los de arriba. Todos fueron mezclados y sacudidos como si el país fuera una enorme coctelera. Más recientemente el progreso y la modernización de las comunicaciones, ha acortado las distancias y facilitado los viajes, que dan ocasión a que los mexicanos de distintos rumbos se conozcan mejor entre sí. Hay que observar que estas diferencias regionales se encuentran en todos los países, aun en las viejas naciones europeas, en donde es indiscutible la unidad nacional. Tomemos por ejemplo España. Allí conviven andaluces, castellanos, vascos, gallegos, catalanes, etcétera, y tienen todos el común tipo español, aun cuando existan profundas diferencias, por ejemplo, lingüísticas. Desde este punto de vista existe más distancia entre un andaluz y un catalán, que entre un yucateco y un norteño. Recordemos que Inglaterra es un reino unido que enlaza a los escoceses, irlandeses, ingleses, etcétera. Otro tanto podríamos decir de Italia y de Alemania. Volviendo a México, comprobamos que en todos los estados de la República se habla el español, excepto en una minoría indígena que conserva su lengua nativa. En todas partes se venera a la Virgen de Guadalupe, se cantan las mismas canciones y no hay lugar donde no apasionen las corridas de toros. Nuestros matices regionales tal vez sean menos acentuados que en algunos países europeos, pero bastan para dar colorido al conjunto de nuestra población.

Yo me atreví hace tiempo, en un ensayo, a destacar ciertos rasgos del carácter como distintivos del mexicano, y en la misma dirección otros han seguido completando su bosquejo caracterológico. Pero en momentos parece haberse olvidado que tales investigaciones están en función de la nacionalidad como se sobrentiende al emplear la palabra "mexicano". Hasta se ha llegado a plantear la cuestión de si debe o no tomarse en cuenta la idea política de nación. Sobre este punto es preciso aclarar que lo que influye en el carácter individual no es la nacionalidad en el sentido de una abstracción política y jurídica. Nosotros entendemos, en este caso, la nacionalidad en un sentido más viviente y más concreto, como un conjunto de experiencias colectivas del presente y del pasado que registran los resultados de todas las empresas realizadas en común; con la memoria de los triunfos o los fracasos, de las desgracias o las alegrías de los individuos cuando actúan socialmente. La suma de las experiencias vividas, con la memoria de tiempos pretéritos está presente en cada individuo, en un estrato de la conciencia, llamado "conciencia colectiva", de cuyo fondo se desprende el yo individual, que nunca se independiza de aquélla. Por eso el estrato gregario del hombre es una fuerza más o menos poderosa que repercute de modo persistente en el desarrollo de la conducta individual. Ahora bien, aquellas experiencias colectivas son motivo de una valoración de la nacionalidad, que no es siempre objetiva ni justa, por los factores emocionales que intervienen en ella. Por más que haya un apego nato a la tierra, el sentimiento de la nacionalidad se acompaña siempre de una valoración que puede ser negativa hasta el caso extremo del descastamiento. Fundada o no, esta valoración de la nacionalidad pasa a formar parte de las creencias colectivas y se convierte en uno de tantos prejuicios en que se inspira la conducta de los individuos. Ya con este carácter, son sumamente peligrosas porque su acción es persistente aun cuando desaparezcan los motivos reales que las originaron. La valoración de la nacionalidad provoca fuertes reacciones emotivas, como es sabido por todos, de manera que constituye uno de los resortes vitales de la conducta particular o colectiva de los individuos.

La valoración de la nacionalidad mexicana se fue haciendo a lo largo del siglo XIX sobre la base de los acontecimientos más salientes de nuestra historia, que arrojan una suma de experiencias colectivas desfavorables. Como al sobrevenir la Independencia, los mexicanos se encuentran impreparados para la vida política, comienza un desorden en que el país oscila entre la anarquía y la dictadura. Esta situación debilita a México que no puede hacer frente a los norteamericanos en la guerra del 47, y padece la derrota con la pérdida de una parte considerable de su territorio. Continúa el desequilibrio interno con la lucha de partidos, que mantiene la inestabilidad de las instituciones. Otro golpe a la autonomía nacional es el imperio de Maximiliano y la intervención francesa. Las frecuentes guerras civiles debilitan la economía y se agrava el empobrecimiento general. El orden porfiriano favorece solamente a la clase que está en el poder. La educación pública es precaria, la cultura superior insuficiente. No es pues, extraño que todas estas desgracias conduzcan a una "autodenigración", o sea a una valoración negativa de la nacionalidad. Un factor que debe tenerse en cuenta, son las opiniones del extranjero que, generalmente abultadas o exageradas, representan a México como un país atrasado, sumido constantemente en el desorden y la barbarie. Desde la campaña de desprestigio atribuida a Poinsset, hasta las campañas de las agencias noticiosas norteamericanas que esparcían por todo el mundo las más absurdas informaciones sobre la Revolución de 1910, hay una continua afluencia a México de opiniones desfavorables que contribuyen a deprimir el valor de la nacionalidad entre los mismos mexicanos. Como efecto de esta devaluación surge la desconfianza de los mexicanos unos respecto a otros, se debilita su espíritu de solidaridad y de cooperación social y los hombres se sienten atenidos a sus recursos individuales. Por un instinto defensivo natural se tiende a expulsar de la conciencia toda impresión penosa y deprimente, así que el sentimiento de la inferioridad nacional es sumergido en la inconsciencia y los individuos se arreglan para formarse una idea favorable de sí mismos, que aunque ilusoria acaba por creerse verdadera, y servir de compensación a las ideas depresivas. Es desde los comienzos de la vida independiente cuando se inicia este proceso íntimo en el alma del mexicano, que se manifiesta exteriormente por un propósito de disimular, encubrir o falsificar la realidad, mediante el artificio de imitar modelos europeos. En cierto modo esta actitud coincide con el utopismo que cree poder someter la realidad a teorías o fórmulas que se juzgan absolutas por haber sido eficaz su aplicación en otros lugares. El utopismo sustituyó al realismo y al empirismo, a la noción de que las ideas sólo operan con éxito cuando se obtienen de la experiencia inmediata y circunstancial.

Esta exposición ha pretendido aclarar por qué cuando se emprende una investigación sobre lo que es el mexicano debemos referirnos a un tipo de hombre en cuanto es determinado por el hecho de pertenecer a una nación. Todo el que trate de explorar aquel tema se verá obligado a revisar la historia de nuestra nacionalidad, puesto que el hombre como poseedor de un carácter nacional es un producto histórico. La nacionalidad no es solamente una categoría política sino un rasgo existencial de los hombres que la componen. Así que al preguntarnos sobre lo que es el mexicano, tratamos de averiguar sobre la conciencia de su nacionalidad y el influjo que tal conciencia ejerce en su modo de ser y su conducta.

El hombre como ser social que es, no vive solamente atenido a sus recursos individuales, que serían insuficientes para sostenerlo en la existencia. El individuo puede vivir solamente gracias a la organización de su comunidad local y nacional que le proporciona el ambiente y los medios de subsistencia, desde el lenguaje hasta los instrumentos materiales con que satisfacer sus necesidades. La vida en común crea en cada individuo el sentimiento de la solidaridad, que da apoyo y estímulo a la acción individual. Podemos observar que el ciudadano de una nación poderosa, por insignificante que sea en lo individual, actúa fuera de su país, con seguridad y aplomo, porque se siente respaldado por una fuerte nacionalidad. Cuando he afirmado que el mexicano padece un complejo de inferioridad, he querido decir que este complejo afecta su conciencia colectiva. Si la conciencia de la nacionalidad se encuentra debilitada por un sentimiento de inferioridad, es natural que por una reacción compensatoria se eleven o exageren los impulsos individuales. En una situación normal las tendencias individualistas son balanceadas por la acción moderadora de los sentimientos colectivos. Pero cuando falta este contrapeso es inexplicable que el individualismo se exalte desmesuradamente. Por esta misma descompensación se explican toda una gama de rasgos del carácter mexicano muy distintos entre sí y aun contradictorios, pero que tienen como denominador común el ser todos, expresiones de una actitud antisocial. Por ejemplo, la desconfianza, la agresividad, el resentimiento, la timidez, la altanería, el disimulo, etcétera.

No desconozco el hecho de que estos rasgos de carácter tienen su antecedente en los mexicanos de la época colonial, que adquirieron, por otros motivos, un modo de ser semejante. La vida social se encontraba entonces llena de desigualdades e injusticias que colocaban al criollo en una situación de inferioridad respecto al peninsular recién llegado. El mestizo aun en una más baja condición, era inferior a todos los demás y en su impotencia para obtener lo que quería se hizo callado para disimular su pensamiento, y su expresión propendía a la mentira o al eufemismo. Por las noticias que tenemos de los mexicanos coloniales encontramos en ellos una fisonomía muy semejante a la nuestra. Es posible que haya tenido cambios favorables en la segunda mitad del XVIII, pero vuelve a recaer en sus antiguas actitudes dentro de la atmósfera agitada del siglo pasado, por las circunstancias que hemos descrito. Pero también la explicación propuesta sobre el origen de esa fisonomía, pone de manifiesto que tal modo de ser es anómalo y falso; es como un disfraz de que se ha revestido el mexicano para ocultar su verdadero ser. Otros investigadores han aceptado y confirmado este punto de vista, como Octavio Paz que reduce la fisonomía del mexicano a una máscara. Tras de esta máscara, encuentra una tendencia a la soledad que destaca el título mismo del libro, *El laberinto de la soledad*. Pero una observación más ajustada a la realidad mostraría que, al contrario de lo que afirma Paz, la soledad no proviene de una decisión voluntaria, sino de esa perturbación del carácter que lo hace antisocial. La soledad es sólo un refugio que se busca involuntariamente. No es que el mexicano quiera y guste de la soledad, es que ésta se le impone como resultado de la timidez, la susceptibilidad, el recelo, la desconfianza, que se acompañan de reacciones inhibitorias. El amor o el gusto por la soledad es atributo de aquellos hombres poseedores de una intensa y rica vida interior que sólo puede ser gozada a solas. Es una aristocracia del espíritu que se encuentra excepcionalmente en poetas, filósofos o místicos, pero no es un atributo del hombre común.

La Revolución mexicana fue, entre otras cosas, un movimiento nacionalista. Descubrió un México falso de imitación europea, representado por el régimen afrancesado del porfirismo. Reivindicó a los indígenas como parte integrante de la nacionalidad mexicana. Al perturbarse la tendencia sana de regresar a lo vernáculo, desembocó antes de concluir la era revolucionaria, en un falso nacionalismo, el nacionalismo del charro y la china poblana. De todos modos es el momento en que se ve con claridad que el origen de los fracasos de la vida nacional radican en la aplicación de procedimientos extraños, en vez de buscarse soluciones sugeridas por la naturaleza misma de los problemas, abandonando el sistema vicioso de la imitación. En ese momento los mexicanos se dan cuenta de la ignorancia acerca de la propia realidad y se les impone la urgencia de observarla y conocerla tal como es. Por primera vez se piensa en ensayar nuevos sistemas económicos, sociales o políticos, aun cuando no ostenten una marca de fábrica extranjera.

Los ejemplos de este nacionalismo aparecen pronto en el campo de la cultura y la educación, que habían padecido también la imitación de Europa. La crisis de la Revolución apunta hacia un redescubrimiento de México, a través de las falsas apariencias que encubrían su realidad original. Así por primera vez el problema del autoconocimiento se plantea en términos precisos, para abrir la ruta que conduzca directamente a la auténtica realidad mexicana. Esta es la situación en que se encuentran las investigaciones sobre el mexicano en la actualidad.

Me atrevo a suponer que la fecha de los cursos de invierno, que acaban de celebrarse en la Facultad de Filosofía será un acontecimiento en la historia de nuestra cultura, que señala la rectificación de una equivocada actitud mental del mexicano, la de tender a fugarse de la propia realidad sin antes conocerla y valorarla. El hecho de que multitud de hombres de estudio, especialmente los jóvenes, apliquen su pensamiento a aquel objeto, significa que hay una nueva valoración de éste, el reconocimiento de su importancia como base para vivir nuestra existencia de acuerdo con su originalidad. Como tuve la suerte de iniciar hace algunos años este género de trabajos, quienes ahora se han dedicado a ellos, aluden frecuentemente a mis ideas. Entre esas alusiones, quiero referirme a una de las contenidas en el valioso trabajo de Emilio Uranga, quien al discutir mi idea sobre el complejo de inferioridad del mexicano, propone que sea sustituida por el concepto de "insuficiencia". En el deslinde que hace entre los conceptos de inferioridad e insuficiencia, encuentra muy acertadamente que esta última implica una escala inmanente de valoración, que insuficiencia es al mismo tiempo el reconocimiento de una jerarquía de valores, en tanto que la idea de inferioridad es determinada por la adopción de una escala extraña de valores y conduce a la tergiversación de éstos. Yo estoy enteramente de acuerdo con los análisis de Uranga pero pregunto si en la caracterización del mexicano podrá aceptarse la sustitución de la inferioridad por la insuficiencia. ¿Posee el mexicano medio una escala inmanente de valoración, reconoce la jerarquía de valores? En un pasaje de mi libro he dicho estas palabras que cito textualmente:

> tiene [el mexicano] una susceptibilidad extraordinaria a la crítica y la mantiene a raya anticipándose a esgrimir la maledicencia contra el prójimo. Por la misma razón la autocrítica queda paralizada. Necesita convencerse que los otros son inferiores a él. No

admite, por tanto, superioridad ninguna y no conoce la veneración, el respeto y la disciplina. Es ingenioso para desvalorar al prójimo hasta el aniquilamiento (p. 96).

En varios pasajes del mismo libro me refiero a la tergiversación del sentido de los valores que padece el mexicano. Para probar esta afirmación, no puedo apelar a otro documento que al consenso común. Si cada uno revisa ligeramente su experiencia, sus observaciones personales, estoy seguro que aprobará antes lo dicho. Ya no digo entre gentes de mediana cultura, sino hasta entre los intelectuales observamos a diario la injusticia de sus valoraciones. No creo que el mexicano tenga, sino por excepción, esa virtud que Goethe definía como las tres veneraciones que todo hombre debe tener: la veneración por lo que está arriba, por lo que está al lado y por lo que está abajo de uno mismo. Si el rasgo que observamos en muchos mexicanos es la perturbación del sentido de los valores, de acuerdo con el razonamiento del mismo Uranga, lo que hay en los mexicanos es el sentimiento de inferioridad no de insuficiencia. Por momentos he creído que tal vez Uranga, sin darse cuenta, hacía esas reflexiones para librarse él mismo del sentimiento de inferioridad. Su ensayo es una elocuente prédica para que todos los mexicanos se curen del sentimiento de inferioridad haciéndoles comprender que se trata solamente de una insuficiencia. En este sentido, me adhiero completamente a su idea tanto más que ya en mi libro señalaba ese camino, la necesidad de que el mexicano estime sus cosas con una escala propia de valoración, y deje de medirlas comparativamente respecto a otros valores o escalas de valores. Pero si de lo que se trata es de saber cómo es el mexicano, y no por lo pronto, cómo debe ser, me parece que la observación mía es la justa. Por lo tanto hay en Uranga una cierta confusión entre el mexicano real y el mexicano ideal.

Uranga afirma que el estudio del mexicano debe ser ontología, que mi ensayo apunta hacia ella pero que aún no lo es. En efecto mi ensayo no es ontología, por la sola razón de que no me lo propuse. Mi intención más modesta era llegar a lo que llamo "conocimiento del mexicano" o a una "autognosis" como la llama José Gaos. La discusión sobre si una investigación sobre el mexicano debe ser ontología o no me parece un tanto ociosa, puesto que esto depende de lo que se quiera y se pueda hacer. Se trata simplemente de una cuestión de metas, que pueden ciertamente tocarse, pero que son distintas una de la otra. Si alguien se propone hacer una ontología del mexicano nada se lo impide, pero asume una responsabilidad que está obligado a cumplir, siempre y cuando se entienda por esto, hacer una ontología a partir del mexicano y no subsumir a éste en una ontología ya hecha, con el fin de comprobar esta última. Cuando se trata de la investigación del mexicano es no sólo legítimo, sino imprescindible utilizar un instrumental teórico, siempre que éste conserve en todo momento su carácter instrumental o sea de simple medio, para evitar que atraiga hacia él mismo el interés que debe recaer en el fin de la investigación, que en éste es el conocimiento del mexicano. Con esto quiero señalar un peligro en el que el investigador puede caer involuntariamente. En efecto, una cosa es utilizar una filosofía para explicar al mexicano y otra cosa es utilizar al mexicano para explicar una filosofía. En el primer caso podemos, hasta cierto punto, confiar que el instrumento filosófico nos ayude a descubrir lo que hay realmente en el mexicano de carne y hueso. En el segundo, caemos en la ilusión de encontrar en el mexicano lo que estaba de antemano en la filosofía.

Tengo la impresión de que se ha insistido demasiado en los rasgos anómalos del carácter mexicano, que justamente por su anomalía son los más impresionantes a primera vista. Es cierto que la interpretación de tales anomalías era una etapa indispensable para descubrir lo que hay de ficción en nuestro carácter nacional. Pero me parece que ha llegado el momento de considerar las manifestaciones, por decirlo así, normales de la vida mexicana. Es en éstas donde puede descubrirse el fondo auténtico de nuestro ser, completando así el bosquejo hasta ahora trazado que de otro modo sería unilateral y en consecuencia también falso. El punto de partida para tal investigación, como para cualquiera otra semejante, tiene que ser siempre el hecho concreto con el cual no hay que perder el contacto, ya sea acontecimientos históricos, formas de conducta, personalidades determinadas, obras de cultura, etcétera. Precisamente en mi tantas veces citado ensayo he dicho que las mejores realizaciones humanas de México se encuentran en el campo de la cultura, en lo que llamo "cultura criolla". Digo textualmente: "sobre este *humus* de la cultura, ha crecido una forma de selección, criolla también, que se ha realizado en una minoría de individualidades... Por su calidad de hombres se han encumbrado al nivel más alto que el ser hispanoamericano puede alcanzar". Ahora agrego que en tales figuras es posible encontrar al verdadero mexicano porque poseyendo una legítima superioridad, están menos expuestos a simulaciones u ocultamientos que en otros mexicanos han desvirtuado su naturaleza original. En ellos no cabe un complejo de inferioridad porque son efectivamente superiores.

# Catarsis del mexicano

CÉSAR GARIZURIETA

La literatura mexicana no ha creado todavía un personaje que represente el tipo del mexicano, para caracterizarlo desde un punto de vista psicológico, porque no penetra en la raíz del pueblo, aunque sí existen titubeantes perfiles que pueden servir para crearlo en el futuro. Los personajes de la literatura son puro vestido, carecen de alma; en lo psicológico les falta profundidad; actúan ante la vida como muñecos; son falsos charros de película vestidos de particulares, o títeres con cabeza de garbanzo y ataviados con papel de china. Lo vemos con los personajes de don Carlos González Peña o don Federico Gamboa. *Santa*, pese al arcaico 606 y al turbio permanganato y sus mejores sucedáneos, neosalvarsán y penicilina, es nada menos que la Naná de Emilio Zola, retratada por el fotógrafo Napoleón, vestida de china poblana, allá por el Pedregal de San Ángel.

El metabolismo espiritual del escritor debe vivir de acuerdo con su época; pero los escritores, principalmente los del siglo pasado y parte del presente, han importado, como si se tratara de ultramarinos, forma y contenido de otros países, de aquí que no se incube el personaje en

---

César Garizurieta (1904-1961) fue un novelista mediocre pero un incisivo ironista que conoció por dentro el sistema político mexicano dominado por el PRI, pues fue diputado, magistrado, embajador y consejero del señor presidente. Es el autor de una frase memorable: "vivir fuera del presupuesto es vivir en el error". Terminó su vida suicidándose. Dictó como conferencia en el Palacio de Bellas Artes una aguda burla de la mexicanidad, que se publicó con el título de "Catarsis del mexicano" en la revista *El Hijo Pródigo* (núm. 40, julio de 1946). Se reproduce aquí un fragmento de la conferencia.

la novela o el cuento. Hasta hoy los escritores empiezan a fijarse en lo local y popular. En tipos psicológicos no hemos creado todavía una especie de Quijote o un Cándido. En el ambiente nacional existe una mezcla de disímiles estratos sociales, unos no liquidados y otros por nacer, feudalismo, liberalismo, capitalismo y ensueños socialistas; de estas capas sociales no ha salido nada definitivo para crear el tipo del mexicano, pero, repito, existe una naciente literatura patria con brillantes perfiles psicológicos de lo que puede ser, en el futuro, el tipo del mexicano.

Para comprender el arte, que es un producto de la sociedad, necesitamos poseer una noción del hombre que la constituye y conocer su esencia. Debemos, pues, descubrir un hombre arquetipo del mexicano que sea metro, patrón o máximo común divisor de la sociedad en que vivimos. No es necesario inventarlo porque se puede extraer de la realidad; no podría ser, desde luego, Diego Rivera, José Vasconcelos o Lázaro Cárdenas. Hay que elegir a un hombre tipo que aparezca en vicios y virtudes como visto en perspectiva. En el manicomio de la Castañeda podría estudiarse, porque en los locos sí aparece, como mirado con un vidrio de aumento, el carácter del mexicano. Allí sí está, en la suma de todos de ellos, lo que constituye la manera de ser del mexicano, visto en forma cómica o trágica, como si se tratara de un mapa en altorrelieve. En ese lugar, definido en aumentativo y fuera de la realidad de la razón, se puede analizar el carácter y el temperamento del mexicano; su suma es lo que puede ser la sociedad mexicana en su aspecto psíquico, entendido esto en forma de caricatura. En los esquizofrénicos, los locos de la razón y los maniaco-depresivos, que lo son de los sentimientos, pueden los investigadores acuciosos determinar características de lo mexicano.

Ya hemos visto que son escasos los elementos de la literatura nacional para estudiar al mexicano; para encontrarlo hay que buscarlo en otras fuentes. Los profesionales de la materia han hecho algo recurriendo a algunos sistemas implicados en los biotipos de Viola, en los tipos psicológicos de Jung, en la clasificación psicosomática de Ernesto Kretschmer; pero sin resultados satisfactorios, ya que en la relación del conocimiento que debe existir entre sujeto y objeto, faltó lo último. El investigador hizo su introspección y creyó que eso era el mexicano, como aquel que dijo que por feo y prieto tenía complejo de inferioridad. Los sistemas de investigación psicológica apuntados anteriormente son buenos, siempre que se estudien muchos individuos para establecer reglas. El mexicano de estos señores está en su memoria que repite lo que leyeron; pero en la realidad no existe porque no hubo objeto del conocimiento.

Gramaticalmente, conocer quiere decir: "Averiguar por el ejercicio de las facultades intelectuales la naturaleza, cualidades y relaciones de las cosas". Con esta definición primaria elemental del conocimiento, investigaremos lo que constituye el tipo del mexicano, pues ha faltado a los investigadores material, fuentes informativas e instrumental, pues ya sabemos que la ciencia se perfecciona a medida que se corrigen sus deficiencias, atribuibles a errores humanos o a los instrumentos de investigación. Fue suficiente que se perfeccionara el cálculo y el telescopio para saber que algunas estrellas del cielo se habían quitado hasta cinco millones de años —no tantos como algunas señoras se quitan—, de acuerdo con la edad que habían confesado a astrónomos anteriores.

Ayudado de mi propio entendimiento quiero determinar de manera aproximada el tipo del mexicano, apartándome completamente de los tradicionales métodos del conocimiento filosófico. Usando de lo cómico, facultad de la inteligencia y atributo de la cultura, procuraré aproximarme a la verdad. Lo cómico debía ser fuente y medio de investigación; la filosofía, demasiado académica y apretada, lo ha olvidado por ser poco serio; debía darle credencial de ciudadanía a pesar de todo. No lo hace porque lo cómico es y no es al mismo tiempo el sujeto, pero posee todas sus cualidades y todas las esencias que lo articulan y definen. Lo cómico es una palabra tan viva que no necesita definición: basta que se pronuncie para que todos se rían, trae siempre consigo su tarjeta de presentación.

Uso de lo cómico como nuevo método de investigación filosófica porque de un sujeto cómico, extraído de la realidad, voy a estudiar el tipo psicológico del mexicano.

El estudio hay que hacerlo, pues, si se quiere, en metáfora, que es poesía y ésta precursora de la ciencia porque es instinto de la especie humana. Lo cómico, como lo poético, son dos formas de expresión de los sentimientos. Lo cómico es el horizonte que divide lo real de lo

123

irreal. En lo cómico, en lo grotesco (que es la caricatura del hombre) debemos exprimir la raíz más íntima de lo mexicano. Escogeremos, pues, a aquel hombre que, al individualizarse, en el medio social mexicano, lo represente con su mejor expresión. Al mexicano, sin lugar a dudas, lo representa Cantinflas. Todos hemos sufrido la zozobra del gendarme, hemos sido autoridad o enmudecido ante la mujer amada. Representa, muy mucho, los variados modos de ser del mexicano.

Ricardo Bell era un payaso inglés propio para la dictadura porfirista; sus chistes no tenían ponzoña social; Leopoldo Beristáin era un ranchero irreal propio para turistas. Roberto Soto es un producto de la burguesía para que ésta ría de sus propios defectos; Tin-Tan fue creación momentánea del pochismo, con su viva expresión: los braceros.

Lo cómico, igual que el arte, debe ser popular: he aquí el éxito de Cantinflas. El cómico, que es un artista, debe ser local, popular; en ello se puede encontrar lo universal. Nada más capitalino que Cantinflas; pero, ¡qué resonancia universal ha tenido!

Cantinflas es un hombre que salió de una barraca cercana al barrio de la Guitarra; se ha vestido con los andrajos dejados por otros andrajosos, menos andrajosos que él. Sus prendas de vestir, si se admite que vaya vestido, no son uniformes: su sombrero es de nevero, su camisa untada al cuerpo es de dependiente de pulquería, su pantalón, de ropavejero, su cinturón, de *mecapalero* de la Merced, ¡ah! su gabardina, una ilusión, un pretender ser *fifí*, *roto* o *tarzán*. La suntuaria de Cantinflas es un mosaico, un plumaje en cae cada barrio de la ciudad le obsequió una pluma. Su indumentaria lo hace aparecer como el hombre más pobre y miserable de México, de tan baja condición social que su existencia no representa un fenómeno económico. Rara vez vive del hurto; se alimenta, cuando puede, de comida barata, por lo regular desperdicios de las fondas o si no, de los botes de la basura, en contumaz contienda con los perros andariegos; su trabajo es mal remunerado: prefiere mejor ser un vago. No tiene domicilio fijo ni vida legal; sus amores son mostrencos o transeúntes y no tiene nombre de acuerdo con el Código Civil; es decir, legalmente, no es un hombre. No se peina: por eso no se quita el sombrero; el bigote lo usa así, de *aguamielero*, no por lujo, sino porque carece de dinero para acicalarse. Es un hombre físicamente débil, debido a su escasa y mala alimentación. Es triste, no por mexicano, sino porque todo hombre, de cualquier país que sea, que no ha comido, es triste. Por la misma razón eran tristes el hidalgo y el pícaro de la novela española. Cantinflas vive y actúa en una ciudad como la de México, cerca de una burguesía bien desarrollada: las diferencias sociales son brutales. Para darnos cuenta, es suficiente comparar el Club de Banqueros de México con uno de esos barrios que han sido tirados en los basureros de la ciudad. Cantinflas gira, entre el basurero y la manigueta de su *cilindro,* frente al hotel Reforma.

No aspira a vivir mejor, se conforma como está, pues tiene un sentido realista de su condición social. Aunque casi carece de vida de relación, amor o profesión, no se le ha enquistado un complejo de inferioridad porque inconscientemente no aspira a superarse. No quiere un mundo mejor ni como sueño; desea vivir tal como está; pero ante la elegancia, la alimentación y la mujer que otros gozan, que sabe no pueden llegar, pues tiene el talento suficiente para no creerlo, no siente envidia; pero por eso sí se le forma un sentimiento de inferioridad, fenómeno consciente, ante los demás. El complejo es un fenómeno del subconsciente que tiende a superarse; el sentimiento es consciente y más bien inhibe al sujeto. De aquí que Cantinflas actúe socialmente con timidez y prefiera perderse en el anonimato de la barriada.

Según Freud, actúan inconscientemente en la especie humana dos fuerzas vitales constructivas y destructivas: Eros y Thánatos, el amor y la muerte. Estos simbolismos, en el mundo real y de ensueños de Cantinflas, están representados por un gendarme y una mujer; ante ellos actúa siempre con timidez, una palabra lo puede comprometer: o se casa o va a la cárcel, que es lo peor que le puede suceder a nuestro héroe por su precaria situación económica.

La persona Cantinflas —en latín, máscara—, representa la astucia, el ladino, el latino, el que ha aprendido el latín, el idioma ecuménico del conquistador —el que lo sabía se defendía mejor. Cantinflas, en defensa de su persona, se expresa en un lenguaje artificioso, no alambicado, resultado de los aspectos de su incapacidad. Ante su abultado sentimiento de inferioridad, sabe que lo mismo se compromete negando que afirmando; entonces ni niega ni afirma: oscila entre la afirmación o la negación. Sin proponérselo, al hablar provoca indistintamente la risa o las lágrimas, porque no existen fronteras que le delimiten lo

125

trágico de lo cómico. Su lenguaje pintoresco revela inteligencia; habla con naturalidad, sin querer aparentar que es tonto ni inteligente. No es afectado en su manera de ser, es sencillo; tiene donaire, don de gentes o, como dijo Gracián, "gracia de las gentes". Al hablar no se preocupa del estilo, actúa reservándose, defendiéndose con su lenguaje, salvando o escondiendo su persona en una actitud fenomenológica de "tira la piedra y esconde la mano". Un sí o un no, ante una mujer o un gendarme, serían fatales para su vida de nómada citadino.

Cantinflas tiene que defenderse de un medio que le es hostil; pero como no puede hacerlo física ni legalmente, lo hace con astucia, usando su capacidad más desarrollada que es la inteligencia, con un lenguaje de su creación que no es germanía o *caló* porque no es gente del hampa, lenguaje que no lo compromete: ni afirma, ni duda, ni niega, quiere decir: "Sí; pero no". Negación de la afirmación o afirmación de la negación, así cuando vende por la calle tacos, grita: "Puros, joven"; o bien cuando vende puros pregona: "Tacos, joven, tacos".

Mario Moreno ha creado su propio personaje sobre su misma carne, como el caracol su concha; lo ha realizado objetivamente en sí mismo, expresando sus sentimientos, su *intuición pura,* con su lenguaje que es lo cómico.

El éxito de Cantinflas hay que localizarlo en su entraña popular: es el pueblo, parte de uno mismo, viéndose en un espejo. En un país semicolonial, como el nuestro, de analfabetos (en el que debemos enseñar a leer a los que ya saben) el medio del conocimiento debe radicar en lo objetivo y penetrar por dos sentidos: ojos y oídos. A Cantinflas se le ve y se le oye, ésta es parte de su popularidad. La crítica que hace del medio social, la lucha de los estratos que lo forman, la entiende todo el mundo. Cantinflas en el fondo es un personaje romántico, que inconscientemente lucha contra la injusticia social. Mario Moreno se ha empapado de su personaje, tiene el complejo de Cantinflas, de aquí que se haya querido convertir en líder.

Cantinflas, realista por excelencia, no es un representativo del proletariado; burgués o socialista, es simplemente un vago fuera de toda relación económica; como personaje cómico es real e irreal, pero es un crítico de la sociedad en que vive. Como nunca trabaja en forma permanente no puede llegar a ser burgués o proletario y se ríe de ellos; representa la sonrisa, la burla, el concepto de la libertad del vago, a quien no le obligan normas sociales de ninguna naturaleza; no desciende más en la miseria porque ya no es posible, y no sube de categoría porque no se le pega la gana. Charles Chaplin, por el contrario, con bombín, bastón, corbata de moño y vestido de etiqueta, sí representa al miserable que pretende llegar a ser aristócrata. Si no llega es por sus constantes fracasos.

Cantinflas, en el fondo del subconsciente, es un romántico fallido; su humor no es más que la sublimación de su falta de amor: el humorista es un romántico fracasado. Su desamparo económico en un mundo socialmente injusto lo hace luchar en contra de lo superior que representa el gendarme; lucha para sí defendiéndose y defendiendo a los que son como él, usando de la burla como arma ofensiva y defensiva; trae a cuestas una especie de insurgencia militante, un penacho reivindicador de los de abajo, de los que como él sufren y pagan deudas que no han querido adquirir. Sabe, por ejemplo, que la *mordida* es precepto constitucional.

Cuando nuestro héroe se burla de todo, lo hace sin envidias porque no es un resentido; critica lo falso, la insolente elegancia, lo extravagante de la sociedad en que vive. Consciente o inconsciente, Cantinflas y el maestro Vicente Lombardo representan la misma inquietud que llega por bien distintos caminos. Cuando el maestro mandó a Luis N. Morones a discutir con Cantinflas, para quitárselo de encima, hizo un chiste del que rieron todos; la mecánica de lo cómico se explica por sí sola, es como si Lombardo hubiera dicho: "Yo soy Cantinflas, discute conmigo", o como si el mismo Cantinflas hubiera dicho: "Yo soy el dialéctico Lombardo, ven a la carpa y discutiremos". Inconscientemente, en la mente, hay confusión de personaje, de ahí la risa de las personas que oyeron a Lombardo.

Cantinflas es un Lombardo que critica el medio social en que vive, no dialécticamente, sino con la más terrible forma de expresión humana como es la ironía. Lombardo, para sus enemigos, es un Cantinflas tal como lo quisieran ver: ignorante, pobre y miedoso, sin los dos mil trajes del mismo color que le han inventado sus enemigos. Tan Cantinflas es también un Lombardo en serio, que se ha transformado en líder, no con el traje miserable con que actúa en la farsa, sino con el traje de casimir de la leyenda con que actúa en la realidad. Si le ponemos a Lombardo la ropa del cómico, a pesar de su brillante oratoria ya no sería él, y si vestimos a Cantinflas con el traje común y corriente, se transformaría en Mario Moreno que es el líder. Ambos, pues, se confunden en principios y finalidades. Mario Moreno es el autor de Cantinflas y su actor: su personalidad se bifurca: seriedad y comicidad, realidad y farsa, ante la crítica de lo social que hacen con dureza —crítica al alimón—. La burguesía no encuentra al enemigo, como en el cuento del yucateco bizco y el toro de Palomeque. Lombardo no es personaje de farsa, es un dialéctico; en él sí personalizan al enemigo, por eso lo odian; incita a la lucha social para que no existan los cantinflas de la vida real de México. (Cantinflas, por lo contrario, despierta alegría con sus chistes.) Los fines de Lombardo le igualan a Cantinflas en su insurgencia social. Los chistes de los periódicos diarios no hieren ni destruyen a Vicente Lombardo Toledano, porque está vacunado contra ellos, ha formado sus anticuerpos, una especie de mitridatismo contra lo cómico, y no lo acaban en el terreno de lo serio porque en la inteligencia tiene su defensa más desarrollada. Sus enemigos a la fuerza lo quieren hacer figura cómica, lo proteico de su personalidad, que lo columpia entre lo cómico que desea el enemigo y lo dialéctico de sus partidarios, lo salva y engrandece.

En el campo de la psicología es sumamente atrevido generalizar el caso particular de un solo hombre y hacerlo como atributo del todo social, y esto no sólo en lo que respecta a México, sino hasta en pueblos de uniforme y equilibrada población en que cada hombre, como célula, es representativo de todo el contenido social; sin embargo, puedo afirmar que Cantinflas es lo más representativo del estilo mexicano; de acuerdo con su modo de pensar y sentir y su actitud frente a la vida, es sin duda un vago "malhora", "relajo" y "vacilador".

Si escogemos a Cantinflas, personaje cómico, como representante de lo mexicano, podemos mirarlo en caricatura, estereotipado en sus vicios y virtudes; visto en tal forma, fuera de las fronteras de la realidad, se puede aproximadamente sacar caracteres permanentes que definan el tipo del mexicano, por supuesto, como lo he repetido, con sus correspondientes reservas.

Al hablar del estilo mexicano debemos hacerlo con muchísimo cuidado, porque todavía no se ha construido una arquitectura permanente de su espíritu, debido a que no hay una evolución pareja de su estructuración económica y también por la diversidad de troncos raciales que forman la familia mexicana: indígenas, criollos, mestizos y extranjeros, que no se han acomodado definitivamente para que se pueda definir lo nuclear y lo protoplásmico espiritual que formen lo que, en el futuro, será la mexicanidad. La sociedad mexicana, en una constante ebullición debido a sus luchas sociales y económicas, no ha permitido que se formen los asientos que puedan explicar su contenido espiritual.

El mexicano, individualmente, tiene un sentimiento de inferioridad, que se hace en todo colectivo, constituido por muchas almas, formado como el mar, a la manera de Leibniz, en que cada una de ellas es como una gota de sus aguas y se ha formado por su pobreza arcaica, su eterna esclavitud, su inseguridad no sólo individual, sino social. Actúa, pues, el mexicano, con temor como no queriendo hacer las cosas para no comprometerse; cuando se burla del encumbrado en la política, siempre se oculta en el anonimato para no sufrir la miseria o la cárcel. Inconscientemente, no desea individualizarse, sino estar en perpetua comunidad con todos; no pretende ser auténticamente él mismo, sino despersonalizarse en un nosotros, disolviéndose o emulsionándose en el contenido social.

Desde que la literatura, a base de conocimientos sintéticos por medio de los periódicos, ha divulgado los saberes científicos a los profanos, muchos de ellos, en manos de peluqueros y boticarios, se han desvirtuado, creándose en el público ciertos conceptos científicos que constituyen gastados lugares comunes que, por su cuño fáciles de falsificar, circulan en el mercado negro de las ideas. Uno de los muchos que se pueden señalar son los llamados complejos de Segismundo Freud o la modesta minusvalía de Alfredo Adler, conceptos de la psicología moderna, que como chismes, corren de boca en boca. Lo mismo hablan de ellos un señor ministro, una prostituta o un encantador de serpientes; así se ha afirmado insistentemente la siguiente falsedad que todos repiten: El pueblo norteamericano tiene un complejo de superioridad y el mexicano, de inferioridad.

Nada más falso que este par de conceptos: el mexicano no tiene el complejo de inferioridad, el que lo padece es el norteamericano; como ha creado una gran civilización que lo ahoga y lo monstruoso de un mundo de gigantescas maquinarias que lo acorralan, individualmente éstas empequeñecen su espíritu. Su complejo de inferioridad individual se dispara colectivamente para superarse hacia lo grandioso, es decir, de acuerdo con la tesis de Adler, la minusvalía se transforma en el complejo de superioridad. Buscan por esa circunstancia todo lo que sea grande; se jactan de tener el puente, el río, el barco y hasta el gigante más grande del mundo. Al enano más pequeño del mundo lo hubieran mandado a la silla eléctrica. Hasta hubo una vez un pintor yanqui de miniaturas que pintó un cuadro de cien metros de largo por la misma medida de ancho, para aparecer ante los ojos de sus paisanos como el miniaturista más grande del universo.

El mexicano no tiene complejo de inferioridad, como se dice, aunque muchos lo tengan, porque este concepto pertenece al mundo del subconsciente. Inteligente y vivaz por naturaleza, conoce su destino y su miseria; consciente de su persona y la sociedad en que vive, analiza la pobreza de su mundo espiritual y de la naturaleza que lo rodea, en que tiene que luchar y defenderse; conscientemente, pues, al analizar su situación adquiere un sentimiento de inseguridad o inferioridad. Conoce su mundo y en él vive; su mundo real que ve con sus ojos, no un panorama de ensueños y espejismos; no disloca su fantasía con un mundo irreal. Plácidamente extiende su cultura al lugar en que vive y en lo real hay un permanente equilibrio en su esfera económica y su mundo psicológico del sentimiento.

Al mexicano no le da por lo grande porque no tiene que superar ninguna inferioridad; realista por excelencia, ve su mundo empequeñecido y se conforma con vestir pulgas o colocar un matrimonio o un entierro en una cáscara de nuez. Si tuviera complejo de inferioridad, para superarlo le daría por conquistar Guatemala o liberar las minorías étnicas de Belice. Al mexicano que le da por lo grande lo ponen en el manicomio. A ningún escritor de México se le ha ocurrido escribir la epopeya o la gran novela universal; se conforma con ser modesto novelista, cuentista o chascarrillista, simplemente mexicano.

# Las máscaras de la hipocresía

RODOLFO USIGLI

## La hipocresía del mexicano

Cualquier hortera, y aún cualquiera de nuestros llamados críticos teatrales, puede mutilar los pies a mi teoría con sólo aludir a la universalidad de la situación que describo. Creo que las características varían; pero en el caso de que México estuviera poseído por una fatalidad universal en este aspecto, el único cambio que sobrevendría sería el de hacer frente a esto como a un mal tanto más terrible cuanto más extendido, tanto más peligroso cuanto más exótico, a fin de salvar al joven país de una infección que no debe padecer en buena fisiología. Aunque la vanidad es capaz de grandes extremos, nadie coge voluntariamente las viruelas por imitar al buen vecino.

La verdad de México es una larga obra de las mentiras mexicanas. En sus fases de eclipse va acumulando poder hasta que explota un día.

---

Rodolfo Usigli (1905-1979) escribió en 1938 su famosa pieza teatral *El gesticulador*, que iba acompañada de un "Epílogo sobre la hipocresía del mexicano", del que se publica un fragmento. Se trata de un ensayo que explica la obra en función de las mentiras políticas y la demagogia de una revolución mexicana que se ha convertido en una fábrica de héroes fingidores. *El gesticulador* se estrenó en 1947 y generó un pequeño escándalo que contribuyó a amplificar las tesis de Samuel Ramos en las que se fundaba Usigli. Sin duda las ideas de Usigli reflejaban el ambiente intelectual de la época. El segundo texto que publicamos, "Rostros y máscaras" (1952), continúa las ideas de Usigli sobre la hipocresía y confirma que, a mediados del siglo, las ideas sobre las caretas tras las que se oculta el mexicano eran un lugar común.

Entonces sobrevienen los crímenes pasionales, los infanticidios, los uxoricidios, el asesinato político o, modestamente, una revolución. Podría decirse que la verdad mexicana es una verdad al vapor.

Alfredo Gómez de la Vega —un actor que lee— me señaló hace poco, como una confirmación de todas estas negras ideas, una frase de Samuel Ramos, que para él, explica la falta de teatro mexicano. Samuel Ramos, que es el único filósofo crítico que hemos tenido en este siglo, declara en *El perfil del hombre* que el mexicano es incapaz de objetivarse sinceramente. La frase no puede ser más feliz ni más sugerente en su sencillez. Es indudable que esta incapacidad obedece a causas tangibles; se ha perfeccionado en el tiempo desde que los tlaxcaltecas se unieron a los españoles, no por ellos sino con el único objeto de ayudarlos contra los aztecas —colaboración tradicional— y desde los cantados y decantados tiempos en que se decía: "Cortés como un indio mexicano".

El sistema colonial, que protegió la hipocresía y la mentira en indios, mestizos y hasta en los inoculados criollos, privando a aquéllos de su idioma y de sus dioses, limitando sus transacciones comerciales, y frustrando a los otros de los mejores empleos y prebendas, es la primera fábrica oficial de la verdad mexicana.

Degenerado hasta el pulimento y la sensibilidad, este pueblo de guerreros rudos que exhibían en jaulas a sus enemigos capturados; descendientes de razas que habían construido sus pirámides sobre otras en vez de tomarse la molestia de destruirlas, aprendió a mentir para conservarse, o desarrolló su incapacidad natural para objetivarse sinceramente, bajo aquel régimen. Un buen ejemplo de la hipocresía del mexicano es el extraño grito de independencia lanzado por el cura Hidalgo: "Mexicanos: ¡Viva México! ¡Mueran los gachupines! ¡Viva Fernando VII!" Como si aquel rey de baraja, ya carcomido en los cuerpos de sus abuelos, hubiera sido un príncipe azteca, un último renuevo del viejo tronco mexica. Algunos disculpan la tortuosidad y la hipocresía de esta exclamación fundándose en el romanticismo ambiente en la época, en la aureola que el destierro y la tutela habían prestado al pasajero monarca. Pero, pregunto, ¿por qué no atenerse a las dos primeras partes de la sentencia de libertad? La actitud política de Hidalgo parece irreprochable: sabía que sin un viva al rey de España, los mexicanos no se levantarían contra el virrey. Pero, además, esas dos frases no podían ser verdaderas si no iban precedidas o seguidas de una mentira. Porque la forja de la verdad mexicana necesitaba de ésa, y todavía de otras muchas mentiras. Entre otras, de la hipocresía gubernamental que puede seguirse en la larga lista de los gobernantes que ha tenido México en menos de siglo y medio. Considérese el caso de Iturbide y el más característico y, dijérase, perfecto, de Santa Anna. Lo efímero de los periodos de gobierno no hacía sino más angustiosa y lenta esta fabricación de la verdad. El vergonzoso comité que ofreció un trono espectral a Maximiliano, marca, en cambio, una decadencia, un receso: el mérito el hipócrita consiste en engañar a los que lo rodean y conocen, y no a quien, no conociéndolo, puede tomarlo a la letra. Véase después el contraste que un niño Juárez, mosaicamente salvado de las aguas y un romántico y deambulatorio presidente Juárez bien establecido en una época en que el liberalismo, incapaz de objetivarse sinceramente, tiene todas las facciones de nuestro primer *raqueterismo* político. La larga paternidad porfirista, costosa ilusión de gobierno que establece el primer paralelo entre México y la Rusia zarista por la violencia de los contrastes que crea en el país, concilia con los Estados Unidos mientras vende concesiones a Inglaterra. Gobierna con un uniforme en el que brillan medallas de las que una gran parte le vienen de haber sido antes revolucionario. El poder político tiene, en los países como México, una virtud de transmutación en escala descendente. Si hemos tenido algún gobernante de oro, su gesto ha sido, como el de todos, convertirse en un hombre de cobre cubierto de oro estañado. Véase el porfirismo. Otros han discutido ya su perfil de tiranía que dicen ilustrada. En la entrevista Creelman-Díaz, en vez de objetivarse sinceramente en su tiranía, el gobernante la disfraza, declara que no se opone a que se haga política en el país, etcétera. Y no es la objetivación sincera, sino la falsedad del porfirismo, la que acarrea la revolución.

Esta hipocresía progresiva resulta en una dilución, en una dilación del drama mexicano; pero da forma a la Revolución de este siglo. Sólo que la verdad, liberada un momento, no parece haber alcanzado su madurez puesto que pronto vuelve a ocultarse para esperar las mentiras que la alimentan. Por una magia revelable, la Revolución resulta así, substituyendo y mejorando al régimen colonial, la segunda gran fábrica de la verdad mexicana por medio de la mentira y de la hipocresía de tantos de sus servidores.

[...]

De la Revolución podría decirse, también, que si no hubiera existido nunca sería necesario inventarla, por su valor de *tránsito*. Pero en principio es lo mismo que toda idea política: una aspiración hacia la verdad. Por lo tanto, una mentira individual que pretende volverse colectiva para hacerse verdadera. Una voluntad de crear algo que no existe. La mentira individual del gobierno porfirista no logra colectivizarse a pesar de sus treinta y cuatro años de vigencia. Ocurre que el porfirismo no es precisamente un gobierno para México, por la idea civilizada y romántica que tiene de las necesidades mexicanas; cree que el pueblo ambiciona la vida de un pueblo europeo, y aunque así parece ser, el fracaso político de la idea es innegable puesto que entonces los mexicanos ensayan otra mentira: la democracia. Es decir, un estado social para el que México, a todas luces y a pesar de Madero, no está maduro aún. Cuando esta mentira del gobierno civil, civilizado y cívico empieza a ejercerse apenas, una nueva mentira la destruye: la mentira militarista que, sin embargo, es la que más fácilmente se ha vuelvo colectiva en el mundo, la que más completamente se verifica o *veriza*, si el barbarismo puede expresarlo mejor. De igual modo que Díaz, Madero *cree* que el mexicano quiere vivir a la europea. Madero *cree* que el mexicano quiere el sufragio a la manera suiza; Huerta *cree* que el mexicano se encontrará bien en una disciplina militar a la alemana y, sobre todo, piensa que la tradición nacional de la traición representa un anhelo, una mentira ya colectiva. No puede menos que observarse, al registrar estos fenómenos, que todo el sistema político europeo que entrara en crisis en 1914, está representado en México con una amplitud desconcertante. Por otro lado, sin una creencia, subconsciente o consciente, no habría acto de gobierno, porque creer es obrar; no se trata de la verdad, ya que la verdad no necesita de creencia alguna, sino que requiere conocimiento, y es la mentira la que anda en busca de credulidad, la que necesita ser creída. Como la fe, la verdad es acción; pero es una acción *ya realizada*.

Para comprender mejor la multiplicidad de las mentiras individuales en que se apoya la Revolución, basta el espectáculo de revolucionarios divididos en pugna mortal, que tratan cada cual de colectivizar su propia mentira. A la gran mentira colectiva de todos los tiempos —la esperanza— se suma entonces en los caminos de la revolución un procedimiento destinado a inflar, a decorar y a publicar las mentiras individuales. Este procedimiento es viejo y sus raíces se hunden en la antigüedad griega. Me refiero a la demagogia. Cada partido revolucionario tiene sus demagogos o cantores. La demagogia no es otra cosa que la hipocresía mexicana sistematizada en la política. Es el lenguaje siempre hablado y jamás escrito —aunque impreso—, por el que los candidatos y las instituciones políticas encarecen y disfrazan sus intenciones y sus conquistas hasta darles un aspecto universal y moderno. La demagogia entre nosotros suple a la realidad, excita la actitud de *creer* y tiende a precipitar el proceso de colectivización de las mentiras; pero no es una u otra, sino el instrumento de todas ellas. Se anticipa a la existencia real de las cosas exactamente como la mentira parlamentaria se anticipa en la letra de la Constitución del 17 a la existencia misma de los problemas que tiende a resolver, como se ha comprobado a menudo. También es posible que de esta anticipación surjan en gran parte los problemas más tarde. Este lujo literario en los hombres de la Revolución, que quieren un país grande, consciente y complicado, es idéntico en su origen al lujo social de la caza de la zorra en el porfirismo.

El afán de México por lograr una apariencia de lo que no es, me parece bien manifiesto ya. La demagogia, por otra parte, ha privado a la Revolución de su categoría de tránsito fecundo, y mutilado su evolución. La demagogia, por ejemplo, para fines de publicidad, ha calificado de revolucionarios a muchos gobiernos que, aunque encabezados por caudillos de la revolución, eran negras equivalencias de atrasadas tiranías que, en vez de objetivarse sinceramente como tales, se cubrían con la piel de la revolución —si le han dejado piel a la revolución. Un gobierno revolucionario sería en realidad aquel que, aun siendo monárquico, se adelantara a los del resto del mundo en la ilusión del progreso social. Si al principio de la Revolución encontramos la mentira colectiva de la esperanza de mejorar, más adelante sólo hallamos en ella la misma demagogia al servicio de los más contradictorios gobiernos.

La demagogia es tan responsable como el militarismo de que Carranza muera por la misma razón que años más tarde convierte a Calles en el "hombre fuerte" y en el "jefe máximo". Gracias a ella, Obregón consigue transformar la mentira, la esperanza democrática que dio un estandarte y un lema a la Revolución: es decir, la revela como mentira.

Considerando que la sangre de México es químicamente política, ocurre así que el mexicano puede gozar opinión de cortés porque hace zalemas en la calle mientras golpea en casa a su mujer, tal como la dictadura porfiriana hace de México un país aparentemente próspero y civilizando; el gobierno de Madero, un país aparentemente democrático; el gobierno actual, un país aparentemente izquierdista, etcétera.

No puede el mexicano moderno vencer en un sólo giro del sol una conducta que se ha convertido en una segunda naturaleza desde hace siglos. Una naturaleza que, en realidad, es para el mexicano moderno la primaria. Nuestra historia política es elocuente en probar que los gobiernos de México han creído siempre que la verdad no es otra cosa que una mentira generalizada.


## Rostros y máscaras

Está de moda discutir, examinar y analizar al mexicano para encontrar la veta de su personalidad subyacente y hacerla salir de su oscura tierra con la misma tumultuosa abundancia con que el oro y la plata salían de las minas en otro tiempo.

Labor interesante pero que, siendo mexicana, rebasa la objetividad, y quizás involuntariamente, empieza a hacer del mexicano al que se busca, un fetiche, un objeto indefinido o exagerado de reverencia y de culto, probablemente prematuros o irreflexivos. La denuncia de los mitos mexicanos —en la que yo he tomado parte eficaz— cada vez más activa, amenaza llevarnos a la creación de un supermito, de un supermexicano. Es decir, de una entelequia hipertrofiada y, en apariencia, sin esperanza de alcanzar la humana proporción helénica. Podría compararse el juego a la actitud surrealista de un grupo de cazadores que, incapaces de cobrar la pieza, fotografían su sombra deforme y alargada por efecto de la luz.

En realidad, es difícil pintar al mexicano por la imponderable pero fatal constancia con que él mismo se despinta —en todas las acepciones del vocablo—; por la fidelidad con que se tacha, se borronea y huye de su propia pintura. Escribí alguna vez, en uno de esos inéditos prefacios míos, condenados a vivir por la longitud de su maduración: "La tragedia de México, hasta ahora, y por ello la tragedia del mexicano, reside por igual en todo lo que oculta, porque (eso) lo exhibe, y en todo lo que exhibe porque (eso) lo oculta".

Remedio con paréntesis la pobre inteligibilidad de la frase, que resultaría más clara en otro idioma en el que el uso de los pronombres personales y demostrativos fuera menos elíptico y anárquico que en el nuestro.

El problema en todo caso, está en pie, y es más urgente que nunca resolverlo, porque ahora los mexicanos empiezan a creer en él y lo mexicano, por las malas razones. Antes había una posibilidad siempre abierta de salvación por la circunstancia misma de que los mexicanos dudaban, desconfiaban y eran escépticos del mexicano por las buenas razones. El escepticismo es una fuente de creación más cercana a la fe que la credulidad; actitud fácil y fuente de inmovilidad y por ello, de rápida desintegración.

Tengo la impresión —engañosa quizás— de que hasta ahora no se ha planteado la búsqueda del mexicano en estos términos: ¿Cuál es su verdadero rostro? Cada vez que tratamos de trazarlo, nos elude, por razones que son casi de orden telúrico. Sabemos, aunque la historia lo contradiga por optimismo o vanidad, que no conocemos el rostro del mexicano antiguo, que sólo conocemos sus máscaras. La máscara del sacerdote como la del danzante y la de los selváticos caballeros guerreros; las máscaras de los dioses, sobre todo cuya ficción cuaja gracias a la más espléndida y perdurable realidad: la de la piedra, los metales y la pedrería preciosos, nos colocan frente a un mundo que sólo sobrevive en forma simbólica. Y el símbolo, para un pueblo imaginativo e introvertido, deja lugar a muchas interpretaciones: contradictorias y variadas, tangenciales o bifurcadas, hermanas o adversas, paralelas o divergentes. La presencia inmanente del símbolo, con todos sus cauces interpretativos que son sólo vías de escape, es lo primero que impide obtener frutos, o que los pudre, en esta búsqueda.

Si se abandona a su destino al mexicano antiguo y se pretende fijar un punto de partida en el mexicano colonial, o medio, la tarea cobra dimensiones tan gigantescas como arbitrarias. Nos encontramos entonces frente al indio, al mestizo y al criollo, cuyos rostros ocultan bajo máscaras adheridas como por vacío, incorporadas —enrostradas, diría yo— al extremo de que parece imposible desprenderlas sin deformar las fisonomías que ocultan.

El rostro del indio superviviente de lo que podría definirse como la gloriosa catástrofe o el dorado crimen de la Conquista, se disimula desde entonces detrás de una gran máscara de silencio: una máscara sin contradicciones, sin labios casi —¿para qué podrían servirle si se le ha cortado la lengua?—; sin rictus —¿qué podría angustiarlo o inquietarlo más que lo que ha visto?—; sin mirada o sin otra mirada que la de la piedra, como si tuviera los ojos vueltos hacia adentro y se buscara.

El mestizo, en cambio, se disfraza con una máscara de alarido, contorsión y gesticulación, digna de mejor teatro, que perturba el silencio natural de la meseta y que, a sus atributos de tumulto y de gesto deformativo, añade el fuego que sale de sus ojos vacíos en las revoluciones y en las fiestas, como en el regocijo del "Torito".

Se esconde el criollo tras una máscara de superioridad, de civilización y de cultura, tan pesada que, como las máscaras y los peplos de los actores griegos, limita y pondera su movimiento y su acción. El criollo representa un fenómeno hasta ahora no definido en biología: digamos, la actividad inmóvil.

Cada una de las tres máscaras pretende parecer más mexicana que las otras. No tienen en común, en realidad, más que la religión o el sentido religioso —a veces guadalupano y a menudo mágico—, y la posesión, siempre ilusoria, de la tierra.

Incapaz de substraerse a la tradición, la herencia o la enfermedad de las máscaras, el mexicano moderno la adapta a su impreciso rostro quitándole el impulso original. Y es así como la máscara india se estiliza y se vuelve indigenista, tendenciosamente; como la mestiza se vuelve racista —ella, que no tiene raza, se convierte en intención de perpetuar un imposible mestizaje—, en tanto que la criolla añade a sus cultos atributos un signo de pesos y cambia la cultura por la economía, actividad ésta tan eficaz como hierática que la inmoviliza todavía más en la pautada celda de su movimiento,

A veces, una vez por siglo, la gigantesca, silenciosa máscara india se desprende por un momento y entonces podemos ver los rostros de un Cuauhtémoc, un Morelos, un Juárez, un Díaz, un Cárdenas, presentes en toda intención y en todo sacrificio propicios a la existencia realizada en México. Pero son rostros individuales que a su vez, gracias a la demagogia permanente y peripatética del mexicano, tienden a convertirse en símbolos, en mitos y en máscaras.

También el rostro del mestizo se desnuda en ocasiones, por un segundo de la historia, y así podemos ver los rasgos personales de un Ignacio Ramírez, de un Zapata o un Montaño, conjugados en la historia de México como un azaroso y macho juego de dominó.

Rostros y símbolos unidos hasta aquí. Desconcertante, en cambio, el caso del criollo cada vez que logra arrancarse la máscara por un breve lapso. Los símbolos y los rostros son entonces contradictorios y disímiles: aparece lo mismo un Hidalgo que un Santa Anna, un fray Servando que un Alamán, un Miramón lo mismo que un Madero, un Carranza, un Obregón. Todos camino del mito, afirmativo o negativo, fecundo o estéril, pero mito. Parafraseando a un poeta podría decirse: "El criollo es triste, ¡ay! y ha leído ya todos los libros". Va siempre hacia el mito, o el supermito, porque, o no le es posible quitarse la máscara, o el rostro, no hecho todavía a las presiones de la luz y el aire, se descompondría a su contacto como el de aquella extraña mujer de Shangri-La. (El criollo es increíble y, sin embargo, vive.) O quizás, porque el rostro no quiere exhibirse todavía, espera y acumula energías para mostrarse al fin formado, inmune a la más dura intemperie, único, afirmativo y perdurable.


Y he aquí, entonces, que yo también me sorprendo hablando en símbolo, lo cual confirma mi teoría. Pero sólo la inoculación en ciertos casos puede inmunizarnos.

Y he aquí, también, un rostro único cubierto por una trinidad de máscaras. ¿Cómo es el rostro, o es informe aún y tomará las líneas de una de las tres máscaras, será una de las tres máscaras la que lo moldee al fin? Nada más mexicano que un indio, en apariencia. Pero recuerdo a aquel que, en Teotihuacán, se negó a vender la totalidad de su mercadería comestible a un grupo de excursionistas porque, de hacerlo, dijo, no le quedaría ya nada que vender. ¿Es típica entonces, del mexicano, la psicología de la desesperanza, o lo caracteriza el alejamiento de la realidad? Igualmente poco característico resulta el comerciante mestizo que lo vende todo para comprar y vender más cada día y que es sólo un fenicio colado por las recetas de cocina comercial de los Estados Unidos. O el criollo de tradición y de abolengo que prefiere no comer a sacrificar, así sea fragmentariamente, su colección de mantones de Manila, de tibores chinos o de diamantes coloniales.

En contraste con ellos vemos al campesino, que, al través de cuatro siglos, desconfía a la vez que espera (¿hay nada más contradictorio que un mexicano?) y que cubre su esperanza, su sed de la tierra —que es su verdadera fisonomía— con la máscara maleable de la pasajera conveniencia política; que, vestido de blanquísimos calzón y guayabera, votará por unos o por otros: por los que le prometan el aterrizaje de su esperanza; pero que sigue siendo un rostro erosionado como la tierra que lo rodea —igual que si fuera agua— y que no posee, pero que sueña poseer y que, como agua, se le escapa siempre por entre los dedos.

¿Y es más típicamente mexicano el obrero incorporado a un ritmo sindical que el tejedor, el artífice, el alfarero a mano? En aquél vemos la máscara; en éstos, el rostro que nos mira. Y cuando el rostro mira, no hay máscara que desvirtúe o desvíe su mirada.

Se ha escrito mucho y se ha hablado interminablemente sobre el macho mexicano, que profesa el culto pintoresco de la muerte y ha alcanzado la gloriola de las caricaturas animadas a colores, la universalidad en suma. Se dice que México es un país macho. Pero, ¿se ha pensado, se ha ahondado lo bastante el pensamiento de que aquel que destruye lo hace solamente porque está aculado contra el último rincón del mundo —un rincón en el que no puede construir y porque sus energías naturales se subvierten y echan a correr por donde pueden, como agua desbordada, salida figurada y realmente, de madre? No pudiendo resistir su rostro en el espejo, el macho rompe el espejo a balazos, como un Calibán ciego, y permanece enmascarado.

Me ha obsesionado muchos años la teoría de que la mayor aproximación al verdadero mexicano es, hasta ahora, el político; porque a falta de un rostro, tiene dos máscaras; porque posee por igual el sentido de la creación y el sentido de la destrucción y los dos libran batallas increíbles en su ánimo. Nadie más poseído a la vez por el bien y por el mal, nadie más equilibrado en la alternación de sus facultades. Si el mexicano es hipócrita en el sentido helénico, es decir, actor, y necesita resistir el aire de la realidad con una máscara —lo mismo que si la realidad y la verdad fueran gases deletéreos—, el político la perfecciona en la duplicidad o triplicidad de la máscara; pero es quizás el único que ofrece un activo y un pasivo semejantes, y probablemente el único mexicano en acción continua y redonda.

Porque el artista, a menudo y en ejemplos ilustres, se limita a copiar la máscara del mexicano y da una calidad tridimensional a lo pintoresco sin saber que mientras más lo abulta más reduce y más dispersa su esencia. Imita el sol, la luz, el paisaje y los colores de México, no como son, sino como parecen ser —a causa de una especie de máscara atmosférica que disfraza el ambiente como disfraza al hombre— y por eso asocia en su obra el carnaval y la muerte, el caos y la falsa armonía —los extremos— en vez de buscar el justo medio. Aunque lo más probable es que, si lo encontrara, lo disimularía por la insatisfactoria sobriedad de su color.

A todas estas máscaras mexicanas hay que añadir la española, sólidamente labrada en piedra —el tezontle nativo usado para representar una Edad Media de importación que ni nos va ni nos viene—; la francesa, matizada, delicada y abrumadora; la pocha ahora. Justo o no, por razones fonéticas y por relaciones de frontera, he llegado a pensar que la voz pocho es un derivado simplemente fonético de *poacher*, cazador furtivo. Por lo menos entre nosotros. Si así fuera, ¿sería entonces lo furtivo una característica mexicana? La furtividad implícita en la máscara lo haría pensar así, si no la anulara el desafiante gesto de otra máscara destinada a cubrir a la primera: lo que cubre en exceso acaba por descubrir. Un velo es un objeto leve; pero nada es más pesado que un conjunto de velos sobrepuestos: acaban por caer por su peso y desnudar, y entonces lo único que nos recata es la desnudez absoluta. Cuando miramos a un bracero vestido a la usanza de Texas, a un estudiante de preparatoria con el pelo cortado a rape, pantalón a la vaquera y gorra de gabardina más propia para jugar al tenis; o a un elegante de la política de provincia vestido a la norteamericana y en cuya corbata fluorescente se desnuda sin audacia mecánica una sirena pintada, nos sorprende comprobar lo irremediablemente mexicano, que son todos. Por fortuna. Todo el moreno color de México les sale a la cara como un sol vergonzante pero inevitable, improrrogable. Lo mismo le ocurría al pocho afrancesado, y hay una aproximación fonética que lo describe: *le Français de poche.*

Por sobre la trinidad de máscaras descrita se sitúa otra, que nos define, nos tortura y nos protege por igual de la intemperie: el artista, el creyente y el político. La pintura, la Virgen de Guadalupe y el mito de la institución. Lamento no poder añadir ninguna de las dos máscaras del teatro todavía: nos la ponemos siempre a contrapelo. Nuestra comedia se resiente aún de un complejo de dramática seriedad, de una obsesión de tomarnos y hacernos tomar en serio. Nuestra tragedia sufre de la falta de proporciones, de austeridad y de deleite apolíneo aunque adolezca de delincuencia. Se habla mucho de la oportunidad del ingenio mexicano, que a mí me parece más bien inoportunidad. El chiste-fuga ante la situación grave; el cuento mitad verde, mitad macabro en el velorio; el machismo verbal en materia de sexo, me dicen que poseemos el don de la risa, pero que no lo hemos situado aún dentro del tiempo, que no lo hemos orquestado. Reímos a destiempo quizá porque todavía estamos fuera del tiempo, y no hemos llegado a llorar enteramente. Como las fiestas de difuntos, nos saturamos de dolor, bailamos y comemos sobre las tumbas y nos desviamos del rostro por la máscara. Si lloramos, como en el caso de los divinos rostros bizantinos, exigimos que nuestras lágrimas sean de oro, con lo cual diluimos y perdemos la sal del llanto. Lágrimas con máscara. Risa con máscara.

Un hecho nos persigue, nos delimita, nos aprisiona con una prisión tan transparente como el aire de la meseta; dondequiera que estemos, somos mexicanos; mientras más lejos estemos de México, más mexicanos somos. De este destino nada nos salva: ni siquiera casar con extranjera, porque en breve tiempo, a la manera del Pigmalión fonético de Shaw, hacemos de ella una pocha, una cazadora, no ya furtiva, sino franca, de nuestros lugares comunes, de nuestras palpitaciones más íntimas y nacionales, que a veces se expresan en ella mejor que en nosotros, pese a todo acento. El ¡Viva México! que lanzamos en cualquiera medianoche desesperada en cualquier gran capital europea, es el rostro que se desenmascara, que se devela, que se desnuda de pronto. No queremos vivir nosotros —otra fuga—: queremos que México viva, sin sentir, sin saber que está viviendo al través de nosotros, de nuestras imperfecciones, de nuestros defectos, de nuestro retroceso ante la intemperie. La intemperie hacía o confirmaba a los niños espartanos y puede hacernos o confirmarnos a nosotros. Ninguna mujer correctamente descotada ha dejado memoria histórica de haberse resfriado: su vanidad la cubre. El mexicano, tirado como una peonza sobre el mapa del mundo, libre de la altitud y de la atmósfera; el mismo que gritaba ¡Viva México! en la rue de la Paix, en Picadilly o en la Quinta Avenida, vuelto a su patria, se acoraza, se reenmascara, se disfraza, se reserva... y critica a México. Como en el caso de la risa, igual que tratándose del llanto, ese mexicano se circunscribe a la paradoja y actúa como un francés, como un inglés o como norteamericano, si bien, a semejanza del vergonzoso héroe del cuento, olvida el nombre del atole pero no el meneadillo. Sólo que lo reserva para la intimidad, porque cree que en México no se debe ser mexicano en público. Así como proclama en el extranjero la universalidad de México, en México la restringe y disimula y esto, como en la actitud del pocho, lo confirma cada vez más en su fatal calidad de mexicano.

Un gran pintor mexicano solía decir a los pintores cubistas de París: "Están ustedes perdidos. Detrás de ustedes hay desde el Renacimiento al impresionismo. Detrás de nosotros, el caos y la selva, arqueológica o natural. Por eso podemos ser a un tiempo Colón y Cortés: descubrir y desflorar". El nombre de este pintor es Manuel Rodríguez Lozano, que ha pintado al mexicano más inquietante de nuestra pintura. Y si el caos y la selva parecieran discutibles a la luz de la arqueología, resultan aceptables a las de la Colonia y la Revolución. Quizás el mexicano, y México, pese a toda su personalidad, se valen de una alternación de máscaras para disimular a un tiempo la ausencia de un rostro y la existencia de un vientre: el vientre de un mundo nuevo, no exento de errores, pero enfermo de vitalidad.

Escritores desemejantes y antagónicos en lo efímero político, han intuido y anunciado en México la fábrica —el génesis, decía hoy un amigo mío— de la realidad que corresponde a una frase de viejo cuño: el Nuevo Mundo de los cosmógrafos holandeses del siglo XVI no es quizá más que la posibilidad de un mundo nuevo, torturado, sediento, activo a su manera, y que se nutre de su propio veneno para inmunizarse, sabiendo que reúne en sí mismo a su amigo y a su enemigo, y que Caín y Abel, como Prometeo y Zeus, como Don Quijote y Sancho son y serán uno solo hasta que el uno ahogue al otro para que la media humanidad sobreviviente vuelva a empezar su lucha para vivir y crear de nuevo a la mitad que había destruido.

¿Cuál de las tres máscaras podrá acabar con las otras dos? ¿La india, la mestiza o la criolla? Se ha visto ya que, poco a poco, se nos cayó la máscara española; que la francesa se evaporó no obstante los cuantos retrógrados actuales. Y es curioso observar lo anticuado que son los jóvenes: como yo a los dieciocho años, usan cuello de pajarita y se afrancesan cuando ya pasó de moda y de vida entre nosotros; que la máscara pocha se tiñe involuntariamente del color que, contra todo academismo, pero en coincidencia con él, llamamos prieto porque es tan firme y tan cerrado como es oscuro y, a la vez, descriptivo, expresivo y, paradójicamente, vocero del sol mexicano.

Cuando las tres máscaras hayan caído por su propio peso, como los velos, aparecerá el rostro. Que a lo mejor será una máscara pero una sola. Indeformable, incorruptible bajo la acción del sol o del aire. La última palabra de la ciencia y de la técnica... del espíritu.

# Ontología del mexicano

EMILIO URANGA

El doctor Samuel Ramos dedica un apartado de su libro sobre *El perfil del hombre y la cultura en México* a un "Psicoanálisis del mexicano" (pp. 69-98). En este ensayo se dice:

> Ya otros han hablado antes del sentido de inferioridad de nuestra raza pero nadie, que sepamos, se ha valido sistemáticamente de esta idea para explicar nuestro carácter. Lo que por primera vez se intenta en este ensayo, es el aprovechamiento metódico de esta vieja observación, aplicando rigurosamente las teorías psicológicas de Adler al caso mexicano. Debe suponerse la existencia de un complejo de inferioridad en todos los individuos que manifiestan una exagerada preocupación por afirmar su personalidad; que se interesan vivamente por todas las cosas o situaciones que significan poder, y que tienen un afán inmoderado de predominar, de ser en todo los primeros. Afirma Adler que el sentimiento de inferioridad aparece en el niño al darse cuenta de lo insignificante

---

Emilio Uranga (1921-1988) fue el filósofo más brillante de su generación y un extraordinario profesor, pero se consumió en la llamarada de su propia inteligencia: su obra es escasa y densa, aunque muy significativa. Uranga fue discípulo del filósofo español José Gaos, y formó parte del llamado grupo Hiperión, junto con Jorge Portilla, Luis Villoro, entre otros. Ellos representan la lúcida aparición del existencialismo en México, teñidos también por la fenomenología de Husserl. Uranga, en su célebre "Ensayo de una ontología del mexicano" (1949), que publicamos a continuación, propone a los mexicanos un verdadero proyecto de existencia.

de su fuerza, en comparación con la de sus padres. Al nacer México, se encontró en el mundo civilizado en la misma relación del niño frente a sus mayores. Se presentaba en la historia cuando ya imperaba una civilización madura que sólo a medias puede comprender un espíritu infantil. De esta situación desventajosa nace el sentimiento de inferioridad que se agravó con la conquista, el mestizaje y hasta por la magnitud desproporcionada de la naturaleza" (pp. 73-74).

En una sesión del Centro de Estudios Filosóficos celebrada el año pasado, propusimos al maestro Ramos substituir la expresión de inferioridad aplicada al mexicano por la de insuficiencia. En el caso de la conquista, argumentábamos, pudiera muy bien tratarse de una relación de inferioridad semejante a la de padres e hijos, como dice el doctor Ramos, pero en el caso de la Independencia, la relación con el europeo, no era, ya de padre a hijo sino de maestro a discípulo. Se enfrentaban entonces dos "Ilustraciones" entre las cuales se daba una diferencia de suficiencia a insuficiencia, pero no ya de superioridad a inferioridad. Propusimos también entonces un análisis fenomenológico que deslindara muy precisamente inferioridad de insuficiencia. La inferioridad es una de las modalidades de la insuficiencia, pero no es la única. ¿Cómo se pasa de una insuficiencia constitucional u ontológica a una inferioridad? Responder a esta cuestión es precisamente dar cuenta de lo que el maestro Ramos ha llamado el complejo de inferioridad del mexicano.

Y en primer lugar ¿en qué sentido hemos de entender ontológicamente que el mexicano es insuficiente? Según el doctor Ramos el complejo de inferioridad ha de servir para explicar sistemáticamente "nuestro carácter". Pero ¿cuál es nuestro carácter?

El mexicano es caracterológicamente un sentimental. En esta índole humana se componen o entremezclan una fuerte emotividad, la inactividad y la disposición a rumiar interiormente todos los acontecimientos de la vida. La vida mexicana está impregnada por el carácter sentimental y puede decirse que la tónica de esa vida la da justamente el juego de la emotividad, la inactividad y la rumiación interior infatigable.

La emotividad es una especie de fragilidad interior; el mexicano se siente débil por dentro, frágil. Ha aprendido desde la infancia que su fuero interno es vulnerable y hendible, de aquí todas estas técnicas de preservación y protección que el mexicano se construye en su entorno para impedir que los impactos del mundo le alcancen y hieran. De aquí también su delicadeza, las formas finas de su trato, el evitar las brusquedades, las expresiones groseras. Pero también esa constante preocupación por escurrir, por pasar inadvertido y la consecuente impresión que desde fuera da el mexicano de evadirse y escabullirse, de no darse a notar. Finalmente esa sensación, tan incómoda a veces, de ocultamiento de la propia persona, de recato, que colinda casi con el disimulo y la hipocresía y que no es en verdad más que la convicción de la incurable fragilidad.

La fragilidad es la cualidad del ser amenazado siempre por la nada, por la caída en el no ser. La emotividad del mexicano expresa o simboliza psicológicamente su condición ontológica. Quien vive amagado por la destrucción se siente frágil y destruible y tiende a la protección si valora la vida o se expone a la aniquilación si en un arranque de decisión ha elegido la nada y la vacuidad. De ahí ese desprecio tan característico por la vida humana, y la constante asechanza de la muerte en que vive el mexicano. La vida mexicana es muelle y delicada porque el proyecto fundamental de proteger el ser frágil impulsa a la conformación del mundo circundante como sistema practicable de canales amortiguadores, elásticos, "algodonosos". Pero junto con estos cauces de materias protectivas, una zona vasta de brutales aristas está también ahí como amenaza. El contraste entre la brutalidad y la delicadeza es tan mexicano como el mexicano mismo. La vida de México ofrece al emotivo complicadas estructuras de preservación, especies de altares barrocos en que se han esculpido mil retorcidas figuras entre las cuales hay que deslizarse hábilmente para no ser abatido por lo grosero y brutal.

La inactividad es la tara del carácter sentimental. Las resistencias que se oponen a las realizaciones del mexicano no le impulsan a crecer y a arrasar los obstáculos sino que lo repliegan y ensimisman. Es la desgana en todas sus formas. El desconectarse de los quehaceres, el dejarlo todo para "mañana". Estar desganado es aparentemente estar aburrido y nunca faltan caracterizaciones de la desgana como aburrimiento. Cuando enseñorea la desgana la realidad humana parece, desde afuera, estar entregada al hastío, pero una inspección más honda disipa la aparente identidad y nos deja ver elementos que no pertenecen ya al hastío puro y simple. En la desgana el ánimo se colora de cierta repulsión por las cosas, de una callada abominación por todo cuanto nos rodea.[1] El hombre desganado no deja de ver en el mundo una estructura con sentido, no se le aparece como en la náusea, una copia de cosas insignificantes y gratuitas, sino un proceso significativo que pide su colaboración, su decisión, su actividad, que pide ser llevado a la plenitud del sentido por un *plus* de determinación. La desgana hace su aparición cuando la vida muelle y elástica obliga sin embargo a una decisión. Nos desganamos para no decidir. En este sentido es indiferencia ante las cosas, que podría pasar por contemplación si no se entremezclara el obscuro sentimiento de una irresponsabilidad consentida. No decidir es decidir ser irresponsable. El ser pues se patentiza como un repertorio de significaciones que nos envuelve y adhiere, pero a la vez como estructura de "suplicantes" cuyas lamentaciones tienen justamente el sentido de no ser escuchadas. La desgana es pues indiferencia ante una súplica, dureza si se quiere a la espontánea u originaria voz de las cosas o de los otros. Cuando estamos desganados el mundo nos lanza mensajes que alcanzan a un destinatario desatento. Y no es por causar un daño a sabiendas que se desatienden las llamadas sino porque no nos da la gana prestarles cuidado, porque decidirnos no movernos, permanecer en la inactividad; como cuando decidimos dejar que suene un teléfono sin acudir a descolgar el auricular. Al desganado le falta precisamente una voluntad de dar sentido, se siente poseedor de una dotación de significaciones, pero no alarga la mano, retiene el impulso centrífugo de la atribución de sentido.

La desgana hállase en las antípodas de la generosidad. Es ésta en efecto una decidida elección de colaboración, una voluntad de simpatizar, de entrar en contacto auxiliador con las cosas, con la historia, con los movimientos sociales, de sumar o sintetizar la capacidad de determinación teleológica que emana de la libertad con la causalidad que arrastra a las cosas, con el curso dialéctico de un mundo que se endereza hacia una meta pero que sin ese *plus* de determinación puede degradarse o minimizarse en inadecuadas componendas. Si la historia entraña una esencial indeterminación y la libertad puede forzarla a pasar a un grado menor de indeterminación y mayor de precisión y univocidad entonces no injertar ese agregado de probabilidad, rehusarse a hacer historia en lo que a esa hechura nos concierne, es falta de generosidad, de gusto por la abundancia que se desborda y ello es justamente la desgana.

En la desgana hay un asco por el sentido de las cosas, por las significaciones ahí presentes. Cuando se dice de algo que da asco no se quiere significar que desaprobemos la contingencia del ser, su empecinada carencia de todo sentido o trascendencia, sino que un sentido indeterminado que llama a mi colaboración me encadena a una tarea que como *plus* de determinación sólo puede llevar a un grado más de abyección. La desgana es precisamente el asco que nos sobrecoge cuando nuestra acción presentimos que va a contribuir a la consolidación de un sentido abyecto de las cosas. Toda acción es entonces valorada en el horizonte de una contribución a la podredumbre. De ahí que la desgana surja por el solo hecho de ser mexicano. Es un intento de arrancarse a esa contingencia, de desenraizarse de esa facticidad, de hacerle asco. Desgana por no ser otro, por no ser otra la historia, por no ser otras las costumbres, que prepara la elección del otro como salvador o complejo de inferioridad. De ahí ese afán de ver las cosas como el extranjero, de justificarse por los otros.[2] De ahí el "pochismo", el "malinchismo", el "europeísmo", el "indigenismo". De la desgana, sentimiento de insuficiencia, el mexicano se evade por la elección de la inferioridad. Vemos así trocarse una insuficiencia en inferioridad por intermedio de la desgana a que le predispone su carácter de sentimental.

Pero la inactividad suscita también otro sentimiento que calificaremos de dignidad. El mexicano vive siempre indignado. Ve que las cosas van mal y siempre tiene en la mano el principio de acuerdo con el cual las condena; pero no se exacerba por esa constatación, no se lanza a la acción, lo único que hace es protestar, dejar escapar su indignación. El obstáculo, repetimos, no redobla su actividad. Una empresa erizada de dificultades no será incentivo para que el mexicano actúe redobladamente. La dignidad reside más bien en una voluntad de no mancharse, de huir de la complicidad con lo bajo. Ser digno es hacerse inmune a las asechanzas de la irregularidad, mantenerse a salvo de los compromisos turbios. Corresponde muy exactamente a lo que Kant llama libertad en sentido negativo, o sea capacidad de autonomía frente a tendencias inferiores. Voluntad de limpieza, de probidad, son componentes del sentimiento de dignidad. Con una paciencia que ignora sus orígenes el hombre digno se hace a la decisión de pasar la vida lo más limpiamente posible, de meterse por cauces que no lo vulneren y de evitar las explanadas que lo expongan al blanco.

Entre el español y el mexicano media la distancia que va entre el sentimiento del honor y el sentimiento de la propia dignidad. Con estos rasgos tocamos el estrato más profundo de las respectivas maneras humanas de ser. La libertad que es todo hombre no puede estar sujeta a ninguna ley, es incondicionada. Por su libertad el hombre puede en una situación dada ser lo que quiera, ruin o noble, magnánimo o mezquino, en una palabra por la libertad el hombre alumbra al mundo con valores o antivalores sin cortapisas de ninguna especie. Es lo que representa muy adecuadamente el drama español del Don Juan. Cuando la doncella se ha rendido, cuando ha puesto su vida entera en sus manos, no puede ya exigirle a éste que sea para bien, que orille las cosas como a la hora de las promesas de rendición hacia un epitalamio sancionado por una ley preexistente divina o humana. Lo que se vaya a hacer está en la incondicional libertad del conquistador, y lo único que cabe es apelar a su honor, descansar en su dignidad que es una cualidad de la libertad, una coloración peculiarísima que siempre se vislumbra cuando se habla de la libertad. Los franceses llaman a esta cualidad no tanto honor o dignidad cuanto generosidad. El hombre libre es para el francés el generoso, para el español el honorable, y para el mexicano el hombre digno. De un hombre digno, como de un hombre honorable o generoso, puede esperarse lo que se quiera, y lo que más importa, pueden confiársele las situaciones más delicadas, más comprometidas, hacérsele las confidencias más turbadoras que siempre responderá... con dignidad.

La dignidad como cualificación de la libertad es indefinible. Quien no ha tenido la vivencia de tal cualidad en el ejercicio de su libertad es imposible hacerle comprender por conceptos lo que significa. Aquí como en todas partes el conocimiento presupone la comprensión. La dignidad es, como antes decíamos, una voluntad de apartarse de motivaciones turbias en lo que a la conducta toca. Todo acto libre presupone ya la dignidad pues el ejercicio de la libertad está precedido por un acto por el cual el hombre se arranca de un sistema de motivaciones inferior. Pero en la ejecución del acto libre no basta tal apartamiento. Escapar de lo sensible pero no determinarse por lo moral es un estado de indiferencia que frisa con la desgana, con la indecisión. Por eso van tan ligadas la dignidad, la desgana y la fragilidad. A la dignidad le hace falta el refuerzo de la determinación activa, o más bien es virtud de la inactividad y no de la actividad. Frente al honor tiene la dignidad sus ventajas y sus desventajas. Cierta franqueza, que es a veces fanfarronería acompaña al honor, cierta discreción que es a veces tibieza escolta a la dignidad. El honor pone algo de atmósfera clara y cálida en las decisiones, la dignidad trae consigo cierta atmósfera nebulosa y fría. El hombre digno aun en los actos de decisión deja traslucir cierta fragilidad, cierta incurable inconsistencia.

La rumiación interior compone el tercer elemento caracterológico del sentimental. Preservar el ser no tiene más sentido que permitir o dar lugar a un substituto interior de la actividad, a una especie de ensoñación, de repasar y repasar todo lo vivido, de marchar y contra marchar con la experiencia interior. Detrás de todos esos rostros que huyen de la actividad y del amago, hállase la vida interior, lo que cada quien ha vivido, sus recuerdos, sus padecimientos, sus alegrías, un caudal que todo mexicano acaricia y recuenta. El mexicano da siempre la impresión de ya haber vivido, de traer en los posos del alma una historia, un mundo que fue, y que por emotividad quedó grabado indeleblemente.[3] De ahí nuestra melancolía y ese ademán del hombre de experiencia amarga.

Hay una correspondencia casi mágica entre la dignidad y la brusquedad, un adivinar que a nuestras dolencias interiores responden inequívocamente obstáculos externos, y que nuestra timidez y nuestro recato no sólo son generadores de sueños y mundos que se agotan en la cabeza sino presentimientos de duras aristas exteriores. El mexicano sufre y se deslíe, los que lo ven desde afuera le recomiendan que desperece su marasmo, que se evada de las lianas asfixiantes de su selva interior, como si el mundo circundante esperara sin recelo su despertar y su actividad. Pero en cuanto se han disuelto esos marasmos, esas pesadillas, en cuanto se ha hecho a la decisión de considerar todo el ajetreo íntimo como una danza macabra que se disolverá al primer rayo de sol, y se lanza emprendedor a la aventura, se le pone la mano encima, se le vilipendia y zahiere, se le maltrata y humilla. Son las oscilaciones, tan familiares en la vida mexicana, de un entusiasmo presto, de una entrega esperanzada a un movimiento, que se acompaña casi de inmediato por una honda depresión, por un caer nuevamente en la ensoñación sin esperanza.[4]

Dícese en psicología que el introvertido vive muy finamente, como por contragolpe, el peso de los objetos de que huye.

En este sentido hay que entender lo que antes dijimos de la dignidad que presiente obstáculos que desde fuera se oponen a sus proyectos. El hombre que por dignidad se ha retirado de un negocio sucio y que más tarde se trata de convencer de que eran aprensiones sin fundamento sus escrúpulos, y de que debe de volver a la empresa, muy frecuentemente comprueba que sus aprensiones no eran infundadas, que los castillos interiores que su dignidad levantaba en su conciencia correspondían a dificultades reales y que sus imaginaciones tan atormentantes reflejaban, aunque torcidamente, oblicuamente, efectivos obstáculos, que por su índole medrosa no se atrevía a representarse al desnudo, directamente, rectamente, pero que hallaban expresión en los alabeos dolorosos de su conciencia de frustración. Los sueños del melancólico, decían los médicos de antaño, representan muy ajustadamente, en sus escenas de horror, la espantosa lucha de sus humores encrespados.

Es el mexicano criatura melancólica; enfermedad que pertenece más a la imaginación que al cuerpo, y que expresa de la manera más aguda la condición humana.[5] El mexicano es un ser de infundio, con todos los matices de disimulo, encubrimiento, mentira, fingimiento y doblez que entraña la palabra, pero principalmente con ese rasgo de carencia de fundamento o de asidero a que nos lanza de inmediato la etimología del vocablo. Infundio es carencia de fundamento, y sólo el hombre es el "fundamento sin fundamento de los valores", melancolía ontológica. La melancolía es el reflejo psicológico de nuestra constitución ontológica, de la estructura precaria de nuestro ser, que es fundamento de su nada y no de su ser. La melancolía es más originaria que la angustia, hállase en su base, pues ésta nos pone en trance de perdernos o precavernos precisamente porque la melancolía nos revela como seres de infundios, como enfermos de la imaginación. La melancolía traduce también la movilidad del ser, lo perecedero de toda cosa, el mudar y devenir sin esperanzas de una postrema salvación en la fundamentación. Por la melancolía se adivina o presiente del lado del objeto la incurable movilidad del ente. La libertad es el fundamento sin fundamento de los valores, el infundio fundamental que nos enferma de melancolía. Y en el mexicano esta melancolía forma el fondo sin fondo de su ser, la nada en que reposa.

La melancolía como fenómeno psicológico es sólo posible si suponemos al hombre como fundamento de su nada y no de su ser, en una palabra, si vemos en el hombre un ser que sueña o imagina. El melancólico está encerrado en sus moradas interiores, y ahí hace surgir a la vida de la imaginación mil mundos a los que confiere valor y sentido pero nunca pierde de vista que esos mundos reposan en una nada, están en vilo sobre la nada, y este saber del infundio del mundo, es justamente lo que solemos llamar melancolía.[6] Hombres que han proyectado un mundo, que inclusive lo han realizado, viene un momento en que vuelven la mirada a los fundamentos o cimientos de esas construcciones y hallándolas en la imaginación, entran entonces en una incurable desazón, en un inevitable desasosiego de hallar para los edificios humanos basamentos deleznables. Los hombres de los grandes imperios han sido justamente los más vocados a la melancolía. En el inglés es casi el sentimiento nacional, imperial, en el romano basta referirse a los escritos de un Lucrecio. Todo lo humano reposa en "naderías", en ardientes o frías imaginerías, y toda imagen es sutil secreción de esa nada que es el hombre. El misterio de la imaginación colinda con el de la nada y éste con el del hombre. La melancolía expresa la íntima trabazón entre el hombre, la nada y el sueño.

Hay para el mexicano la posibilidad, siempre abierta de que el mundo se le presente como "amigo" o como "enemigo", como un peligro o como un auxiliar, como una amenaza o como una ayuda. Estas categorías valen para lo que se ha llamado la actitud política. Para el político el ser aparece ante todo con el aspecto neutro de lo que ulteriormente se revelará como lo amigo o enemigo. El mexicano dice el doctor Ramos se interesa por las situaciones de poder, y de aquí deduce un síntoma de su sentimiento de inferioridad. Y no hay que extrañarse de que se preocupe por las constelaciones del poder, ya que el mundo se le aparece primariamente como incógnita por despejar entre amigos y enemigos, como maniqueísmo político.

Ese estado neutro del ser que no deja ver su rostro de destruible o resistente, de frágil o de invulnerable, sólo es posible si el hombre se despega de las cosas en la libertad y se afecta de la "zozobra". La "zozobra" es el estado en que nos hallamos cuando el mundo nos oculta su cara frágil o destruible. Cuando no sabernos si se nos vendrá encima una amenaza o se nos acogerá en un asilo. En la zozobra se está en suspenso, se oscila, como claramente lo avisa la etimología de la palabra: *sub-supra,* se afecta al mundo de indefinición y nos afectamos también de indeterminación. Estamos a merced de lo que venga, somos constitutivamente frágiles, nos hemos hechos frágiles, al elegir al mundo como amago, como amenaza, como asedio. Toda destrucción plantea por esencia la posibilidad de una resistencia. Toda protección la posibilidad de una fragilidad. Para el que busca proteger el ser, éste se le aparece como frágil; para el que busca destruirlo como resistente. Hay siempre que saber a qué atenerse, pero la convicción de que nunca podernos saber a qué atenernos es el desasosiego, la zozobra. En la destrucción nos dirigimos al ser para revelarlo como frágil o como resistente. Pero esta fragilidad o resistencia nos está vedada. Lo dado me aparece primaria, originariamente, en un estado de expectante indiferencia. Es la actitud del animal antes de saltar sobre su presa, el interés por las situaciones de poder, por el predominio. El mexicano es "huraño", "retraído", pronto a saltar o a defenderse. Tal actitud es inexplicable si no se supone que el ser le parece como indiferente, y que sólo un "accidente" que no domina le traerá la calma y la confianza, o la destrucción y la muerte. Ante el mundo como un "amigo" o como un "enemigo", y ello de modo imprevisible, en zozobra.

En la interrogación se tiene la intuición revelante del no ser. Pero antes de interrogar al ser existente una familiaridad preinterrogativa con el ser y con el no ser. Estar en el mundo es a la vez estar lanzado hacia el ser y hacia el no ser. Estamos abiertos al campo entero de la experiencia y en ese campo hállanse situados los lagos del no ser. La experiencia se nos aparece como neutra frente al ser o al no ser. Sólo pasos ulteriores podrán develárnosla como ser o como no ser. Esta oscilación entre el ser y la nada es lo que se llama el "accidente". El ser tiene siempre algo de franco, la nada también. Pero el accidente se oculta y se nos huye. No sabemos a qué atenemos. Esta neutralidad no tiene por qué ser amenazante sino es que previamente la conciencia a que se ofrece se ha afectado de fragilidad, se ha abierto a la zozobra. Sólo cuando la conciencia vive en zozobra puede temer de esa neutralidad un amago. En una conciencia simplemente, no cualificada de fragilidad, la neutralidad es la condición misma de su penetración en lo real.

Hemos llegado así a partir de un análisis de la estructura caracterológica del mexicano a su constitución ontológica. Ontológicamente la fragilidad y la zozobra nos revelan como accidente. Esta entrañable constitución aflora también en ese sentimiento radical de inseguridad y de mudanza que afecta todas nuestras cosas. La accidentalidad es insuficiente frente a la substancia, es ser precario frente al ser masivo y compacto de la subsistencia. Es lo que ha expresado López Velarde al hablar de nuestro "vivir al día", y es él también el que ha puesto en el centro de su poesía la fragilidad y la zozobra. El análisis pues de nuestro carácter ha patentizado de modo inequívoco ciertas deficiencias e insuficiencias. Pero ¿qué pasa con la inferioridad? ¿La insuficiencia del accidente es ya inferioridad? En modo alguno. La inferioridad supone la insuficiencia, pero no vale la proposición inversa. A partir de la insuficiencia podemos elegir la inferioridad. La inferioridad es una de las posibilidades de la insuficiencia, no la única, y desde luego no la posibilidad que Heidegger calificaría de auténtica.

Ontológicamente la inferioridad es el proyecto de ser salvado por los otros, de descargar en los demás la tarea de justificar nuestra existencia, de sacarnos de la zozobra, de dejar que los otros decidan por nosotros. Para que tal proyecto pueda realizarse es menester que previamente dotemos a los demás de una justificación ilimitada. Y es lo que acontece precisamente cuando descansamos en la decisión ajena. Dejar que nuestra vida la hagan los otros es poner en sus manos todos los certificados posibles de justificación, concebir que los otros hacen siempre bien las cosas, que no están abiertos en el horizonte del accidente, que saben siempre a qué atenerse. Es la situación "normal" del niño frente a sus padres. Por eso dice el doctor Ramos que en el momento de la Conquista es cuando se elige el complejo de inferioridad ya que frente a la cultura europea hacíamos papel de niños. Pero la explicación no nos satisface del todo. Hay una dimensión más profunda en el sentimiento de inferioridad. Los padres no sólo figuran como seres justificados, sino absolutamente justificados. Esto lo ha visto con toda claridad Jean Paul Sartre. Ser absolutamente justificado no puede decirse sino de Dios, y en el complejo de inferioridad, en el proyecto de ser salvado por los otros, existe la transferencia de propiedades que sólo pertenecen al en-sí-para-sí, a la aseidad, hacia el ser para otro. En terminología religiosa: en la inferioridad hay una idolatría; una voluntad de hacer del otro una existencia absolutamente justificada. Según Sartre el hombre es fundamentalmente deseo de ser Dios. La transferencia de esta dirección hacia la persona del otro, es justamente inferioridad. Se es inferior en la medida en que se es idólatra. La confusión entre hombres y dioses que está en el origen de nuestra conquista abrió ya las posibilidades de una elección del complejo de inferioridad. Si el ser propio es carencia, injustificación, resulta imposible que por sí mismo genere o haga nacer la justificación de que está necesitado, en consecuencia verá en el prójimo, en el otro, el depositario del ser y por tanto su donador. Por definición los otros tienen el ser. Al analizarme puedo descubrirme como accidente, pero no puedo hablar del otro como si también fuera un accidente. No. Al otro se le dota de una consistencia masiva, se le arranca de la zozobra y se le coloca suavemente en la subsistencia. El hombre que padece complejo de inferioridad no podrá decir como López Velarde "que nuestras vidas son péndulos", es decir que se unifican en un proyecto de zozobra. Una de esas vidas no oscila sino que está detenida en la absoluta justificación de la aseidad, no es accidente es substancia.

De esta elección de ser salvado por los otros surgirá toda una complicada serie de prácticas encaminadas a propiciar la entrega de la justificación. La imitación en particular será el artificio que mimará la posesión. Una cultura de imitación es una cultura de reposo en el proyecto fundamental de ser salvado por los otros. Imitar es propiciar, ganar una mirada favorable. A la cultura de imitación se opone la cultura de la insuficiencia creadora de quien ha renunciado ya a ser salvado por los otros y que se arriesga por sus propios caminos en busca de una justificación.

Si el mexicano inferior es fundamentalmente un intento de ser salvado por los otros, si se ha elegido como accidente que está referido inevitablemente a una aseidad, si se ha elegido como una contingencia lanzada sobre una necesidad; una realidad injustificada sobre una realidad que tiene arreglados sus derechos con la justificación, entonces la dialéctica de un tal ser estará presidida por la búsqueda de la substancia en que ha concretado la aseidad que ha de salvarlo. Así, el mexicano, es, en sus últimos tiempos, una elección de accidente en la substancia india. El indigenismo es el último de nuestros proyectos de justificación inferior. Cuando el europeo ve al mestizo no se tropieza con nada, atraviesa ese vacío y sólo se detiene en lo indio que lo fascina.[7] El mestizo que se ha dado cuenta de esta situación tiene ya arreglados sus asuntos: avanzará hacia la mirada europea dando la cara de su substancia india para ser salvado como accidente de esa substancia. El mestizo es un accidente del indio, una nada adherida al ser-en-sí del indio, que al ser amado, justificado, por el europeo o el norteamericano, recibirá también justificación. El mestizo reivindica lo indio, lo pone por delante, y hace burla, de todos aquellos que a la mirada ajena anteponen otra cosa que no sea lo indio: ha sabido dar por fin con la substancia a que ligará su suerte. Cuando las reliquias indias pasean fascinando a los norteamericanos el mestizo se siente justificado; entonces quisiera que todo se transformara en producto indígena, que toda su vida fuera un bloque compacto de manera india de ver el mundo. Toda revolución que se hace a nombre del indio, política o artística, lleva larvada la inconfesada intención de salvar al mestizo. En este caso el indígena sirve de asidero, de substancia y de substancia que reflejará, que irradiará hasta lo mestizo su atmósfera de justificación. Sólo lo indio ha logrado adquirir cotización universal, la cultura mestiza no ha tramontado sus horizontes regionales. De ahí la elección de lo indio como realidad que ha de salvar al mestizo, de ahí la perpetuación del complejo de inferioridad del mestizo al hacerse indigenista. Tan frustráneo es este proyecto de salvación como el del "malinchista". Para éste lo español es el ámbito de lo que por definición excluye al accidente. Hace poco un amigo nos sostenía que un "accidente", acaecido en una corrida, era imposible que hubiera sucedido en España. Para nuestro amigo España figuraba como exclusión absoluta del accidente; sentía con vigorosa peculiaridad que en lo nuestro hay accidentalidad, y elegía transportar a España la justificación absoluta por exclusión del accidente. Tanto el "indigenista" como el "malinchista", son mestizos que no quieren quedarse solos; que echan en los hombros de otro la tarea de justificar su propia existencia. Pero el mestizo ha de quedarse solo, como López Velarde, abrirse resueltamente al horizonte de la zozobra y de la accidentalidad.

La desgana, la dignidad, la melancolía y la zozobra nos abren al campo o al pozo, mejor, de nuestras posibilidades existenciales; nos desembozan o descubren el proyecto fundamental; la libre unificación que hemos de dar a las cosas del mundo, pero no para cegar con premura ese pozo, sino para mantenerse ahí, para abrevar infatigablemente en ese manadero de las posibilidades más originarias. El peligro es justamente cerrarse al camino hacia lo originario, dejar que una cicatrización nos engañe y oculte la sangre viva que corre por abajo nutriendo aún escorias y vendas. El secreto de un proyecto fundamental hállase justamente en la repetición. Repetir es reabrir en el sentido en que se dice necesario deshacer, "raspar", una cicatrización inconveniente para dejar a la herida nuevamente en el libre juego de sus posibilidades. Con esta reapertura dejamos a la propia vida, accidental y zozobrante, inmensa en sus posibilidades originarias, la hacemos acceder a sus propias fuentes y ahí la mantenemos y alimentamos. La inferioridad es una insuficiencia que ha renunciado a sus orígenes, que se ha extraviado y busca encubrir las exigencias que impone una decisión propia en el elemento de la zozobra y de la accidentalidad. ¿Qué haremos en la zozobra? ¿Qué levantaremos sobre el accidente? ¿Cómo escapar a la proximidad de muerte y zozobra? El mantenerse en lo accidental ¿nos arrebata toda posibilidad de acción? Estos temas no pertenecen ya propiamente a la ontología sino a la moral. No es aquí lugar de hablar de ellos.

# Los hijos de la Malinche

OCTAVIO PAZ

La extrañeza que provoca nuestro hermetismo ha creado la leyenda del mexicano, ser insondable. Nuestro recelo provoca el ajeno. Si nuestra cortesía atrae, nuestra reserva hiela. Y las inesperadas violencias que nos desgarran, el esplendor convulso o solemne de nuestras fiestas, el culto a la muerte, acaban por desconectar al extranjero. La sensación que causamos no es diversa a la que producen los orientales. También ellos, chinos, indostanos o árabes, son herméticos e indescifrables. También ellos arrastran en andrajos un pasado todavía vivo. Hay un misterio mexicano como hay un misterio amarillo y uno negro. El contenido concreto de esas representaciones depende de cada espectador. Pero todos coinciden en hacerse de nosotros una imagen ambigua, cuando no contradictoria: no somos gente segura y nuestras respuestas como nuestros silencios son imprevisibles, inesperados. Traición y lealtad, crimen y amor, se agazapan en el fondo de nuestra mirada. Atraemos y repelemos.

---

El genio literario de Octavio Paz (1914-1998) fue capaz de sintetizar en *El laberinto de la soledad,* publicado exactamente a la mitad de su siglo, todas las ideas que se habían ido tejiendo en torno de la identidad nacional del mexicano. Para entonces, las formas degradadas de la definición de "lo mexicano" se han popularizado extraordinariamente y se han vuelto un lugar común donde se mezclan el psicologismo positivista, la liviandad filosófica, las pasiones populistas y la charlatanería intelectual. El libro de Paz es el deslumbrante rescate de la tradición y el punto más alto del proceso de invención de una anatomía nacional. Como una invitación a releer el libro de Paz, incluimos un significativo capítulo.

No es difícil comprender los orígenes de esta actitud. Para un europeo, México es un país al margen de la historia universal. Y todo lo que se encuentra alejado del centro de la sociedad aparece como extraño e impenetrable. Los campesinos, remotos, ligeramente arcaicos en el vestir y el hablar, parcos, amantes de expresarse en formas y fórmulas tradicionales, ejercen siempre una fascinación sobre el hombre urbano. En todas partes representan el elemento más antiguo y secreto de la sociedad. Para todos, excepto para ellos mismos, encarnan lo oculto, lo escondido y que no se entrega sino difícilmente, tesoro enterrado, espiga que madura en las entrañas terrestres, vieja sabiduría escondida entre los pliegues de la tierra.

La mujer, otro de los seres que viven aparte, también es figura enigmática. Mejor dicho, es el Enigma. A semejanza del hombre de raza o nacionalidad extraña, incita y repele. Es la imagen de la fecundidad, pero asimismo de la muerte. En casi todas las culturas las diosas de la creación son también deidades de destrucción. Cifra viviente de la extrañeza del universo y de su radical heterogeneidad, la mujer ¿esconde la muerte o la vida?, ¿en qué piensa?, ¿piensa acaso?, ¿siente de veras?, ¿es igual a nosotros? El sadismo se inicia como venganza ante el hermetismo femenino o como tentativa desesperada para obtener una respuesta de un cuerpo que tememos insensible. Porque, como dice Luis Cernuda, "el deseo es una pregunta cuya respuesta no existe". A pesar de su desnudez —redonda, plena— en las formas de la mujer siempre hay algo que desvelar:

> Eva y Cipris concentran el misterio
> del corazón del mundo.

Para Rubén Darío, como para todos los grandes poetas, la mujer no es solamente un instrumento de conocimiento, sino el conocimiento mismo. El conocimiento que no poseeremos nunca, la suma de nuestra definitiva ignorancia: el misterio supremo.

Es notable que nuestras representaciones de la clase obrera no estén teñidas de sentimientos parecidos, a pesar de que también vive alejada del centro de la sociedad, inclusive físicamente, recluida en barrios y ciudades especiales. Cuando un novelista contemporáneo introduce un personaje que simboliza la salud o la destrucción, la fertilidad o la muerte, no escoge, como podría esperarse, a un obrero —que encierra en su figura la muerte de la vieja sociedad y el nacimiento de otra—. D. H. Lawrence, que es uno de los críticos más violentos y profundos del mundo moderno, describe en casi todas sus obras las virtudes que harían del hombre fragmentario de nuestros días un hombre de verdad, dueño de una visión total del mundo. Para encarnar esas virtudes crea personajes de razas antiguas y no-europeas. O inventa la figura de Mellors, un guardabosque, un hijo de la tierra. Es posible que la infancia de Lawrence, transcurrida entre las minas de carbón inglesas, explique esta deliberada ausencia. Es sabido que detestaba a los obreros tanto como a los burgueses. Pero ¿cómo explicar que en todas las grandes novelas revolucionarias tampoco aparezcan los proletarios como héroes, sino como fondo? En todas ellas el héroe es siempre el aventurero, el intelectual o el revolucionario profesional. El hombre aparte, que ha renunciado a su clase, a su origen o a su patria. Herencia del romanticismo, sin duda, que hace del héroe un ser antisocial. Además, el obrero es demasiado reciente. Y se parece a sus señores: todos son hijos de la máquina.

El obrero moderno carece de individualidad. La clase es más fuerte que el individuo y la persona se disuelve en lo genérico. Porque ésa es la primera y más grave mutilación que sufre el hombre al convertirse en asalariado industrial. El capitalismo lo despoja de su naturaleza humana —lo que no ocurrió con el siervo— puesto que reduce todo su ser a fuerza de trabajo, transformándolo por este solo hecho en objeto. Y como a todos los objetos, en mercancía, en cosa susceptible de compra y venta. El obrero pierde, bruscamente y por razón misma de su estado social, toda relación humana y concreta con el mundo: ni son suyos los útiles que emplea, ni es suyo el fruto de su esfuerzo. Ni siquiera lo ve. En realidad no es un obrero, puesto que no hace obras o no tiene conciencia de las que hace, perdido en un aspecto de la producción. Es un trabajador, nombre abstracto, que no designa una tarea determinada, sino una función. Así, no lo distingue de los otros hombres su obra, como acontece con el médico, el ingeniero o el carpintero. La abstracción que lo califica —el trabajo medido en tiempo— no lo separa, sino lo liga a otras abstracciones. De ahí su ausencia de misterio, de problematicidad, su transparencia, que no es diversa a la de cualquier instrumento.

La complejidad de la sociedad contemporánea y la especialización que requiere el trabajo extienden la condición abstracta del obrero a otros grupos sociales. Vivimos en un mundo de técnicos, se dice. A pesar de las diferencias de salarios y de nivel de vida, la situación de estos técnicos no difiere esencialmente de la de los obreros: también son asalariados y tampoco tienen conciencia de la obra que realizan. El gobierno de los técnicos, ideal de la sociedad contemporánea, sería así el gobierno de los instrumentos. La función substituiría al fin; el medio, al creador. La sociedad marcharía con eficacia, pero sin rumbo. Y la repetición del mismo gesto, distintiva de la máquina, llevaría a una forma desconocida de la inmovilidad: la del mecanismo que avanza de ninguna parte hacia ningún lado.

Los regímenes totalitarios no han hecho sino extender y generalizar, por medio de la fuerza o de la propaganda, esta condición. Todos los hombres sometidos a su imperio la padecen. En cierto sentido se trata de una transposición a la esfera social y política de los sistemas económicos del capitalismo. La producción en masa se logra a través de la confección de piezas sueltas que luego se unen en talleres especiales. La propaganda y la acción política totalitaria —así como el terror y la represión— obedecen al mismo sistema. La propaganda difunde verdades incompletas, en serie y por piezas sueltas. Más tarde esos fragmentos se organizan y se convierten en teorías políticas, verdades absolutas para las masas. El terror obedece al mismo principio. La persecución comienza contra grupos aislados —razas, clases, disidentes, sospechosos—, hasta que gradualmente alcanza a todos. Al iniciarse, una parte del pueblo contempla con indiferencia el exterminio de otros grupos sociales o contribuye a su persecución, pues se exasperan los odios internos. Todos se vuelven cómplices y el sentimiento de culpa se extiende a toda la sociedad. El terror se generaliza: ya no hay sino persecutores y perseguidos. El persecutor, por otra parte, se transforma muy fácilmente en perseguido. Basta una vuelta de la máquina política. Y nadie escapa a esta dialéctica feroz, ni los dirigentes.

El mundo del terror, como el de la producción en serie, es un mundo de cosas, de útiles. (De ahí la vanidad de la disputa sobre la validez histórica del terror moderno.) Y los útiles nunca son misteriosos o enigmáticos, pues el misterio proviene de la indeterminación del ser o del objeto que lo contiene. Un anillo misterioso se desprende inmediatamente del género anillo; adquiere vida propia, deja de ser un objeto. En su forma yace, escondida, presta a saltar, la sorpresa. El misterio es una fuerza o una virtud oculta, que no nos obedece y que no sabemos a qué hora y cómo va a manifestarse. Pero los útiles no esconden nada, no nos preguntan nada y nada nos responden. Son inequívocos y transparentes. Meras prolongaciones de nuestras manos, no poseen más vida que la que nuestra voluntad les otorga. Nos sirven; luego, gastados, viejos, los arrojamos sin pensar al cesto de la basura, al cemento de automóviles, al campo de concentración. O los cambiamos a nuestros aliados o enemigos por otros objetos.

Todas nuestras facultades, y también todos nuestros defectos, se oponen a esta concepción del trabajo como esfuerzo impersonal, repetido en iguales y vacías porciones de tiempo: la lentitud y cuidado en la tarea, el amor por la obra y por cada uno de los detalles que la componen, el buen gusto, innato ya, a fuerza de ser herencia milenaria. Si no fabricamos productos en serie, sobresalimos en el arte difícil, exquisito e inútil de vestir pulgas. Lo que no quiere decir que el mexicano sea incapaz de convertirse en lo que se llama un buen obrero. Todo es cuestión de tiempo. Y nada, excepto un cambio histórico cada vez más remoto e impensable, impedirá que el mexicano deje de ser un problema, un ser enigmático, y se convierta en una abstracción más.

Mientras llega ese momento, que resolverá —aniquilándolas— todas nuestras contradicciones, debo señalar que lo extraordinario de nuestra situación reside en que no solamente somos enigmáticos ante los extraños, sino ante nosotros mismos. Un mexicano es un problema siempre, para otro mexicano y para sí mismo. Ahora bien, nada más simple que reducir todo el complejo grupo de actitudes que nos caracteriza —y en especial la que consiste en ser un problema para nosotros mismos— a lo que se podría llamar "moral de siervo", por oposición no solamente a la "moral de señor", sino a la moral moderna, proletaria o burguesa.

La desconfianza, el disimulo, la reserva cortés que cierra el paso al extraño, la ironía, todas, en fin, las oscilaciones psíquicas con que al eludir la mirada ajena nos eludimos a nosotros mismos, son rasgos de gente dominada, que teme y que finge frente al señor. Es revelador que nuestra intimidad jamás aflore de manera natural, sin el acicate de la fiesta, el alcohol o la muerte. Esclavos, siervos y razas sometidas se presentan siempre recubiertos por una máscara, sonriente o adusta. Y únicamente a solas, en los grandes momentos, se atreven a manifestarse tal como son. Todas sus relaciones están envenenadas por el miedo y el recelo. Miedo al señor, recelo ante sus iguales. Cada uno observa al otro, porque cada compañero puede ser también un traidor. Para salir de sí mismo el siervo necesita saltar barreras, embriagarse, olvidar su condición. Vivir a solas, sin testigos. Solamente en la soledad se atreve a ser.

La indudable analogía que se observa entre ciertas de nuestras actitudes y las de los grupos sometidos al poder de un amo, una casta o un Estado extraño, podría resolverse en esta afirmación: el carácter de los mexicanos es un producto de las circunstancias sociales imperantes en nuestro país; la historia de México, que es la historia de esas circunstancias, contiene la respuesta a todas las preguntas. La situación del pueblo durante le período colonial sería así la raíz de nuestra actitud cerrada e inestable. Nuestra historia como nación independiente contribuiría también a perpetuar y hacer más neta esta psicología servil, puesto que no hemos logrado suprimir la miseria popular ni las exasperantes diferencias sociales, a pesar de siglo y medio de luchas y experiencias constitucionales. El empleo de la violencia como recurso dialéctico, los abusos de autoridad de los poderosos —vicio que no ha desaparecido todavía— y finalmente el escepticismo y la resignación del pueblo, hoy más visibles que nunca debido a las sucesivas desilusiones postrevolucionarias, completarían esta explicación histórica.

El defecto de interpretaciones como la que acabo de bosquejar reside, precisamente, en su simplicidad. Nuestra actitud ante la vida no está condicionada por los hechos históricos, al menos de la manera rigurosa con que en el mundo de la mecánica la velocidad o la trayectoria de un proyectil se encuentra determinada por un conjunto de factores conocidos. Nuestra actitud vital —que es un factor que nunca acabaremos de conocer totalmente, pues cambio e indeterminación son las únicas constantes de su ser— también es historia. Quiero decir, los hechos históricos no son nada más hechos, sino que están teñidos de humanidad, esto es, de problematicidad. Tampoco son el mero resultado de otros hechos, que los causan, sino de una voluntad singular, capaz de regir dentro de ciertos límites su fatalidad. La historia no es un mecanismo y las influencias entre los diversos componentes de un hecho histórico son recíprocas, como tantas veces se ha dicho. Lo que distingue a un hecho histórico de los otros hechos es su carácter histórico. O sea, que es por sí mismo y en sí mismo una unidad irreductible a otras. Irreductible e inseparable. Un hecho histórico no es la suma de los llamados factores de la historia, sino una realidad indisoluble. Las circunstancias históricas explican nuestro carácter en la medida que nuestro carácter también las explica a ellas. Ambas son lo mismo. Por eso toda explicación puramente histórica es insuficiente —lo que no equivale a decir que sea falsa.

Basta una observación para reducir a sus verdaderas proporciones la analogía entre la moral de los siervos y la nuestra: las reacciones habituales del mexicano no son privativas de una clase, raza o grupo aislado, en situación de inferioridad. Las clases ricas también se cierran al mundo exterior y también se desgarran cada vez que intentan abrirse. Se trata de una actitud que rebasa las circunstancias históricas, aunque se sirve de ellas para manifestarse y se modifica a su contacto. El mexicano, como todos los hombres, al servirse de las circunstancias las convierte en materia plástica y se funde a ellas. Al esculpirlas, se esculpe.

Si no es posible identificar nuestro carácter con el de los grupos sometidos, tampoco lo es negar su parentesco. En ambas situaciones el individuo y el grupo luchan, simultánea y contradictoriamente, por ocultarse y revelarse. Mas una diferencia nos separa. Siervos, criados o razas víctimas de un poder extraño cualquiera (los negros norteamericanos, por ejemplo) entablan un combate con una realidad concreta. Nosotros, en cambio, luchamos con entidades imaginarias, vestigios del pasado o fantasmas engendrados por nosotros mismos. Esos fantasmas y vestigios son reales, al menos para nosotros. Su realidad es de orden sutil y atroz, porque es una realidad fantasmagórica. Son intocables e invencibles, ya que no están fuera de nosotros, sino en nosotros mismos. En la lucha que sostiene contra ellos nuestra voluntad de ser, cuentan con un aliado secreto y poderoso: nuestro miedo a ser. Porque todo lo que es el mexicano actual, como se ha visto, puede reducirse a esto: el mexicano no quiere o no se atreve a ser él mismo.

En muchos casos estos fantasmas son vestigios de realidades pasadas. Se originaron en la Conquista, en la Colonia, en la Independencia o en las guerras sostenidas contra los yanquis y franceses. Otros reflejan nuestros problemas actuales, pero de una manera indirecta, escondiendo o disfrazando su verdadera naturaleza. ¿Y no es extraordinario que, desaparecidas las causas, persistan los efectos? ¿Y que los efectos oculten a las causas? En esta esfera es imposible escindir causas y efectos. En realidad, no hay causas y efectos, sino un complejo de reacciones y tendencias que se penetran mutuamente. La persistencia de ciertas actitudes y la libertad e independencia que asumen frente a las causas que las originaron, conduce a estudiarlas en la carne viva del presente y no en los textos históricos.

En suma, la historia podrá esclarecer el origen de muchos de nuestros fantasmas, pero no los disipará. Sólo nosotros podemos enfrentarnos a ellos. O dicho de otro modo: la historia nos ayuda a comprender ciertos rasgos de nuestro carácter, a condición de que seamos capaces de aislarlos y denunciarlos previamente. Nosotros somos los únicos que podemos contestar a las preguntas que nos hacen la realidad y nuestro propio ser.

En nuestro lenguaje diario hay un grupo de palabras prohibidas, secretas, sin contenido claro, y a cuya mágica ambigüedad confiamos la expresión de las más brutales o sutiles de nuestras emociones o reacciones. Palabras malditas, que sólo pronunciamos en voz alta cuando no somos dueños de nosotros mismos. Confusamente reflejan nuestra intimidad: las explosiones de nuestra vitalidad las iluminan y las depresiones de nuestro amino las oscurecen. Lenguaje sagrado, como el de los niños, la poesía y las sectas. Cada letra y cada sílaba están animadas de una vida doble, al mismo tiempo luminosa y obscura, que nos revela y oculta. Palabras que no dicen nada y dicen todo. Los adolescentes, cuando quieren presumir de hombres, las pronuncian con voz ronca. Las repiten las señoras, ya para significar su libertad de espíritu, ya para mostrar la verdad de sus sentimientos. Pues estas palabras son definitivas, categóricas, a pesar de su ambigüedad y de la facilidad con que varía su significado. Son las malas palabras, único lenguaje vivo en un mundo de vocablos anémicos. La poesía al alcance de todos.

Cada país tiene la suya. En la nuestra, en sus breves y desgarradas, agresivas, chispeantes sílabas, parecidas a la momentánea luz que arroja el cuchillo cuando se le descarga contra un cuerpo opaco y duro, se condensan todos nuestros apetitos, nuestras iras, nuestros entusiasmos y los anhelos que pelean en nuestro fondo, inexpresados. Esa palabra es nuestro santo y seña. Por ella y en ella nos reconocemos entre extraños y a ella acudimos cada vez que aflora a nuestros labios la condición de nuestro ser. Conocerla, usarla, arrojándola al aire como un juguete vistoso o haciéndola vibrar como un arma afilada, es una manera de afirmar nuestra mexicanidad.

Toda la angustiosa tensión que nos habita se expresa en una frase que nos viene a la boca cuando la cólera, la alegría o el entusiasmo nos llevan a exaltar nuestra condición de mexicanos: ¡Viva México, hijos de la Chingada! Verdadero grito de guerra, cargado de electricidad particular, esta frase es un reto y una afirmación, un disparo, dirigido contra un enemigo imaginario, y una explosión en el aire. Nuevamente, con cierta patética y plástica fatalidad, se presenta la imagen del cohete que sube al cielo, se dispersa en chispas y cae obscuramente. O la del aullido en que terminan nuestras canciones, y que posee la misma ambigua resonancia: alegría rencorosa, desgarrada afirmación que se abre el pecho y se consume a sí misma.

Con ese grito, que es de rigor gritar cada 15 de septiembre, aniversario de la Independencia, nos afirmamos y afirmamos a nuestra patria, frente, contra y a pesar de los demás. ¿Y quiénes son los demás? Los demás son los "hijos de la Chingada": los extranjeros, los malos mexicanos, nuestros enemigos, nuestros rivales. En todo caso, los *otros*. Esto es, todos aquellos que no son lo que nosotros somos. Y esos otros no se definen sino en cuanto hijos de una madre tan indeterminada y vaga como ellos mismos.

¿Quién es la Chingada? Ante todo, es la Madre. No una Madre de carne y hueso, sino una figura mítica. La Chingada es una de las representaciones mexicanas de la Maternidad, como la Llorona o la "sufrida madre mexicana" que festejamos el 10 de mayo. La Chingada es la madre que ha sufrido, metafórica o realmente, la acción corrosiva e infamante implícita en el verbo que le da nombre. Vale la pena detenerse en el significado de esta voz.

En *Anarquía del lenguaje en la América española*, Darío Rubio examina el origen de esta palabra y enumera las significaciones que le prestan casi todos los pueblos hispanoamericanos. Es probable su procedencia azteca: *chingaste* es *xinatli* (semilla de hortaliza) o *xinaxtli* (aguamiel fermentada). La voz y sus derivados se usan, en casi toda América y en algunas regiones de España, asociados a las bebidas, alcohólicas o no: *chingaste* son los residuos o heces que quedan en el vaso, en Guatemala y El Salvador; en Oaxaca llaman *chingaditos* a los restos de café; en todo México se llama *chinguere* —o, significativamente, *piquete*— al alcohol; en Chile, Perú y Ecuador la *chingana* es la taberna; en España *chingar* equivale a beber mucho, a embriagarse; y en Cuba, un *chinguirito* es un trago de alcohol.

*Chingar* también implica la idea de fracaso. En Chile y Argentina se chinga un petardo, "cuando no revienta, se frustra o sale fallido". Y las empresas que fracasan, las fiestas que se aguan, las acciones que no llegan a su término, se chingan. En Colombia, *chingarse* es llevarse un chasco. En el Plata un vestido desgarrado es un vestido chingado. En casi todas partes *chingarse* es salir burlado, fracasar. *Chingar*, asimismo, se emplea en algunas partes de Sudamérica como sinónimo de molestar, zaherir, burlar. Es un verbo agresivo, como puede verse por todas estas significaciones: descolar a los animales, incitar o hurgar a los gallos, chunguear, chasquear, perjudicar, echar a perder, frustrar.

En México los significados de la palabra son innumerables. Es una voz mágica. Basta un cambio de tono, una inflexión apenas, para que el sentido varíe. Hay tantos matices como entonaciones: tantos significados como sentimientos. Se puede ser un chingón, un Gran Chingón (en los negocios, en la política, en el crimen, con las mujeres), un chingaquedito (silencioso, disimulado, urdiendo tramas en la sombra, avanzando cauto para dar el mazazo), un chingoncito. Pero la pluralidad de significaciones no impide que la idea de agresión —en todos sus grados, desde el simple de incomodar, picar, zaherir, hasta el de violar, desgarrar y matar— se presente siempre como significado último. El verbo denota violencia, salir de sí mismo y penetrar por la fuerza en otro. Y también, herir, rasgar, violar —cuerpos, almas, objetos—, destruir. Cuando algo se rompe, decimos: "se chingó". Cuando alguien ejecuta un acto desmesurado y contra las reglas, comentamos: "hizo una chingadera".

La idea de romper y de abrir reaparece en casi todas las expresiones. La voz está teñida de sexualidad, pero no es sinónima del acto sexual; se puede chingar a una mujer sin poseerla. Y cuando se alude al acto sexual, la violación o el engaño le prestan un matiz particular. El que chinga jamás lo hace con el consentimiento de la chingada. En suma, chingar es hacer violencia sobre otro. Es un verbo masculino, activo, cruel: pica, hiere, desgarra, mancha. Y provoca una amarga, resentida satisfacción en el que lo ejecuta.

Lo chingado es lo pasivo, lo inerte y abierto, por oposición a lo que chinga, que es activo, agresivo y cerrado. El chingón es el macho, el que abre. La chingada, la hembra, la pasividad pura, inerme ante el exterior. La relación entre ambos es violenta, determinada por el poder cínico del primero y la impotencia de la otra. La idea de violación rige obscuramente todos los significados. La dialéctica de "lo cerrado" y "lo abierto" se cumple así con precisión casi feroz.

El poder mágico de la palabra se intensifica por su carácter prohibido. Nadie la dice en público. Solamente un exceso de cólera, una emoción o el entusiasmo delirante, justifican su expresión franca. Es una voz que sólo se oye entre hombres, o en las grandes fiestas. Al gritarla, rompemos un velo de pudor, de silencio o de hipocresía. Nos manifestamos tales como somos de verdad. Las malas palabras hierven en nuestro interior, como hierven nuestros sentimientos. Cuando salen, lo hacen brusca, brutalmente, en forma de alarido, de reto, de ofensa. Son proyectiles o cuchillos. Desgarran.

Los españoles también abusan de las expresiones fuertes. Frente a ellos el mexicano es singularmente pulcro. Pero mientras los españoles se complacen en la blasfemia y la escatología, nosotros nos especializamos en la crueldad y el sadismo. El español es simple: insulta a Dios porque cree en él. La blasfemia, dice Machado, es una oración al revés. El placer que experimentan muchos españoles, incluso algunos de sus más altos poetas, al aludir a los detritus y mezclar la mierda con lo sagrado se parece un poco al de los niños que juegan con lodo. Hay, además del resentimiento, el gusto por los contrastes, que ha engendrado el estilo barroco y el dramatismo de la gran pintura española. Sólo un español puede hablar con autoridad de Onán y Don Juan. En las expresiones mexicanas, por el contrario, no se advierte la dualidad española simbolizada por la oposición de lo real y lo ideal, los místicos y los pícaros, el Quevedo fúnebre y el escatológico, sino la dicotomía entre lo cerrado y lo abierto. El verbo *chingar* indica el triunfo de lo cerrado, del macho, del fuerte, sobre lo abierto.

La palabra *chingar*, con todas estas múltiples significaciones, define gran parte de nuestra vida y califica nuestras relaciones con el resto de nuestros amigos y compatriotas. Para el mexicano la vida es una posibilidad de chingar o de ser chingado. Es decir, de humillar, castigar y ofender. O a la inversa. Esta concepción de la vida social como combate engendra fatalmente la división de la sociedad en fuertes y débiles. Los fuertes —los chingones sin escrúpulos, duros e inexorables— se rodean de fidelidades ardientes e interesadas. El servilismo ante los poderosos —especialmente entre la casta de los "políticos", esto es, de los profesionales de los negocios públicos— es una de las deplorables consecuencias de esta situación. Otra, no menos degradante, es la adhesión a las personas y no a los principios. Confrecuencia nuestros políticos confunden los negocios públicos con los privados. No importa. Su riqueza o su influencia en la administración les permite sostener una mesnada que el pueblo llama, muy atinadamente, de *lambiscones* (de lamer).

El verbo *chingar* —maligno, ágil y juguetón como un animal de presa— engendra muchas expresiones que hacen de nuestro mundo una selva: hay tigres en los negocios, águilas en las escuelas o en los presidios, leones con los amigos. El soborno se llama "morder". Los burócratas roen sus huesos (los empleos públicos). Y en un mundo de chingones, de relaciones duras, presididas por la violencia y el recelo, en el que nadie se abre ni se raja y todos quieren chingar, las ideas y el trabajo cuentan poco. Lo único que vale es la hombría, el valor personal, capaz de imponerse.

La voz tiene además otro significado, más restringido. Cuando decimos "vete a la Chingada", enviamos a nuestro interlocutor a un espacio lejano, vago e indeterminado. Al país de las cosas rotas, gastadas. País gris, que no está en ninguna parte, inmenso y vacío. Y no sólo por simple asociación fonética lo comparamos a la China, que es también inmensa y remota. La Chingada, a fuerza de uso, de significaciones contrarias y del roce de labios coléricos o entusiasmados, acaba por gastarse, agotar sus contenidos y desaparecer. Es una palabra hueca. No quiere decir nada. Es la Nada.

Después de esta digresión sí se puede contestar a la pregunta ¿qué es la Chingada? La Chingada es la Madre abierta, violada o burlada por la fuerza. El "hijo de la Chingada" es el engendro de la violación, del rapto o de la burla. Si se compara esta expresión con la española, "hijo de puta", se advierte inmediatamente la diferencia. Para el español la deshonra consiste en ser hijo de una mujer que voluntariamente se entrega, una prostituta; para el mexicano, en ser fruto de una violación.

Manuel Cabrera me hace observar que la actitud española refleja una concepción histórica y moral del pecado original, en tanto que la del mexicano, más honda y genuina, trasciende anécdota y ética. En efecto, toda mujer, aun la que se da voluntariamente, es desgarrada, chingada por el hombre. En cierto sentido todos somos, por el solo hecho de nacer de mujer, hijos de la Chingada, hijos de Eva. Más lo característico del mexicano reside, a mi juicio, en la violenta, sarcástica humillación de la Madre y en la no menos violenta afirmación del Padre. Una amiga —las mujeres son más sensibles a la extrañeza de la situación- me hacía ver que la admiración por el Padre, símbolo de lo cerrado y agresivo, capaz de chingar y abrir, se transparenta en una expresión que empleamos cuando queremos imponer a otro nuestra superioridad: "Yo soy tu padre". En suma, la cuestión del origen es el centro secreto de nuestra ansiedad y angustia. Vale la pena detenerse un poco en el sentido que todo esto tiene para nosotros.

Estamos solos. La soledad, fondo de donde brota la angustia, empezó el día en que nos desprendimos del ámbito materno y caímos en un mundo extraño y hostil. Hemos caído; y esta caída, este sabernos caídos, nos vuelve culpables. ¿De qué? De un delito sin nombre: el haber nacido. Estos sentimientos son comunes a todos los hombres y no hay en ellos nada que sea específicamente mexicano; así pues, no se trata de repetir una descripción que ya ha sido hecha muchas veces, sino de aislar algunos rasgos y emociones que iluminan con una luz particular la condición universal del hombre.

En todas las civilizaciones la imagen del Dios Padre —apenas destrona a las divinidades femeninas— se presenta como una figura ambivalente. Por una parte, ya sea Jehová, Dios Creador, o Zeus, rey de la creación, regulador cósmico, el Padre encarna el poder genérico, origen de la vida; por la otra, es el principio anterior, el Uno, de donde todo nace y adonde todo desemboca. Pero, además, es el dueño del rayo y del látigo, el tirano y el ogro devorador de la vida. Este aspecto —Jehová colérico, Dios de ira, Saturno, Zeus violador de mujeres— es el que aparece casi exclusivamente en las representaciones populares que se hace el mexicano del poder viril. El "macho" representa el polo masculino de la vida. La frase " yo soy tu padre" no tiene ningún sabor paternal, ni se dice para proteger, resguardar o conducir, sino para imponer una superioridad, esto es, para humillar. Su significado real no es distinto al del verbo *chingar* y algunos de sus derivados. El "macho" es el Gran Chingón. Una palabra resume la agresividad, impasibilidad, invulnerabilidad, uso descarnado de la violencia, y demás atributos del "macho": poder. La fuerza, pero desligada de toda noción de orden: el poder arbitrario, la voluntad sin freno y sin cauce.

La arbitrariedad añade un elemento imprevisto a la figura del "macho". Es un humorista. Sus bromas son enormes, descomunales y desembocan siempre en el absurdo. Es conocida la anécdota de aquel que, para "curar" el dolor de cabeza de un compañero de juerga, le vació la pistola en el cráneo. Cierto o no, el sucedido revela con qué inexorable rigor la lógica de lo absurdo se introduce en la vida. El "macho" hace "chingaderas", es decir, actos imprevistos y que producen la confusión, el horror, la destrucción. Abre al mundo; al abrirlo, lo desgarra. El desgarramiento provoca una gran risa siniestra. A su manera es justo: restablece el equilibrio, pone las cosas en su sitio, esto es, las reduce a polvo, miseria, nada. El humorismo del "macho" es un acto de venganza.

Un psicólogo diría que el resentimiento es el fondo de su carácter. No sería difícil percibir también ciertas inclinaciones homosexuales, como el uso y abuso de la pistola, símbolo fálico portador de la muerte y no de la vida, el gusto por las cofradías cerradamente masculinas, etc. Pero cualquiera que sea el origen de estas actitudes, el hecho es que el atributo esencial del "macho", la fuerza, se manifiesta casi siempre como capacidad de herir, rajar, aniquilar, humillar. Nada más natural, por tanto, que su indiferencia frente a la prole que engendra. No es el fundador de un pueblo; no es el patriarca que ejerce la *patria potestad*; no es rey, juez, jefe de clan. Es el poder, aislado en su misma potencia, sin relación ni compromiso con el mundo exterior. Es la incomunicación pura, la soledad que se devora a sí misma y devora lo que toca. No pertenece a nuestro mundo; no es de nuestra ciudad; no vive en nuestro barrio. Viene de lejos, está lejos siempre. Es el Extraño. Es imposible no advertir la semejanza que guarda la figura del "macho" con la del conquistador español. Ése es el modelo —más mítico que real— que rige las representaciones que el pueblo mexicano se ha hecho de los poderosos: caciques, señores feudales, hacendados, políticos, generales, capitanes de industria. Todos ellos son "machos", "chingones".

El "macho" no tiene contrapartida heroica o divina. Hidalgo, el "padre de la patria", como es costumbre llamarlo en la jerga ritual de la República, es un anciano inerme, más encarnación del pueblo desvalido frente a la fuerza que imagen del poder y la cólera del padre terrible. Entre los numerosos santos patronos de los mexicanos tampoco aparece alguno que ofrezca semejanza con las grandes divinidades masculinas. Finalmente, no existe una veneración especial por el Dios Padre de la Trinidad, figura más bien borrosa. En cambio, es muy frecuente y constante la devoción a Cristo, el Dios hijo, el Dios joven, sobre todo como víctima redentora. En las iglesias de los pueblos abundan las esculturas de Jesús —en la cruz o cubiertas de llagas y heridas— en las que el realismo desollado de los españoles se alía al simbolismo trágico de los indios: las heridas son flores, prendas de resurrección, por una parte y, asimismo, reiteración de que la vida es la máscara dolorosa de la muerte.

El fervor del culto al Dios hijo podría explicarse, a primera vista, como herencia de las religiones prehispánicas. En efecto, a la llegada de los españoles casi todas las grandes divinidades masculinas —con la excepción del Tláloc, niño y viejo simultáneamente, deidad de mayor antigüedad— eran dioses hijos, como Xipe, dios del maíz joven, y Huitzilopochtli, el Guerrero del Sur. Quizá no sea ocioso recordar que el nacimiento de Huitzilopochtli ofrece más de una analogía con el de

173

Cristo: también él es concebido sin contacto carnal; el mensajero divino también es un pájaro (que deja caer una pluma en el regazo de Coatlicue); y, en fin, también el niño Huitzilopochtli debe de escapar de la persecución de un Herodes mítico. Sin embargo, es abusivo utilizar estas analogías para explicar la devoción a Cristo, como lo sería atribuirla a una mera supervivencia del culto a los dioses hijos. El mexicano venera al Cristo sangrante y humillado, golpeado por los soldados, condenado por los jueces, porque ve en él la imagen transfigurada de su propio destino. Y esto mismo lo lleva a reconocerse en Cuauhtémoc, el joven emperador azteca destronado, torturado y asesinado por Cortés.

Cuauhtémoc quiere decir "águila que cae". El jefe mexica asciende al poder al iniciarse el sitio de México-Tenochtitlan, cuando los aztecas han sido abandonados sucesivamente por sus dioses, sus vasallos y sus aliados. Asciende sólo para caer, como un héroe mítico. Inclusive su relación con la mujer se ajusta al arquetipo del héroe joven, a un tiempo amante e hijo de la diosa. Así, López Velarde dice que Cuauhtémoc sale al encuentro de Cortés, es decir, al sacrificio final, "desatado del pecho curvo de la emperatriz". Es un guerrero pero también un niño. Sólo que el ciclo heroico no se cierra: héroe caído, aún espera su resurrección. No es sorprendente que, para la mayoría de los mexicanos, Cuauhtémoc sea el "joven abuelo", el origen de México: la tumba del héroe es la cuna del pueblo. Tal es la dialéctica de los mitos y Cuauhtémoc, antes que una figura histórica, es un mito. Y aquí interviene otro elemento decisivo, analogía que hace de esta historia un verdadero poema en busca de un desenlace: se ignora el lugar de la tumba de Cuauhtémoc. El misterio del paradero de sus restos es una de nuestras obsesiones. Encontrarlo significa nada menos que volver a nuestro origen, reanudar nuestra filiación, romper la soledad. Resucitar.

Si se interroga a la tercera figura de la tríada, la Madre, escucharemos una respuesta doble. No es un secreto para nadie que el catolicismo mexicano se concentra en el culto a la Virgen de Guadalupe. En primer término: se trata de una Virgen india; en seguida: el lugar de su aparición (ante el indio Juan Diego) es una colina que fue antes santuario dedicado a Tonantzin, "nuestra madre", diosa de la fertilidad entre los aztecas. Como es sabido, la Conquista coincide con el apogeo del culto a dos divinidades masculinas: Quetzalcóatl, el dios del auto-sacrificio (crea el mundo, según el mito, arrojándose a la hoguera, en Teotihuacan) y Huitzilopochtli, el joven dios guerrero que sacrifica. La derrota de estos dioses —pues eso fue la Conquista para el mundo indio: el fin de un ciclo cósmico y la instauración de un nuevo reinado divino— produjo entre los fieles una suerte de regreso hacia las antiguas divinidades femeninas. Este fenómeno de vuelta a la entraña materna, bien conocido de los psicólogos, es sin duda una de las causas determinantes de la rápida popularidad del culto a la Virgen. Ahora bien, las deidades indias eran diosas de fecundidad, ligadas a los ritmos cósmicos, los procesos de vegetación y los ritos agrarios. La Virgen católica es también una Madre (Guadalupe-Tonantzin la llaman aún algunos peregrinos indios) pero su atributo principal no es velar por la fertilidad de la tierra sino ser el refugio de los desamparados. La situación ha cambiado: no se trata ya de asegurar las cosechas sino de encontrar regazo. La Virgen es el consuelo de los pobres, el escudo de los débiles, el amparo de los oprimidos. En suma, es la Madre de los huérfanos. Todos los hombres nacimos desheredados y nuestra condición verdadera es la orfandad, pero esto es particularmente cierto para los indios y los pobres de México. El culto a la Virgen no sólo refleja la condición general de los hombres sino una situación histórica concreta, tanto en lo espiritual como en lo material. Y hay más: Madre universal, la Virgen es también la intermediaria, la mensajera entre el hombre desheredado y el poder desconocido, sin rostro: el Extraño.

Por contraposición a Guadalupe, que es la Madre virgen, la Chingada es la madre violada. Ni en ella ni en la Virgen se encuentran rastros de los atributos negros de la Gran Diosa: lascivia de Amaterasu y Afrodita, crueldad de Artemisa y Astarté, magia funesta de Circe, amor por la sangre de Kali. Se trata de figuras pasivas. Guadalupe es la receptividad pura y los beneficios que produce son del mismo orden: consuela, serena, aquieta, enjuga las lágrimas, calma las pasiones. La Chingada es aún más pasiva. Su pasividad es abyecta: no ofrece resistencia a la violencia, es un montón inerte de sangre, huesos y polvo. Su mancha es constitucional y reside, según se ha dicho más arriba, en su sexo. Esta pasividad abierta al exterior la lleva a perder su identidad: es la Chingada. Pierde su nombre, no es nadie ya, se confunde con la nada, es la Nada. Y sin embargo, es la atroz encarnación de la condición femenina.

Si la Chingada es una representación de la Madre violada, no me parece forzado asociarla a la Conquista, que fue también una violación, no solamente en el sentido histórico, sino en la carne misma de las indias. El símbolo de la entrega es doña Malinche, la amante de Cortés. Es verdad que ella se da voluntariamente al conquistador, pero éste, apenas deja de serle útil, la olvida. Doña Marina se ha convertido en una figura que representa a las indias, fascinadas, violadas o seducidas por los españoles. Y del mismo modo que el niño no perdona a su madre que lo abandone para ir en busca de su padre, el pueblo mexicano no perdona su traición a la Malinche. Ella encarna lo abierto, lo chingado, frente a nuestros indios, estoicos, impasibles y cerrados. Cuauhtémoc y doña Marina son así dos símbolos antagónicos y complementarios. Y si no es sorprendente el culto que todos profesamos al joven emperador —"único héroe a la altura del arte", imagen del hijo sacrificado—, tampoco es extraña la maldición que pesa contra la Malinche. De ahí el éxito del adjetivo despectivo "malinchista", recientemente puesto en circulación por los periódicos para denunciar a todos los contagiados por tendencias extranjerizantes. Los malinchistas son los partidarios de que México se abra al exterior: los verdaderos hijos de la Malinche, que es la Chingada en persona. De nuevo aparece lo cerrado por oposición a lo abierto.

Nuestro grito es una expresión de la voluntad mexicana de vivir cerrados al exterior, sí, pero sobre todo, cerrados frente al pasado. En ese grito condenamos nuestro origen y renegamos de nuestro hibridismo. La extraña permanencia de Cortés y de la Malinche en la imaginación y en la sensibilidad de los mexicanos actuales revela que son algo más que figuras históricas: son símbolos de un conflicto secreto, que aún no hemos resuelto. Al repudiar a la Malinche —Eva mexicana, según la representa José Clemente Orozco en su mural de la Escuela Nacional Preparatoria— el mexicano rompe sus ligas con el pasado, reniega de su origen y se adentra solo en la vida histórica.

El mexicano condena en bloque toda su tradición, que es un conjunto de gestos, actitudes y tendencias en el que ya es difícil distinguir lo español de lo indio. Por eso la tesis hispanista, que nos hace descender de Cortés con exclusión de la Malinche, es el patrimonio de unos cuantos extravagantes, que ni siquiera son blancos puros. Y otro tanto se puede decir de la propaganda indigenista, que también está sostenida por criollos y mestizos maniáticos, sin que jamás los indios le hayan prestado atención. El mexicano no quiere ser ni indio, ni español. Tampoco quiere descender de ellos. Los niega. Y no se afirma en tanto que mestizo, sino como abstracción: es un hombre. Se vuelve hijo de la nada. Él empieza en sí mismo.

Esta actitud no se manifiesta nada más en nuestra vida diaria, sino en el curso de nuestra historia, que en ciertos momentos ha sido encarnizada voluntad de desarraigo. Es pasmoso que un país con un pasado tan vivo, profundamente tradicional, atado a sus raíces, rico en antigüedad legendaria si pobre en historia moderna, sólo se conciba como negación de su origen.

Nuestro grito popular nos desnuda y revela cuál es esa llaga que alternativamente mostramos o escondemos, pero no nos indica cuáles fueron las causas de esa separación y negación de la Madre, ni cuándo se realizó la ruptura. A reserva de examinar más detenidamente el problema, puede adelantarse que la Reforma liberal de mediados del siglo pasado parece ser el momento en que el mexicano se decide a romper con su tradición, que es una manera de romper con uno mismo. Si la Independencia corta los lazos políticos que nos unían a España, la Reforma niega que la nación mexicana, en tanto que proyecto histórico, continúe la tradición colonial. Juárez y su generación fundan un Estado cuyos ideales son distintos a los que animaban a Nueva España o a las sociedades precortesianas. El Estado mexicano proclama una concepción universal y abstracta del hombre: la República no está compuesta por criollos, indios y mestizos, como con gran amor por los matices y respeto por la naturaleza heteróclita del mundo colonial especificaban las Leyes de Indias, sino por hombres, a secas. Y a solas.

La Reforma es la gran Ruptura con la Madre. Esta separación era un acto fatal y necesario, porque toda vida verdaderamente autónoma se inicia como ruptura con la familia y el pasado. Pero nos duele todavía esa separación. Aún respiramos por la herida. De ahí que el sentimiento de orfandad sea el fondo constante de nuestras tentativas

177

políticas y de nuestros conflictos íntimos. México está tan solo como cada uno de sus hijos.

El mexicano y la mexicanidad se definen como ruptura y negación. Y, asimismo, como búsqueda, como voluntad por trascender ese estado de exilio. En suma, como viva conciencia de la soledad, histórica y personal. La historia, que no nos podía decir nada sobre la naturaleza de nuestros sentimientos y de nuestros conflictos, sí nos puede mostrar ahora cómo se realizó la ruptura y cuáles han sido nuestras tentativas para transcender la soledad.

# El relajo

JORGE PORTILLA

Pertenezco a una generación cuyos mejores representantes vivieron durante muchos años en un ambiente de la más insoportable y ruidosa irresponsabilidad que pueda imaginarse, a pesar de lo cual no vacilo en calificarlos como los mejores representantes de esa generación. Hombres de talento algunos de ellos, nobles y generosos otros, todos parecían absolutamente incapaces de resistir la menor ocasión de iniciar una corriente de chocarrería que una vez desatada resultaba incontrolable y frustraba continuamente la aparición de sus mejores cualidades. Era como si tuvieran miedo de su propia excelencia y se sintieran obligados a impedir su manifestación. Sólo la asumían en el diálogo con un amigo o en estado de ebriedad. Casi nunca fui testigo de que tomaran algo verdaderamente en serio y, menos que nada, sus propias capacidades y su propio destino. Era, hoy lo veo claro, una generación nietzscheana *avant la lettre*, que, en medio de una continua risa, vivía peligrosamente. Entregada, en realidad, a una lenta autodestrucción.

Me resulta un poco incómodo añadir, por la sospecha de imaginería romántica que pudiera inferirse, que muchos de ellos han muerto

---

El autor de la *Fenomenología del relajo* murió a los cuarenta y cinco años. Entre los papeles que dejó Jorge Portilla (1918-1963), sus amigos encontraron el manuscrito inédito de un extraño y estimulante ensayo sobre esa peculiar condición existencial de un pueblo, el mexicano, relajado moral e intelectualmente. El ensayo se publicó en 1966 (Ediciones Era), y de él hemos escogido unos fragmentos. La extrema sensibilidad, aunada a su catolicismo y a su humanismo, le permitieron a Portilla una mirada acongojada a los problemas concretos y vivos que muchos mexicanos sufrían.

trágicamente, o han desaparecido tragados por las variedades más extravagantes del vicio.

Confieso, por otra parte, que no podría establecer un nexo necesario o claramente visible entre estos hechos. En todo caso trato de comprender algo que me llamó la atención cada vez más, a medida que fue haciéndose evidente la frustración que sufrían los que con tanta insistencia lo exhibían ante mis ojos.

La conciencia de los hechos mismos apuntaba ya hacia una posible filosofía del relajo, por chistosa que resulte esta expresión.

[...]

Lo que en México lleva el nombre de "relajo" no es, obviamente, una cosa sino un comportamiento. Más que un sustantivo puede decirse que es un verbo, pues la expresión designa el sentido unitario de una conducta compleja, de un acto o de un conjunto de actos llevados a cabo por un sujeto, a los que él mismo confiere un sentido no explícito pero preciso.

Digo "sentido de una conducta" y no simplemente "una conducta" porque el comportamiento, si se le considera como mero conjunto de actos, abstrayéndolo de su sentido, justamente "carece de sentido". Una serie de actos tales como gesticulaciones, actitudes corporales, palabras, risas o sonidos inarticulados, no significan nada si se les abstrae de su significación. Pero no hay ningún acto humano que sea totalmente insignificante. Toda acción resulta constituida tanto por movimientos físicos como por la significación que adhiere desde dentro a esos movimientos. El error del behaviorismo es precisamente no concebir como constituyente de una conducta humana la significación de esa conducta, suponer que el sentido de una conducta puede ser separado de ella sin alterarla radicalmente, o considerar el sentido de la conducta como extrínseco o superveniente al conjunto de actos en que ese sentido se manifiesta. Una conducta se comprende a partir de su sentido. A lo que se alude cuando se le designa es justamente a eso "que le da sentido" y no a una serie de movimientos sólo imaginaria y abstractivamente pensables fuera de su significación.

La significación o sentido del relajo es suspender la seriedad. Es decir, suspender o aniquilar la adhesión del sujeto a un valor propuesto a su libertad. Y no, simplemente, provocar risa ni, simplemente, reír, por más que esa suspensión se presente a menudo, aunque no necesariamente, cómo estímulo de la risa. El relajo tiene cierta relación con lo cómico pero no es lo cómico sin más: hay situaciones cómicas que no entrañan relajo. La comicidad, cuya relación precisa con el relajo trataremos de fijar más adelante, no es una nota esencial a ese fenómeno sino, a lo más, algo concomitante y secundario.

[...]

El sentido del relajo es, justamente, frustrar la eficacia de esta respuesta espontánea que acompaña a la aprehensión del valor. El relajo suspende la seriedad, es decir, cancela la respuesta normal al valor, desligándome del compromiso de su realización.

El comportamiento cuyo sentido es designado por el término "relajo" consta de tres momentos discernibles por abstracción. En la unidad de un mismo acto se encuentran: en primer lugar, un desplazamiento de la atención; en segundo lugar, una toma de posición en que el sujeto se sitúa a sí mismo en una desolidarización del valor que le es propuesto; y, finalmente, una acción propiamente dicha que consiste en manifestaciones exteriores del gesto o la palabra, que constituyen una invitación a otros para que participen conmigo en esa desolidarización.

Hay en efecto, en primer lugar, un desplazamiento de la atención del sujeto, que se transporta del valor que se ofrece a su aceptación, hacia la circunstancias "exteriores" puramente fácticas, en las que el valor aparece, o bien hacia algo completamente ajeno a la circunstancia misma. Un caso en que este desplazamiento es más claramente visible es el del comentario intempestivo que interrumpe una ceremonia o un espectáculo haciendo patente, por ejemplo, alguna característica física de quienes toman parte en él. El desplazamiento de la atención se perfila ya sobre el trasfondo de una negación inexpresa del valor correspondiente, pero no es todavía la negación misma. Esto no impide que el puro desplazamiento de la atención sea esencial al fenómeno. El relajo, en efecto, siempre reviste el carácter de "digresión"; siempre es un cierto "desvío de algo". No es un acto originario y directo, sino derivado y reflejo. Requiere una ocasión, a saber: la aparición de un valor que se ofrece a la libertad del sujeto y a partir de la cual pueda iniciarse un disentimiento. De esta manera, el desplazamiento de la atención es como el eje sobre el cual gira toda la significación moral del relajo, es el soporte de todas las significaciones que constituyen esta conducta.

El desplazamiento de la atención no implica, por otra parte, un "esfuerzo de atención" en el sentido corriente de esas palabras. Es sólo un cambio del objeto intencional de la conciencia y no un acto deliberado en que el sujeto "se concentre" sobre un nuevo objeto. El rayo de la atención se desplaza igualmente cuando con una mirada distraída miro las cosas en torno a mí sin "poner atención" en ninguna en particular; la conciencia perceptiva se desliza de una a otra sin que medie para nada el propósito voluntario de explorar "atentamente" alguna de ellas. Atención significa aquí, de esta manera, simplemente la dirección de la intencionalidad hacia un objeto y no "esfuerzo de atención" en sentido psicológico.

En segundo lugar, es constitutivo del relajo un acto íntimo de negación. Esta negación no es una negación directa, del *valor*, sino más bien del vínculo esencial que une al sujeto con el valor. Es un acto de desolidarización frente al valor y frente a la comunidad realizadora del valor. En este acto, el sujeto se define como no-participante de la empresa tendiente a la incorporación o realización del valor. El sujeto se niega a la conducta que permitiría llevar adelante el despliegue del valor en la realidad.

Es evidente que en este tipo de negación va implícita una valoración ambigua, es decir, el sujeto al operar sobre su propia situación relativamente al valor, no deja totalmente intocado el valor mismo. Puede darse la negación del valor como tal, la negación de que el valor propuesto sea realmente valioso, la negación del valor propuesto como inferior o impertinente frente a otro valor superior y, finalmente, puede también acontecer que el valor quede simplemente entre paréntesis.[1] En este caso el valor queda fuera de juego, neutralizado en la indiferencia del sujeto que se limita a evadirse del compromiso, sin que pueda hablarse de una "valoración" propiamente tal. En todo caso lo esencial no es la valoración implícita en esa actitud, la cual podría manifestarse de otra manera. Lo esencial es la decisión íntima de no comprometerse ante la exigencia que emana del valor presente.

Finalmente, pertenece a la esencia del relajo el poder manifestarse en actos de la más diversa índole. Pueden variar desde el gesto más imperceptible del rostro hasta la formulación de posiciones perfectamente coherentes y racionales, pasando por actitudes corporales, palabras, gritos, ruidos, etcétera, que implican una apelación a otros para que se adhieran a la negación del valor propuesto. Esta nota constituye propiamente una acción, un acto externo que hace mella en el mundo circundante, por oposición al carácter "íntimo" de las dos notas anteriores.

[...]

El relajo puede definirse, en resumen, como la suspensión de la seriedad frente a un valor propuesto a un grupo de personas. Esta suspensión es realizada por un sujeto que trata de comprometer a otros en ella, mediante actos reiterados con los que expresa su propio rechazo de la conducta requerida por el valor. Con ello, la conducta regulada por el valor correspondiente es sustituida por una atmósfera de desorden en la que la realización del valor es imposible. Por extensión, se llama también "relajo" a la situación real provocada por la intencionalidad descrita: el relajo "logrado", el estado de cosas producido por un sujeto que ha realizado su propósito de imposibilitar la incorporación del valor mediante aquellos actos que, sin mayor aclaración, hemos llamado suspensivos de la seriedad.

Debo insistir por última vez en lo ya apuntado anteriormente: no se trata en todo esto de una actitud ni de una acción deliberada, voluntaria o reflexiva. La definición propuesta deriva, simplemente, de la significación inmediata de los hechos tales como se dan en la acción espontánea, antes de toda reflexión. La promoción de la situación descrita no es por fuerza fruto de una deliberación, pero aún en el caso de haber mediado un acto reflexivo y de que la conducta sea deliberada, esta conducta tendrá también el sentido señalado y, en el instante mismo de ser puesta en obra, se habrá abandonado por completo la actitud reflexiva.[2]

[...]

El relajo es un movimiento autodestructivo. Es una actitud justamente contraria a la actitud normal y espontánea del hombre frente a los valores cuando los valores actúan en la conciencia como pauta de la autoconstitución.

El hombre del relajo efectúa un movimiento profundamente irracional que consiste en la supresión de todo futuro regulado. Hay en el relajo un cierto volverle la cara al futuro para realizar un simple acto de negación del pasado inmediato. El futuro resulta así despojado de su poder de atracción. Cada instante del futuro inmediatamente próximo es vivido como una mera posibilidad de negación del presente.

En ciertos individuos esta estructura del tiempo adquiere un carácter estable que los convierte en verdaderas encarnaciones del relajo. Su pura presencia es un presagio de disolución de toda seriedad posible. Su sola aparición, desata una ligera brisa de sonrisas y la atmósfera se convierte en una condescendiente expectativa de la lluvia de chistes que disolverá la seriedad de todos los temas, reduciéndolos, literalmente, a nada. El lenguaje popular de la ciudad de México designa a este tipo de hombre con una palabra horrible pero adecuada: este hombre es un "relajiento".

Un "relajiento" es, literalmente, un hombre sin porvenir. El "relajiento" vive perpetuamente vuelto hacia este cercanísimo pasado en que el presente acaba de surgir, para negar risueñamente su contenido. Se niega a tomar nada en serio, a comprometerse en algo, es decir, se niega a garantizar cualquier conducta propia en el futuro.

No responde de nada, no se arriesga a nada, es, simplemente, un testigo bien humorado de la banalidad de la vida. Nada hay, pues, de extraño en el hecho de que carezca de porvenir. Él mismo lo destruye al tomar sus propios proyectos como objeto de burla y esta destrucción simbólica se proyecta en el tiempo objetivo convirtiéndolo en un hombre carente de futuro.

La estructura temporal de esta actitud puede describirse adecuadamente como una suma indefinida de instantes unidos entre sí por relaciones de negación. Es un rosario interminable de instantes negados.

# De la raíz a la flor del mexicano

JORGE CARRIÓN

La pregunta no es nueva. Tiene ya numerosas respuestas más o menos cercanas a la realidad si no es que a nuestros distintos y personales gustos, criterios y opiniones. ¿El mexicano —así con la expresa limitación del artículo definido— existe como entidad psicológica diferente? ¿Son las características de él diversas de las del resto de los seres humanos y por ello peculiares? o, ¿lo que así se nombra es sólo la proyección de un nacionalismo en el fondo enraizado con alguna suerte de racismo? El asedio del tema desde diversos puntos de partida —filosofía, sociología, poesía— afortunadamente desbrozó ya en gran parte el camino de quien quiera dedicarse a su indagación con ánimo psicológico. Analizado el mexicano desde aquellas disciplinas en su ser, su convivencia y su raíz intuitivo-expresiva, incumbe a la psicología enfocar otro terreno. Así, la pregunta ya no será ¿qué es el mexicano? sino ¿cómo es?, y hasta, apurando un poco los términos, ¿por qué es de tal o cual otro

---

A mediados del siglo XX la fresca mirada de un médico psiquiatra, Jorge Carrión (1913) se fija también en los problemas de la identidad del mexicano. Su interpretación psicológica tiene un cariz claramente freudiano y se aleja de las anticuadas ideas a la manera de Ezequiel Chávez y Julio Guerrero. Carrión inicia una prolífica corriente de interpretaciones psicológicas modernas, que intentan con cierto optimismo generar una aportación científica al conocimiento del carácter de los mexicanos. Publicamos su texto "De la raíz a la flor del mexicano" (*Filosofía y Letras*, núm. 40-41, enero-junio de 1951). Al año siguiente amplió sus reflexiones en el libro *Mito y magia del mexicano*. No volvió después a tocar el tema, salvo para hacer una autocrítica de sus interpretaciones.

modo? O, lo que resulta lo mismo, la psicología prescinde para el estudio de su objeto, en el caso del mexicano, de cualquier consideración de valores y acude en cambio a la indagación de cualidades, su origen y explicación, del contorno que las determina y la forma como están estructuradas en el conjunto denominado el mexicano. Si más tarde la ética, la estética, la filosofía, en fin, a través de sus normas prácticas o de las instituciones políticas, jurídicas y sociales, toman este manojo de cualidades y acendrándolo por medio de intangibles instrumentos, o reacomodándolo en un distinto complejo estructural, obtienen un mexicano más valioso, desde sus respectivos puntos de vista, tanto mejor para todos. Aunque claro está, ocurriría en tal supuesto que el psicólogo tendría que aplicarse al estudio de esta nueva forma de organización: un mexicano más valioso, nacida de la acción de las instituciones sociales o de los influjos éticos o filosóficos.

Por lo demás, esto, el dinamismo, el constante devenir y evolucionar de su objeto, es lo que hace dilatado e inacabable el campo de estudio de la psicología. No se puede pensar en el mexicano como en un todo inorgánico en el que las partes fueran iguales entre sí y a la totalidad y, además, estáticas, vacías de la dimensión tiempo. Al contrario, el mexicano es raíz, es tallo y es flor, y desde el humus en que se hinca aquélla hasta la acabada perfección de ésta se extiende un tiempo cargado de las vicisitudes del renuevo y del sucederse de las hojas vivas y muertas.

Octavio Paz un día sacó del hervidero de imágenes en que su alquimia de poeta le hace vivir, aquella que muestra al mexicano actual como a un Narciso atento a ver su rostro reflejado en las quietas aguas de sí mismo. Nadie sabrá nunca si Octavio Paz asoció esta imagen a reminiscencias atávicas del mexicano de Tenochtitlán, circunstancialmente obligado a mirarse a sí mismo en las aguas del lago sobre el cual tendía sus chinampas y calzadas. Nadie lo sabrá, porque a Octavio, buen poeta al fin, le repugna cualquier acercamiento a modos de conocer y medios expresivos que no sean sus certeros, trascendentes procedimientos intuitivo-poéticos; le repugnan, y sobre todo no necesita las explicaciones psicológicas de lo que a él se le da en bloque, en iluminadas percepciones de conjunto.

Pero la imagen de Paz, relacionada o no con un arquetipo indeleblemente fijo en el alma colectiva del mexicano, es justa. Los movimientos reflexivos del mexicano sobre sí mismo se asemejan a los de Narciso; en su base tienen la misma urgencia, idéntico afán de apuntalar una personalidad aún insegura y débil por joven y nueva. Sólo que para ser consecuente con la idea del mexicano como curso y devenir, las aguas quietas de Narciso habrán de convertirse —si se quiere una imagen más fiel a la realidad psicológica— en caudaloso río de aguas corrientes, unas veces mansas y limpias, otras rebotadas y espumosas, otras más encenagadas transitoriamente en pestilentes remansos. No hay pues peligro de que el mexicano, como Narciso, labre su propia cárcel. Unos han visto reflejarse una imagen; otra ven los que situados en distinta ribera se inclinan curiosos a la corriente caudalosa; aquellos consideran al mexicano impetuoso, bravucón, temerario; éstos le tienen por manso, huidizo y débil; y existen quienes —y son por lo demás los únicos lamentables—, por haber confundido el afluente arroyo blanco o rojo o ¡Dios sabe de qué color!, en cuyas aguas se vieron, piensan que el mexicano es lo rojo o lo blanco europeo que alienta sobre esta tierra de México, en la transparente densidad de su atmósfera.

De la síntesis de esas imágenes parciales y dispersas se habrá de obtener la más aproximada, si no a una verdad eterna, imposible por carente de anticipación del futuro, sí a un esbozo que contenga las principales líneas vectoras de lo psíquico diferencial del mexicano.

Se dice así que el mexicano no se diferencia de otros hombres que también ostentan gentilicios, aparentes reductores de la calidad humana, sino por la distinta configuración de los elementos psíquicos comunes al hombre y por la dirección que de ese acomodo resulta. De este modo se elude cualquier reproche de racismo: no es el mexicano diferente porque sea superior; pero tampoco lo es por inferioridad alguna, ya que ambos sentimientos, los de exaltación y los depresivos, conducen a modalidades encontradas de racismo. El mexicano es una estructura de elementos psíquicos concertados y orientados de modo peculiar tanto en su textura interna —individual— cuanto en sus conexiones externas —expresión social y convivencia— y, desde luego, en su acaecer histórico determinante de rumbos, torcedor de cauces y fuente inagotable de renovados caudales. La forma, proporción, concierto y cantidad incluso de los elementos que entran en la configuración de una estructura psíquica, y su articulación e integración en la más vasta zona del contorno económico, geográfico y social, es lo que confiere a cada unidad estructural, oriente, dirección y sentido. En esto, en el sentido, en este algo resultante de la ordenación interna y externa de un material primario y no en su simple suma o agregado, se ha de rastrear la huella de lo mexicano, y de su hallazgo o ausencia habrá de inferirse el existir psicológico de tal entidad personal, un hombre fiel a la peculiaridad de sus disposiciones y a la proyección de ellas al medio ambiente, o, al contrario, la carencia de puntos cardinales que señalen, en tal ser, modalidades suficientes para decir que integra lo mexicano en una personalidad: el mexicano.

De donde se viene a caer en que una investigación acerca del mexicano, del cómo y el porqué de la condición humana así nombrada, habrá de indagar antes que otra cosa la existencia o, con más justeza, preexistencia, de lo mexicano. Y ya de caída en caída se puede caer, es más, se debe caer, en la perogrullada de declarar que de existir lo mexicano —tan amorfo, disperso y exento de aglutinación como se quiera—, de existir este seno materno de un ser con cualidades específicamente configuradas, sólo pudo existir, tener raíz y sustento en las tierras que suelen conocerse ahora con la denominación de México. Raíz y jugos vitales, no únicamente tierra propicia para sembrar nuevas, importadas semillas. Raíz, lo indio, lo mexicano, con toda su ciega potencia de encumbrar las ramas en la determinada, geométrica dirección que dibuja el paisaje, colora la herencia y conforma la convivencia social. Savia que asciende por los vericuetos del ramaje y cuando estalla en capullo o se cumple en flor, denuncia en su perfección o frustra en su fallido anhelo el nutricio designio del sentido de la configuración mexicana. Si se quiere pues seguir en este mismo camino de la transposición de ideas psicológicas al lenguaje de la metáfora, se diría que lo llegado, lo adventicio a lo mexicano, es injerto. Éste, incluso podrá dar frutos semejantes en su apariencia y colorido externo a los del árbol de origen, pero siempre en la íntima sustancia de su pulpa, en la proporción exacta de lo dulce y lo ácido de sus jugos, se encontrará el sentido, la conexión que lo ata, a través del tallo materno y la placenta de la raíz, a la textura orgánica del suelo indio.

Pero dicen que del dicho al hecho media un gran trecho, y en el caso del hecho —lo indio como raíz y sustento previos del mexicano—, por evidente y pegado a los ojos, aparece muchas veces distante o en trechos ciegos del campo visual de conocimiento. Probar, además, una afirmación perogrullesca o que como tal aparece, es tarea más difícil que edificar sobre mentiras concepciones razonables. De ahí la fuerza de la paradoja sobre la opinión; de ahí la ventaja de lo raro sobre el lugar común. De nada sirve, sin embargo, lamentarse; no queda otro remedio que ir al grano y exprimirlo hasta que entregue la evidencia de su solución y la justeza del planteamiento que de él se hizo. El grano, vale decir el problema, es: ¿la afirmación de que lo mexicano, identificado con lo indio, existía antes que otra cosa, antes de la llegada de los conquistadores, y que de ello, unido o no a otros elementos, solamente de ello, nace el mexicano, es válida? ¿Puede probarse desde el punto de vista psicológico?

Dilucidar hasta donde sea posible tal problema es el objetivo de estas líneas. Para hacerlo se pueden seguir dos procedimientos: por un lado realizar la paciente resta en el mexicano de todo lo extraño y ajeno hasta encontrar el hueso, el esqueleto en cuyo redor se ordena la carne de otros factores. Este esqueleto resultaría lo indio, y sin él ningún cuerpo, ninguna alma, por más que se presenten con vestido de charro y sarape de Saltillo, podrán justificadamente proclamarse mexicanos. No es bueno este primer procedimiento, peca de simplista. Es además del mismo género evidente por sí mismo que no logra convencer ánimos atentos únicamente a una lógica elaborada y tortuosa; y, por si fuere poco, parece conducir a un hombre exclusivamente indio, cuando lo que se quiere demostrar es que el mexicano, de cualquier color que sea, posee una estructura anímica peculiar, dotada de un sentido característico, aunque únicamente se pueda obtener resaltándola sobre el trasfondo de lo indio. Esta reducción, pues, de características, no es confiable psicológicamente, no permite aprehender líneas directrices, por más que con ella, aparentemente, se tope en la médula de lo que se trata de probar. Ocurre que el meollo así encontrado deja flojas las conexiones del conjunto; es un esqueleto sin rodillas, sin codos, sin articulaciones, en fin, que le animen e impulsen hacia algo o alguna parte.

Por otro lado se puede seguir otro procedimiento: buscar las cualidades que informan el conjunto orgánico básico de la personalidad del indio; cotejarlas con las de la misma índole del español; ver sus discrepancias; señalar sus coincidencias; y obtenido este balance, seguir la evolución de la nueva estructura para indicar, cuando ello sea obvio, a través de qué manifestaciones se descubre el alma de lo indio ya sea directamente o bien embozada en el ropaje cultural recién adquirido. Porque lo psicológico irreductible del mexicano no es el uso de una técnica progresivamente universal y con rasgos comunes; como no es tampoco el aprovechamiento incrementado de los bienes culturales de Occidente; ni siquiera es la posesión de una lengua y una religión impuestas; sino la forma de tal uso y de ese aprovechamiento, la adaptación que de esos bienes hace a sus propias modalidades de sentir, querer y poder, la semántica por medio de la cual transforma ese idioma adquirido, y la voz con que dice las oraciones de esa religión. Dicho en unas cuantas, diversas palabras: se intenta hilar la madeja de lo mexicano —considerado como lo psíquico, lo anímico indio— a largo de las incidencias de su nacimiento doloroso, traumatizante: la Conquista; seguirla por los balbuceos infantiles de la Colonia; perseguir las fugas de su adolescente sentido en la Independencia; verla ajustarse a la imagen paterna ideal durante la Reforma, para, después de sufrir las angustias acendrantes de su caída en la tierra y nada de la Revolución, en posteriores tanteos, oír la voz, interpretar el gesto y escuchar el silencio del mexicano actual.

Hijo del asombro es el mexicano. Terminados los menesteres de la Conquista —tiempo de guerra poblado de ajetreos y estruendo—, los españoles comienzan a ver con perplejidad el extraño mundo que les rodea. Un constante asombro es ahora su vida en tierra mexicana. Las cartas de relación, los informes oficiales y oficiosos, los primeros escritos redactados con intenciones científicas y artísticas, y es de suponer que también las humildes cartas de particulares —aventadas por la liviandad de su origen—, traslucen siempre la perpleja actitud de los conquistadores ante la cotidiana reiteración de lo insólito y raro. Parejo con el azoro inicial surge el empeño del español en adecuar el contorno extraño, que empapa sus experiencias, e incorporarlo a sus propias formas vitales. Y no se habla aquí únicamente del asombro ante la flora torcida y barroca de las selvas mexicanas; ante la transparencia templada del altiplano o la fauna extendida desde el hostigar del mosquito hasta la suculencia del guajolote. Se quiere, al contrario, evidenciar el asombro ante las formas de vida humana, de vida india; la imposibilidad de conciliar la dulzura, elegancia y mansedumbre de los indios con sus cruentos sacrificios humanos o con su vida sexual indiferenciada. Se habla del asombro surgido de la vivencia —aún no es convivencia— de un mundo cultural y étnicamente ajeno y que marcha además en camino distinto, y este asombro es la simiente del mexicano considerado como entidad psicológica social.

Los españoles viven, en efecto, lo indio por todas partes: se respiran por dondequiera sudor, lágrimas y trabajo indios. Todavía las piedras de los templos recientemente derribados exhalan el nauseabundo vaho de la sangre de los sacrificios, y ya sirven para construir los templos del nuevo credo, litúrgico y lleno de sublimaciones. En los que ahora labran las manos autóctonas al servicio de otros amos, late una escondida plástica emparentada con la de los ídolos, con la de las máscaras, con todo el espanto, el amor y la muerte que animaba los antiguos monolitos. Lo indio, lo mexicano alienta por todas partes: en los mercados coloridos y de escasos remilgos gastronómicos; en las plegarias indias al nuevo Dios, por abstruso e incomprendido, sólo implorado como aliviador inmanente del hambre, la miseria y la servidumbre. Insidiosamente los europeos que viven en este medio son saturados, mediante imponderable proceso de ósmosis, de lo indio que les rodea y contiene como un amplio seno materno dúctil, pasivo y amorfo.

Los indios adquieren lenguaje, religión, técnica; algunas veces vestido; ellas, las indias, suelen adquirir también hijos mestizos; pero su alma permanece intacta, adherida a su proceso mágico, y, curioso reflujo, parecen aindiar a quienes les someten con la sola virtud de su contigüidad callada y mansa. Y, no obstante, debe haber algo más, o ¿qué? ¿Tan sólo de las diferencias formales de vida les viene este asombro a los conquistadores? ¿Acaso ellos no han vivido en contacto con los más diversos pueblos de la Tierra? ¿Será que en el fondo existe otra inconsciente, inadvertida, pero más esencial divergencia?

Parece claro que no sea únicamente de la distancia cultural que los separa, de la superioridad de técnica, ciencia y civilización de los españoles comparadas con las de los indios, que venga todo este viviente azoro de aquéllos ante éstos. La distancia cultural, por el contrario, fue un bien aprovechado instrumento para el dominio de los autóctonos, y este asombro, en cambio, paulatinamente se infiltra en ellos, conquista a su vez a los españoles y les va indigenizando el alma, las costumbres y los gustos. ¿De dónde, pues —hay que insistir—, proviene este pasmo ya que no de la simple inferioridad cultural del pueblo dominado? No queda, descartada la razón jerárquica, otra que la del sentido diverso de ambas culturas. La orientación que una estructura anímica distinta —el indio— da en su expresión psicológica y en las peculiares formas de ligarse con la estructura ambiental —América. La cultura indígena, no obstante su menor desarrollo en el tiempo, exhibía ya suficientes rasgos para comprobar en ella otros nortes que no los de los españoles. Difería, antes que nada, en los lineamientos psíquicos y de conducta que conforman la estructura básica de la personalidad de un grupo, en virtud del influjo recíproco de los individuos entre sí y las instituciones culturales que crean. Y que no se aduzca que las culturas existentes en México, en todo su territorio, eran múltiples, porque si bien las separaban diferencias, las unía e identificaba este sentido esencial de que se habla. Por eso es lícito tomar para el estudio de las características psicológicas del indio precortesiano aquel grupo —los aztecas— que estuvo a punto de consumar la consolidación de un Estado vastamente extendido por el territorio mexicano. Otros grupos étnicos quizás les adelantaban en dominio técnico o científico, otros más les eran inferiores en ambos aspectos; pudo haber quien superara sus concepciones religiosas y sus ritos mágicos; pero todos, como ellos, en la base cualitativa de lo psíquico —el sentido de la estructura anímica— tenían idéntica armonía, igual albañilería de piedras angulares. Incluso las diferencias cuantitativas que vistas desde el ángulo sociológico aparecen enormes, resultan escasas trasladadas al campo de lo psicológico, y eso se debe a que la repercusión de idénticos móviles psíquicos sobre las instituciones culturales —entendidas éstas en el sentido que les atribuye la antropología— puede aparecer diversificada y varia a quien descuida aquellos móviles y no mira la común sustancia psíquica que los informa. Por eso casi nada significa psicológicamente, como no sea una leve diferencia de tiempo evolutivo, el hecho, muy notorio desde el mirador de la historia o el de la antropología, de que entre los mayas los sacrificios humanos no fueran rito habitual hasta el advenimiento de los aztecas a su ya decadente imperio. Desde luego, el sentido ritual en aquellos había llegado a sublimaciones más sutiles, a derivaciones del instinto agresivo, de muerte, desplazadas de la anulación real de la vida en sí, de la vida humana, la vida de quien por igual es algo del sí mismo, lo tú-yo en fin del sacrificador, a la simulación simple del sacrificio simbolizada en las ofrendas del maíz o la muerte de los animales. El maíz ofrecido a los dioses y los animales sacrificados en sus altares, son vida también para quien de ellos se priva. Ofrendarlos es anular un poco de la vida que se posee a cambio de obtener nuevas dotes advenidas de lo sagrado. El sentido del sacrificio humano está desviado aquí a formas de dependencia social más altas que la forma directa del azteca; pero permanece sensiblemente orientado hacia una concepción masoquista de las relaciones con lo mágico. Incluso aparece más evidente el matiz masoquista al través de la forma maya: es fácil comprender que la propia privación del sustento sea, en última instancia, una actitud agresiva del sí mismo. Ya es más difícil entender este mecanismo en el sacrificio humano directo de los aztecas, y, no obstante, en este ritual existe en esencia idéntica reversión masoquista del instinto agresivo. ¿Qué hace, si no, el sacerdote azteca al quebrar lo tuyo, tu bien mejor, tu vida, sino escindir el tú y el yo que en ella reside? Y tan lo advierte el sacrificador así, aunque sea por caminos apartados de la conciencia, que después de consumar la muerte, comulga comiendo un pedazo de la carne del muerto, carne propia que de este modo asimila e identifica consigo mismo, porque de otro modo ¿cómo concebir que ese sangriento despojo otorgue más fuerza, más vida, colme de dones mágicos a quien le despojó de ánima y aliento? En el último acto de comunión es donde mejor resalta el masoquismo que guía la actitud psíquica del sacrificio humano, y en él se perciben más claramente, asimismo, los profundos rasgos de identidad con formas rituales mejor sublimadas en cuanto a su expresión, pero sensiblemente semejantes por lo que respecta al movimiento reversivo del instinto de muerte contra el sí mismo, contra el propio cuerpo, trátese del individual o del social. Claro está que en ambas formas rituales se advierte también algo de sadismo, aunque situado en un plano menor, pero eso se debe al ambivalente contenido psicológico del masoquismo. Pertenece éste al par masoquismo-sadismo, y siempre conserva adherido a su superficie algo de la actitud contraria; sólo su predominancia lo desgaja de su par y antítesis psicológica, del mismo modo que ocurre en otros pares cercanos a él o de esencia semejante: lo femenino-masculino, el placer-displacer, la muerte-vida.

Lo que importa es que de tal ejemplo, puesto para señalar la reducida distancia que separa las actitudes y orientaciones de los grupos indios mexicanos en lo que atañe a su sentido psicológico, puede ya destacarse una característica psíquica del mexicano, del indio prehispánico: su posición masoquista ante la vida.

Los sacrificios humanos y su carácter masoquista suponen en el indio anterior a la llegada de los españoles, además de esa vuelta del instinto destructivo contra el sí mismo, una exigua diferenciación del individuo frente a la comunidad, indistinción que es dable, por lo demás, comprobar en otros aspectos de la vida autóctona. Dejando de lado la frecuencia en el olimpo mexicano de dioses binarios, cuates, proyección de un sentimiento ambivalente profundo y arraigado; soslayando asimismo los ritos en los que el sacerdote se cubre con las pieles aún sangrientas de sus sacrificados —magnificación del móvil y uso más común y universal de la máscara—, se comprueba esta indiferenciación en otros aspectos vulgares, cotidianos de la convivencia indígena, y no sólo en la magia, de los asuntos de índole sagrada. Se comprueba, por ejemplo, en la homosexualidad tan extendida entre los indios o, por lo menos, de la que tanto y con tan gran aspaviento se dice y habla en crónicas e historias escritas por los conquistadores. La homosexualidad adquiere categoría similar al masoquismo en lo que se refiere a su significado profundo y también por lo que respecta a su coherencia con la totalidad de la estructura psíquica. No es, evidentemente, una perversión al modo literario o pretendidamente artístico que desde siempre estuvo y está en boga en determinados círculos sociales, apartados de su destino biológico. No se debe tampoco a un trastorno endocrino colectivo, como haría suponer un pensamiento simplista, arrastrado por características raciales como la carencia de vello y barba o la pigmentación broncínea de la piel de los indios. Más bien parece ser que en ellos la homosexualidad se motivara en la exigua diferenciación entre erótica y sexualidad. Por lo demás nada nuevo se dice al hablar de esto. En el niño, como en el adolescente, erótica y sexualidad, aún inadecuadas la una para la otra, todavía con las huellas de su común origen: la libido, recientemente impresas, marchan confundidas en sus objetivos y hasta cambiándolos entre sí. La erótica, de mira más altamente apuntada que la sexualidad, de motivación más desinteresada, de campo mucho más extenso, por su imperio casi absoluto durante una época en que lo sexual no puede cumplir su fin, toma la energía sobrante de esto, de lo sexual, y la encamina a fines y objetivos no propios de su índole y trayectoria. Por eso suelen aparecer los niños vagamente configurados en su ajuste erótico sexual, y los adolescentes afeminados o con una errátil dirección y movilidad de sus objetivos amatorios. Por eso, también, las adolescentes suelen expresar en lo leve de su gracia, en la transparente armonía de los movimientos y el coqueteo reiterado de los escorzos de su espíritu, la condensación más alta de la erótica femenina; de ahí la extremada juventud de Julieta o la de Melibea, tan intuitivamente realizadas en la poesía de su expresión literaria.

En los pueblos muy cercanos a lo primitivo y poseedores de una cultura indecisa aún entre la penumbra del pensamiento mágico y la plena luz del pensar lógico que conduce a una ciencia y una técnica, ocurre lo mismo. Erótica y sexualidad viven confundidas y juntan sus fuerzas —si maduras apuntadas a blancos diversos— para dar sitio y ocasión a esas aparentes perversidades colectivas: la homosexualidad social por confusión de sus respectivos fines y medios. En una vertiente del ser humano, se observa esta indiferenciación de erótica y sexo, aunque claro está que no bajo la inmediata forma del homosexualismo, sino medianamente expresada en símbolos atenuados de amistad. Se alude a las mujeres que si desde el punto de vista social son y deben ser pares del hombre, desde el evolutivo biológico marchan un poco atrás en virtud de la dura carga a ellas encomendada. En ellas, en las mujeres, la amistad adquiere formas de expresión —besos, abrazos, caricias— que en los hombres chocarían como manifestaciones francamente homosexuales. No obstante, tales manifestaciones femeninas no pueden calificarse así. Todo lo más debe decirse que en la mujer la frontera que separa erótica y sexualidad no está tan claramente jalonada como en el hombre. Lo mismo ocurre con las manifestaciones homosexuales del indio, hombre evolutivamente cercano a la sustancia amorfa de lo primitivo, únicamente que en él esas manifestaciones tienen la crudeza y el realce de su acontecer en colectividades, en agregados sociales. Lo que importa destacar es la indiferenciación que el hecho entraña, coincidente, articulada se diría, con parejos fenómenos de vaguedad en la configuración del individuo autóctono precortesiano. Pero todavía en otro aspecto de mayor extensión social y por tanto más característico, es posible rastrear la huella del paso y del sentido de la estructura psíquica de lo mexicano existente antes de la Conquista.

Lucha el hombre por su libertad y su lucha no es otra cosa que un empecinado combate contra la libertad de sus instintos. De donde resulta que la libertad del hombre, al menos desde el punto de vista psicológico, es el encuadramiento armónico de su persona en el marco de un conglomerado social. A cambio de la represión de los instintos, dolorosa para el individuo, la sociedad otorga una garantía más o menos amplia, de seguridad. De este modo el hombre cambia el libre fluir de sus instintos, placenteros siempre pero socios inevitables del fantasma del peligro, por la protección social y el respeto del grupo al que pertenece. No hace otra cosa el niño en su aprendizaje, y se podría decir que su educación consiste en lograr el concilio del anhelo de dependencia con el desenfreno placentero de los instintos. El niño que renuncia a los placeres del cumplimiento de los instintos, proyecta en el padre una serie de cualidades y virtudes mágicas que le favorecen y premian el sacrificio de su vida instintiva reprimida. Delega así su sentimiento de poderío, lo transfiere a la persona que ante él goza de más prestigio, y se acomoda en el recinto de la sumisión y la obediencia, afín al ciego movimiento que le empuja anhelante al húmedo claustro materno. Es que la vida en convivencia impone una serie de disciplinas que en su choque con los impulsos engendran la siempre renovada sensación de peligro. El niño elude esta sensación refugiándose en un mago, el padre, y otorgándole la libertad de sus impulsos.

Más agudamente aún viven las sociedades primitivas el peligro. En ellas no está determinado únicamente por las sanciones sociales, las costumbres y la disciplina del grupo. La naturaleza misma que les rodea es fuente inagotable de angustia, miedo y terror. La vida del hombre primitivo se convierte en un rito incesante: el rumor nocturno de la selva, el trueno de la tormenta, el eclipse de la luz solar, el ritmo de las estaciones, todo lo que rodea su ciega experiencia le obliga y ata con una cadena sin fin de actos compulsivos y mágicos destinados al exorcismo de lo incomprendido. Estos actos rituales son la expresión simbolizada de un anhelo de dependencia, de su inconsciente deseo de retorno a la nada: líquido seno donde las penas y el peligro no alcanzan al hombre. Parejo con este anhelo crece en el hombre primitivo el sentimiento de dominio, y en las propias fórmulas mágicas, a veces certeras en la interpretación paralógica de los fenómenos naturales, encuentra los rudimentos de la técnica y cultiva el embrión de la ciencia. Mientras tanto el individuo cede al grupo su anhelo de poderío para que éste le proteja y dé seguridad. El grupo incrementa su fuerza y autoridad y mantiene vivo su prestigio con el resplandor de la roja atmósfera de los sacrificios de quienes no se acogen a su seno protector. La vivencia del peligro se alimenta, por una parte, del anhelo de depender propio de los individuos, incrementado por el terror y el sentimiento de insuficiencia, que conduce a la renuncia del dominio; por la otra, del renovado recordatorio del peligro cotidianizado en las hecatombes de los sacrificios humanos. De este modo la acción psíquica del sacrificio transcurre inadvertida para la conciencia pero con el grave peso de los hechos de la vida diaria y vulgar, descansando sobre la inconsciente formación de los hábitos y las costumbres.

La muerte, con la vida, habita el tiempo del hombre primitivo. Es una muerte viva y elocuente, familiarizada ya, y la pujanza de su presencia conduce a los individuos a aglutinarse en compactos núcleos sociales. En estos grupos, apretados por el lazo de la muerte, el prestigio y el dominio se concentran en unos cuantos individuos; son los señores de la vida y la muerte, son los jefes guerreros y los sacerdotes. Distribuyen ellos el terror e imponen la fuerza sobre los demás. Se les reconoce como señores porque mediante sus acciones de guerra y sus ritos sagrados evitan la frustración alimenticia y cumplen una compulsión mágica. Por este camino muerte y vida se conjugan en la entrañable dialéctica de un ritmo metabólico, como gajos separados de un mismo fruto; anabolismo, asimilación, vida en fin, por un lado, y catabolismo, destrucción, muerte por el otro, que sintetizados mantienen el inestable equilibrio de la convivencia social. De esta inestabilidad, de lo quebradizo del equilibrio entre muerte y vida en su entrelazamiento en la sociedad primitiva, deriva la perenne sensación de angustia, de inminencia, de peligro en fin que garantiza la adhesión al grupo de quienes con ello aseguran la subsistencia más inmediata —la alimenticia—, y en la cual se condensan las valoraciones de vida y muerte. El espanto diario, la repugnancia ante la muerte de otros, se cubre así con la seguridad propia, la alimentación asegurada; ese espanto y esa muerte son el pan nuestro de cada día. Los demás mueren para que yo viva y, simbólicamente, como algo de su carne del mismo modo que ya su muerte me está alimentando. No sólo entonces, lo que hay de sí mismo, de yo en el otro, sirve para fortalecer el nexo social, por vías de transposición y analogía mágicas, sino también lo que hay de muerte de algo ajeno que con su vida estorba la propia.

Ante la vida de los mexicanos se levanta siempre la presencia de la muerte. Cuando ya los sacrificios humanos dejan de ser una realidad, el indio mexicano padece hambre y miseria, vive en la muerte lenta de la frustración alimenticia, y con su sacrificio —sacrificio que les imponemos el resto de los mexicanos—, con su muerte, se diría, viven los demás, los que le comprenden, los que le repudian e incluso quienes, salidos de su seno, de él reniegan. La presencia de lo mexicano, de lo indio, adquiere también esa forma negativa, borrosamente indiferenciada, del par psicológico vida-muerte.

Prevalecía un conjunto de características semejantes en las sociedades aztecas antes de la llegada de los españoles, y entre todas y otras más referentes a pares psicológicos diversos, que no se estudian en estas líneas exentas de pretensión exhaustiva, tejían una estructura peculiar orientada hacia un destino psicológico determinado.

Pasividad, masoquismo, indiferenciación de erótica y sexualidad con su correlato: confusión de objetivos y fines sexuales, forman un grupo de caracteres psicológicos afines a lo que se puede llamar el polo femenino —en cuanto al grado evolutivo que ostentan. Borrosidad de la figura individual, anhelo de dependencia ante la frustración de la vida, ya sea por agresión externa, bien por carencia alimenticia, afirman estas características infantiles de retorno a la sustancia femenina y los placeres anestésicos a ella inherentes. Los atributos de los dioses indios por eso están afiliados al sector sombrío de los pares psicológicos que por proyección les dan nacimiento. Son dioses terribles, autoritarios, imponentes. Dioses de castigo a los que hay que conciliar y propiciar. Son la imagen paterna desmedidamente agrandada, vista con ojos empavorecidos por la indefensión de quienes en ella proyectan el hambre que los asedia, la muerte convivida y la cotidiana agresión de la naturaleza y los otros hombres.

En un intento de reducir a dos palabras estos factores psicológicos en lucha, en vías de conciliación por el largo y penoso recorrido de su vivencia, de su estarlos viviendo en pasado, presente y futuro, diríase que el indio precortesiano vive en estado de alma, dominan en él las esencias de ésta: instinto, pensamiento mágico, animismo, frente a las del espíritu: sublimación, pensamiento racional, concretismo. Claro está que existían signos demostradores de que se iniciaba la conciliación de ambos, de alma y de espíritu. En el cielo de los ensueños religiosos de los aborígenes aztecas luchan Quetzalcóatl y su contrapartida, su cuate, y en el triunfo reiterado de aquél, en sus barbas viriles, en su civilizador empeño, crece terca la simiente del espíritu al parejo que de sus manos nace el maíz. Con sus prédicas adquiere alas el instinto, del mismo modo que la serpiente, sustentadora de su prestigio, es levantada por el atributo de las plumas. Al igual que Quetzalcóatl, otros dioses y otras concepciones deslindan paulatinas el campo del pensamiento mágico del de la razón. La frontera todavía es borrosa y las incursiones del pavor y los exorcismos ahuyentadores del miedo, son frecuentes. Poco a poco, sin embargo, se acota el lindero preciso. Los aztecas mismos inician movimientos de expansión de dominio, más cercanos a la movilidad e imperio de actitudes agresivas y de sometimiento masculinas que a la concentrada espera y pasividad de la tendencia femenina. Pero en el conjunto imperaba el alma, el arraigo a la tierra y sus significados maternos; la proximidad de la vida con la naturaleza; una estructura psíquica, en fin, en donde los impulsos, las voliciones, los deseos —el querer, sentir y pensar— están directamente trabados, sin intermediarios, y del mismo modo conectados con el ambiente, con el clima, el paisaje y el ritmo de las estaciones. Hay que insistir: si de algún modo breve se puede caracterizar a esa cultura indígena desde el punto de vista psicológico, es calificándola de alma, al estilo de Ludwig Klages, aunque sin aceptar la valoración contrapuesta que del par alma espíritu hace ese autor al conceder a una —el alma— todo lo positivo y valioso, y al otro —el espíritu— el origen y causa de lo negativo de la humanidad. Alma, pues, de lo indio mexicano, en el único sentido de la cercanía de su estructura psíquica al seno materno y primitivo de la naturaleza; alma, porque los signos que orientan tal conjunto psíquico delatan todavía la huella filial de lo acogedor, cóncavo, líquido y femenino. Y alma porque en el devenir de la sociedad mexicana se advierten siempre, no importa en cual circunstancia histórica, los influjos de su peculiar estructura a través de los más diversos instrumentos de expresión espiritual y cultural. Lo indio aparece en su aspecto rector de la cultura y conformación psíquica del mexicano como la matriz de origen, y no sólo en la resonancia biológica de esa palabra, sino también en la que se deriva de su aproximación semántica a lo técnico. Matriz impresora de un sello, una marca especial, que pregona en los productos el origen de su fábrica y, con él, la excelencia o el defecto de su acabado,

En tal estado de alma viven los indios mexicanos cuando ante ellos aparecen los españoles armados de arcabuces, cubiertos de hierro y cruces cristianas. Nunca, como en la aventura de Cortés, al someter Tenochtitlán, la palabra conquista agota de tal modo sus significados. Aventura y conquista, dos palabras que lo mismo suenan en el fragor de las campañas de Flandes o de Italia, que en la biografía de Lope de Vega o los labios de Garcilaso; palabras que igual se oyen murmuradas en la corte que blasfemadas en los tercios dispendiosos del Gran Capitán. Cortés, al consumar la derrota de los aztecas, condensa la bipartita connotación de esas palabras. La aventura y la Conquista de México es por un lado aventura y conquista guerrera, pero, por el otro, aventura y conquista erótica, amorosa. Lo español del siglo XVI, al contrario de lo indio, formaba un conjunto de cualidades psíquicas orientadas por el signo de lo masculino. La expansión, el desarrollo del espíritu invadía todas las direcciones. Las ideas religiosas, en lo más alto de su evolución, distan en los españoles mucho de las concepciones sencillas y maternas humedecidas por la lluvia, hincadas en la tierra, y no crean ya la espantosa pesadilla de piedra de los dioses terribles, de represión y pavor. Al contrario, las abstrusas concepciones católicas atenúan la voz serena de Jehová, le suavizan el ceño y hasta le funden en una trinidad masculina dulcificada por el Hijo y racionalizada por el Espíritu. La Virgen María, madre dolorosa y amantísima, ocupa un modesto lugar de intermediaria, diríase, una humilde posición doméstica, como la que todavía suelen reservar los españoles a sus mujeres. En los españoles de esa época todo era viril, expansivo y móvil. El individualismo culminaba incluso dentro de los límites formales de la monarquía. Sólo así es explicable la libre iniciativa de los conquistadores. Para ellos en el principio es la acción, después viene la palabra explicadora o de justicia. Una energía de tal modo encauzada en la acción se caracteriza por la falta de cuidado de la vida y la muerte de los demás, de quienes ante su ímpetu se alcen. El español, por razones de expansión y actividad, exhibe el sadismo de índole masculina en la dirección de su estructura psíquica colectiva. Su dependencia del grupo está condicionada por la fuerza expansiva de éste, no por su mera capacidad de resistencia o defensa pasiva. El grupo español asegura la dependencia de los individuos, en tanto que exalta la libertad de ellos para dominar a otros grupos. Lo indispensable es el buen éxito, y si éste se obtiene nada importan las anteriores faltas y pecados. El premio de la conquista es la absolución de los delitos y las transgresiones, y ninguno se ocupará en reclamar al Cortés triunfador la insubordinación que comete al emprender la aventura y Conquista de México.

Llegan los españoles a México como agentes masculinos, móviles y activos. Ante su fuerza y poderío se rinden los indios, tras de un intento de oposición pronto allanado. Ahora el seno materno de lo indio se repliega sobre sí mismo. Pasado el pasmo que produjeron los hombres blancos montados en extraños animales resoplantes, los indios les contemplan sujetos a las mismas ataduras que encadenan a todos los hombres: son seres que comen, respiran y viven, no dioses domeñadores del trueno. Mansa, impotentemente les ven violar a sus mujeres, explotar su trabajo, derribar sus ídolos y templos. Ellos, en silencio, les cercan con el húmedo contacto de su alma autóctona y primaria. Con dolor, esfuerzo y lentitud nace el mexicano de esta conjunción. Nace del asombro y del silencio. Asombro del español, enfático, autoritario y paternal, y silencio fecundo —por primitivo e inédito— de lo mexicano, retraído al pasivo y cóncavo seno materno de lo indio.

# El Yo indígena

LUIS VILLORO

En el indigenismo contemporáneo, el mestizo no abandona el intento reflexivo por captarse así mismo; antes bien, ahonda en esa dirección. Pero ahora es otra su situación ante el indígena. Separado de la clase "mestiza" que representaba el antiguo indigenismo, el mestizo-indigenista contemporáneo busca la unión con el indio. Éste no es ya lo separado, lo ajeno. Sino que, por el contrario, se asume como algo propio. Ya no hay captación del Yo a través del reconocimiento del Otro, pues aquí el indio ya no es estrictamente el Otro frente a mí sino un constitutivo de mi propio espíritu. El indio está en el seno del propio mestizo, unido a él indisolublemente. Captar al indígena será, por tanto, captar indirectamente una dimensión del propio ser. Así, la recuperación del indio significa, al propio tiempo, recuperación del propio Yo.

También ahora el mestizo-indigenista, al tratar de poseer su propio Yo, ve su realidad escindida. Pero la escisión no es ahora externa a él,

---

El libro *Los grandes momentos del indigenismo en México* se publicó, como *El laberinto de la soledad,* exactamente a la mitad del siglo XX. El autor de este extraordinario ensayo, el filósofo Luis Villoro (1922), ya no está hoy totalmente de acuerdo con lo que escribió entonces, pues le parece que no mostró los resortes ideológicos del indigenismo. Sin embargo, admite que logró hacer una historia de los disfraces indigenistas. Reproducimos la parte final, titulada "Lo indígena como principio oculto de mi yo que recupero en la pasión", en el que Villoro muestra cómo lo indígena existe en realidad en el fondo oscuro y profundo del Yo mestizo. Este texto arroja una luz reveladora sobre las nuevas formas del indigenismo que se han expandido a raíz del alzamiento neozapatista en 1994.

sino interna, reside en el propio espíritu. La duplicidad del Yo y del Otro se traslada al interior del mismo Yo. El Yo no se busca ya a través del Otro; sin pasar por éste, vuelve directamente sobre sí. Pero, naturalmente, no puede fijarse a sí mismo como algo hecho y firme, cual si fuera una cosa objeto. Trata de determinarse como objeto, pero siempre escapa el espíritu ante su propio movimiento reflexivo. Desdóblase la conciencia reflexiva al volver sobre sí misma. Es, por un lado, el Yo en cuanto movimiento reflexivo que se enrosca sobre sí mismo; por el otro, el mismo Yo en cuanto término de ese movimiento, en cuanto objeto ante la reflexión. Y nunca pueden ambos coincidir plenamente. Queda siempre un trasfondo incógnito, irracional, inaprehensible e inexpresable por la reflexión. El Yo no puede poseerse y desespera por no llegar a ser él mismo. De ahí su conciencia de inseguridad y de desequilibrio internos, de lucha íntima y de inestabilidad. Así el intento del mestizo por captar la "mexicanidad" —como diría Yáñez— aboca a la conciencia de sí mismo como una realidad escindida. El mestizo ve su propio espíritu como el asiento de la contradicción y la lucha.

En el intento por encontrar el propio ser, el movimiento reflexivo es patentemente de raigambre occidental. Occidental es su lenguaje, su educación y sus ideas, occidentales incluso sus métodos de estudio e investigación. Lo indígena, en cambio, no aparece reflexiva y nítidamente a la conciencia. Permanece oscuro y recóndito en el fondo del Yo mestizo. Lo indígena es profundo y arcano, no se hace nunca plenamente presente, permanece cual "misteriosa fuerza" (Pérez Martínez) en el espíritu, esperando su despertar. Nos estremecemos ante su secreto y, a la vez, nos atrae su abismo sin fondo. Frente a la claridad luminosa de la reflexión, lo indígena, oscuro y denso, atrae a la vez que atemoriza. Por otra parte, el principio occidental se erige siempre en juez. Él es quien mide y juzga. El principio indígena en el seno del mestizo, en cambio, nunca dice su propia palabra, nunca juzga a los demás. Desde el momento en que trata de decir algo tiene que hacerlo a través de la reflexión y, por tanto, a través de los conceptos, temas y palabras que vienen de Occidente. El mestizo, por más que quiera, no puede resucitar el tipo de reflexión indígena ni puede expresarse "en indio"; si quiere juzgar toma los conceptos occidentales, si quiere mirar, debe hacerlo a través de sus ojos. Lo indígena es una realidad que debe ser revelada, iluminada por la reflexión, en el seno del espíritu mestizo; pero ella, a su vez, nada revela en otras realidades. Es juzgado por lo occidental y no lo juzga a su vez.

Así, inconscientemente, el mestizo asimila el movimiento reflexivo del Yo a lo occidental; y el trasfondo de su ser que permanece oculto a lo indígena. Lo occidental simbolizará la luz reflexiva, lo indígena el magma inapresable, hondo y oscuro que trata de iluminar esa luz. Lo indígena sería un símbolo de aquella parte del espíritu que escapa a nuestra racionalización y se niega a ser iluminada. De ahí todas esas comparaciones de lo europeo con un traje que no se presenta cortado a la medida, con una realidad inadaptada, incapaz de captar exactamente nuestra propia realidad. Con ello se simboliza quizá la labor infructuosa de la reflexión (de raigambre europea) para cubrir perfectamente el espíritu, para adaptarse a todas sus sinuosidades, para iluminar todos sus trasfondos. Se califica entonces a lo europeo de "inadaptado" o "cismático", cuando es, en el fondo, la reflexión del mestizo la que se da a sí misma ese apelativo, ante el fracaso de su intento.

De ahí también que, a la inversa, se ligue siempre lo indígena a lo ancestral, a lo hereditario. Se habla de él como de un legado que está en nuestra sangre más que en nuestra razón. Se siente como una fuerza colectiva y ancestral, como el principio telúrico que nos liga a la naturaleza. Es una especie de fuerza o poder oculto que nunca se hace plenamente manifiesto, pero que el mestizo cree sentir en lo hondo, latente y terrible. Es siempre grito de la sangre, impulso vago o fuerza ciega y, a la vez, es símbolo de elementos de la situación: la comunidad, el pasado ancestral, la tierra. Lo indígena preséntase, pues, íntimamente enlazado con elementos inconscientes o puramente vividos, con fuerzas supraindividuales, con potencias biológicas y naturales. Se refiere a esa esfera del Yo que constantemente escapa a aquella reflexión que parecía "inadaptada", esfera no iluminada por la conciencia tética. Así, parece el mestizo simbolizar los elementos de su espíritu escindido, con nociones de sus componentes raciales. Y lo que hemos llamado "paradoja" del indigenismo expresaría esa dualidad de lo uno. El principio indígena *es* el espíritu mestizo, en cuanto está ahí como trasfondo inapresable; *no lo es,* en cuanto no se hace tético a la reflexión, en cuanto no puede poseerse.

El indigenismo aparece como expresión de un momento del espíritu mexicano, en que éste vuelve la mirada sobre sí mismo para conocerse y descubre en su interior la inestabilidad y la contradicción. El indigenismo contemporáneo es una expresión simbólica de esa inestabilidad por medio de conceptos raciales. El mexicano ve su ser, tanto personal como social, escindido y vacilante: lo indio y lo occidental, componentes históricos de su realidad, simbolizarán perfectamente su desgarramiento. Intentará escapar a su inestabilidad: la acción en la sociedad será una de sus vías para lograrlo, el conocimiento amoroso de sí mismo será la otra. El indigenismo expresa igualmente estas dos tentativas. Responde, por tanto, a un proyecto del mexicano actual por escapar al desgarramiento e inestabilidad que siente en su ser personal y social, adquiriendo, por fin, estabilidad sustancial. Se trata de un intento por captarse como algo seguro y pleno, rotundo y sin contradicciones. Ese proyecto se traduce fundamentalmente en el movimiento del Yo por poseerse a sí mismo.

La reflexión fracasa en su intento por poseer el Yo. En ella no puede el mestizo reconocerse a sí mismo. El espíritu intenta entonces otras dos vías para poseerse. Será la primera la acción, el amor la segunda.

El mestizo se reconoce a sí mismo en la praxis. Pues el Yo, después de su fracaso reflexivo, sí puede encontrarse en tanto se ve a sí mismo realizándose en el mundo; al comprometerse en él por su acción, se reconoce en sus conductas, en su comportamiento y en los entes mismos en que su acción queda impresa.

Al arrojarse a la acción, el nuevo indigenista no toma la misma postura que el "mestizo" anterior, sino su inversa. Ya no está frente a él en la lucha ni lo sojuzga; ahora se encuentra en la situación de explotado; y junto a él ve al indio en una situación similar. Su acción será, pues, común. El mestizo encuentra así unidos en la esfera de la praxis lo occidental y lo indígena que escindían su espíritu; y, en su actuación común, se reconocerá a sí mismo. Logrará la acción, la que la reflexión no alcanzaba. Indígena y occidental quedan unidos indisolublemente en la empresa común. El ser indígena asumido por el espíritu del mestizo y que no podía manifestarse por la reflexión manifiéstase ahora por la acción. En ésta, indio y mestizo se confunden; su comportamiento, en tanto clases explotadas, es similar, su reacción fundamental ante una situación semejante es la misma. Pero si el indígena se manifiesta por la acción, ésta lo revelará tan sólo en tanto ser activo en la sociedad. Por eso se manifestará en el seno de la "clase". Al transferir su cuidado a la acción se expresa el mestizo en términos de clase; ella, garante también de lucha racial, es la realidad en que se encuentra a sí mismo, pues que en ella ve al fin unificados por la acción los principios que actuaban en él desunidos.

El mestizo indigenista se especifica junto al indio frente al Otro, que ahora toma la figura del explotador extranjero o criollo. Se pone como distinto a él en cultura, en situación social, en raza. Su ingreso a la acción supone, pues, un primer momento de especificación y de alejamiento frente al Otro; supone una primera negación, la negación del Otro. Por eso se tilda al criollo o al mestizo occidentalizante de "desarraigado", de "imitador", de "cismático". Pero este movimiento primero de especificación sólo se lleva a cabo con el fin de anular en lo futuro todo movimiento semejante. Se asume su desigualdad y distinción frente al Otro, sólo para llegar a negar después toda desigualdad y toda distinción.

Porque, en la praxis, capta el mestizo indigenista su propio proyecto y expresa, él también, su mito propio. Apelo al mestizaje futuro en que desaparecerán las distinciones y desigualdades entre las razas actuales. Postúlase la desaparición en el advenir del indio, del blanco y del mestizo actual; desaparición —se entiende— no en lo biológico, sino en aquello que hace a una raza considerar a la otra como inferior o desigual. Al momento primero de la especificación, sucede el de la negación de ésta, la negación de la primera negación. Vendrá el momento en que no haya jerarquías en las razas ni dominio de una sobre la otra; en que todas las que ahora se diversifican se reconozcan recíprocamente. Así, en el momento mismo en que el mestizo se encuentra, postula su propia destrucción como tal mestizo para advenir a una sociedad sin separaciones de castas. Sólo se encuentra a sí mismo para perderse voluntariamente. Pero esta pérdida será ya una negación libre y una consagración plena. Se pierde para ganarse y, en su renunciamiento, se recuperará al fin definitivamente. Porque sólo por su medio logrará el recíproco reconocimiento entre los hombres.

Mientras en el periodo anterior la idea del mestizaje significaba afirmación del mestizo, aquí significa su negación. Por eso allá, el mito del mestizaje expresaba la estabilización del presente, su consolidación definitiva; ahora, en cambio, expresa la transformación total del estado actual, la revolución hacia el futuro. Para el explotador, el mestizaje era imagen de su propia autonomía; para el explotado es anuncio de su propia negación como explotado y símbolo del futuro reconocimiento recíproco entre los hombres.

De ahí también que, en el periodo anterior, se centre el indigenismo en el presente social y económico, mientras que, en este otro, se encuentre pendiente del futuro. Porque lo que ahora le da sentido es sólo su anuncio profético. Su valor lo recibe de aquel fin humanista a que tiende. Sin él, carecería de todo sentido; con él, se organiza y se orienta.

El indigenismo actual se nos aparece como un momento dialéctico destinado a ser negado. Sólo existe para destruirse. Se afirma lo indígena como valor supremo, para poder negarlo después en una sociedad donde se reconozcan mutuamente el indio y el blanco. Es, pues, un tránsito y no una meta. Como tal, el indigenismo es forzosamente parcial y negativo. No abarca la realidad toda porque no sólo no pretende abarcarla, sino que intenta incluso negarla. Sólo ve un aspecto de la realidad, porque sólo afirmando un aspecto en contra del opuesto es posible llegar a sintetizar ambos. Parcial y todo, es quizá el único momento que conduzca a la integración final de todos los elementos de nuestra realidad comunitaria. Al reivindicar el valor de la raza y grupo social que resulta más sojuzgado y despreciado, se prepara la eliminación de todo vasallaje y desprecio futuros. Al luchar por su propia liberación, el indio (al igual que el negro o cualquier otra raza "inferior") lucha simultáneamente por la liberación de todos los grupos sociales y raciales menos explotados por él. Porque si él, el peor esclavo, logra el reconocimiento y el respeto, habrá de lograrlo también para todos los hombres. Y el mestizo, al unirse con él en su lucha, labora igualmente por una comunidad sin esclavitud a través del único medio para llegar a ella.

Así, para salvar al indio habrá que acabar por negarlo en cuanto tal indio, por suprimir su especificidad. Pues que en la comunidad sin desigualdad de razas no habrá ya "indios", ni "blancos" ni "mestizos", sino hombres que se reconozcan recíprocamente en su libertad. Las designaciones raciales perderán todo sentido social, porque aunque subsistan las razas ya no serán obstáculos para las relaciones humanas. El indigenismo debe postularse para perecer; debe ser una simple vía, un momento indispensable, pero pasajero, en el camino. Sólo en el momento en que llegue a negarse a sí mismo, logrará sus objetivos; porque ese acto será la señal de que la especificidad y distinción entre los elementos raciales ha cedido su lugar a la verdadera comunidad. Y, de parecida manera sólo logrará el indio su reconocimiento definitivo por todos los hombres, su reconciliación final con la historia, en el momento en que pueda negarse a sí mismo. Entonces cesará para siempre su lucha con la historia universal y la condena que le agobiara desde la Conquista. La hora de su libre renuncia marcará para él la del triunfo definitivo: el instante en que acepte y logre perderse como indígena, destruyendo su especificidad para acceder a lo universal, señalará su liberación definitiva.[1]

Pero aquí —como ya habremos visto— el "indígena" se convierte en "proletario". Gracias a esa conversión, se universaliza. En efecto, cuando el mestizo recupera al indígena en la *praxis,* no lo recupera propiamente como raza, sino como clase. Por otra parte, al postular la comunidad futura sin distinción de razas, asume en la acción la universalidad de lo humano; pues que actúa por la liberación de todo hombre, sea de la raza que sea.[2]

Sólo al "pasar" al proletariado queda el indígena, por fin, asumido en la universalidad de lo humano y congraciado con ésta. Al aceptar el peso de lo universal, logra borrar definitivamente los vestigios de su pasada culpa, que fue manifestada al chocar con el curso universal que seguía la humanidad. Pues su pecado fue quizá el aferrarse perdidamente así mismo (a su locura religiosa, a su ceguera espiritual) y su salvación será, tal vez, desprenderse totalmente de sí, renunciar por fin, voluntariamente, a su mundo exclusivo y egoísta, para revestirse con lo universal. Pues quizá solo pueda librarse quien esté dispuesto, en cambio, a arriesgar definitivamente su propio yo.

Pero la vía de la acción no es la única por la que intenta el Yo del mestizo recuperarse a sí mismo. Otra hay más íntima y sutil, más auténtica y personal, más sabia aún y generosa. Dirígese el mestizo al pasado indígena. Pero ahora ya ha asumido al indígena como dimensión real de su espíritu; el pasado al que tiende es ya *su* pasado. Quiere captar un elemento de su propio ser y lo ve expresado en el ayer: es, pues, su ser mismo el que allá se expresa. Reconoce en el pueblo desaparecido un jirón de su propio espíritu; *se* reconoce en él. El pasado no es algo extraño, pétreo y alejado (como fuera en Orozco); es cosa propia, constitutiva del Yo. Porque es tan sólo la expresión viva de una dimensión oculta del espíritu. De objeto-cosa transfórmase el pasado en existencia.

¿Cómo se presentará el hecho histórico a quien está animado por temple de ánimo tal? Creemos que pueden ya revelársenos dos actitudes posibles ante la historia que se han manifestado todo a lo largo de este ensayo. Según la primera actitud, nos acercamos al signo o dato histórico en un inicial estado de expectativa o perplejidad. No sabemos aún lo que nos va a decir, ni el mensaje que nos va a revelar; ni siquiera conocemos si nos hablará en nuestra lengua o en otra bien distinta. El hecho, por lo pronto, calla, y no sabemos aún si tenemos los instrumentos para descifrarlo: es un "enigma", un signo. No pretendemos determinarlo según leyes ya conocidas, sino que esperamos impacientes lo que él, según su propio sentido, quiere sugerir en nosotros. Se trata, pues, de una actitud de inicial entrega ante el signo; de renuncia a las tablas verificativas adquiridas por el espíritu. Esa perplejidad inicial es una expectativa ante un salto libre, espontáneo, imprevisible del hecho histórico. Esperamos que, en el curso del suceso histórico, aquel signo humano vaya apuntando a sus significados propios que, mientras no se revelen, no podemos aún prever. Así, en el esperar comprensivo, revivimos al hombre pasado como trascendencia, porque, ante nuestros ojos, el enigma apunta a sus significados propios y se rebasa hacia ellos. En realidad, es nuestra propia trascendencia la que el signo histórico ha despertado. Él ha sido el estímulo, el impulso que ha actualizado determinadas posibilidades significativas nuestras. Es en nosotros donde el hecho revive, en el seno de nuestro espíritu. Al pasar por nosotros, lo puramente fáctico recobra su trascendencia. Y decimos *su* trascendencia porque es aquélla que él por virtud propia ha despertado; el historiador, en perplejidad y entrega, no imponía al enigma ningún cauce, sino que a él se los pedía. Él solo completará la dirección que el signo señale; como el mortal que escucha los augurios de un oráculo.

Según la segunda actitud, en cambio, nos acercamos al hecho histórico con una estructura formal lista para abarcarlo. Nos interesa encontrar en él lo que buscamos, no lo que él libremente quiera darnos. El hecho ya no es un enigma con sentido propio aún incógnito sino un "problema", un conjunto de datos resolubles por despejar según métodos que ya dominamos. Pues el enigma señala a *su* significado y es él mismo quien lo indica; el problema, en cambio, nada señala; es una masa de hechos que precisan recibir un sentido desde fuera; mientras el método científico no despeje la "x", mientras no encuentre una aplicación al problema dado, no tendrá éste ningún significado. En la historia "enigmática", cada signo tiene su vía propia de patentización; "adivinamos" su sentido y su método propio de comprensión, no lo "resolvemos". En la historia "problemática", en cambio, no encontramos más que lo que previamente hemos querido encontrar; no se nos abren significados nuevos, ni nuevas vías de comprensión; sólo se nos presentan aplicaciones concretas y aportaciones particulares en la estructura metódica y sistemática que ya poseemos. Las dos actitudes son opuestas: la primera supone entrega ante el ser pasado, la segunda dominación; la primera es vidente en su perplejidad, la segunda ciega en su inquisición. Orozco y Berra se colocó frente al problema. La dimensión "espiritual" del indigenismo se coloca —en gran parte al menos— frente al enigma.

Pero todo esto tiene una importante consecuencia. El "problema" histórico, una vez resuelto, queda convertido en un puro objeto ante nuestra vista: el hecho está ahí, perfectamente determinado y regulado. Queda, por tanto, definitivamente alejado de mí, como cosa externa entre las cosas. El "enigma", en cambio, después de indicar su mensaje, vive en nuestro espíritu como dimensión propia de él. Porque debe manifestarse en mis propias posibilidades significativas; y él es tan sólo el movimiento significativo mismo que despierta en nuestro espíritu. El pasado renace en el ser del historiador, incorporado a su existencia, proyectado, como ella, hacia sus posibilidades significativas futuras.

Aprópiase así el indigenismo el ser del indio, dirigiéndose al pasado y repitiéndolo en su propio espíritu. Apropiarse el ayer significa, pues, hacerse de su propia realidad, recuperar una dimensión oculta de su propio Yo. Así, el indigenismo logra por una segunda vía recapturar lo que a la reflexión se le escapaba. Por la historia enigmática, el ser indígena latente en el espíritu mestizo se manifiesta en cuanto que él mismo señala sus significaciones propias y revela su íntimo sentido. Mitígase la escisión del propio espíritu. Y aunque la recuperación del Yo no podrá nunca ser completa, lógrase descubrir el infinito camino que a ella conduce. Camino, no de la actitud dominadora e inquisitiva, sino de la entrega vidente de que hablábamos. Por esa entrega, y sólo por ella, se apropia el ser pasado y oculto a quien se entrega. Entrega perpleja y vidente que se apropia el ser a quien se dona, ¿qué es ella sino amor? Por el impulso amoroso hacia lo indígena lo respetamos en su enigma; sólo porque precede nuestra entrega, aparece éste como misterio con significado personal. Por eso, a la captación del pasado como dimensión de nuestro ser deberá preceder el cuidado amoroso.

El allegarse al pasado como un enigma hace posible, por fin, su recreación. En ella no reiteramos el ayer tal cual era; por el contrario, lo ponemos en condición de abrirse de nuevo a todas sus posibilidades originarias y, por tanto, de transformarse. Al existir el pasado en nosotros, sólo lo comprendemos como adviniendo desde el futuro. Recupera así el horizonte de sus posibilidades; podrá ahora realizar aquellas que antaño quizá no realizara, podrá rechazar otras que quizá antes aceptara. El amor, lejos de reiterar lo indígena como objeto definitivamente realizado y muerto, lo recrea como existencia, como posibilidad permanente de lo inesperado.

El mestizo indigenista busca recuperar su ser por un movimiento de dos dimensiones: la acción es la una, el amor la otra. Y, lejos de oponerse, ambas se complementan; más aún, se exigen mutuamente. Porque la acción sin amor arriesgaría hacer violencia al indio, tratarlo como objeto, dirigirlo desde fuera sin respeto para su libertad. Y el amor sin acción podría caer en la inercia improductiva de una tierna añoranza o, lo que es peor, en la complicidad, por omisión, con aquellos que al indio explotan. Así, la actividad deberá ir acompañada de emoción y el amor de actividad. Pero acción y amor, integrados en el mismo movimiento, dan un nombre al impulso que los une: *pasión*. Pasión es amor explayándose en actividad, es actividad transida de emoción.[3] Y así como, según veíamos, su acción llevaba al indigenismo a postular su propia destrucción en aras del reconocimiento futuro del indio; así también, en el movimiento apasionado hacia su propio ser, presidido por una vidente entrega, logrará el mestizo recuperarse a sí mismo, salvándose de su interior desgarramiento; según la sabia palabra kierkegaardiana: "el que se pierde en su pasión, pierde menos que el que pierde su pasión"; pues éste, con la pasión, todo lo pierde; aquél, en cambio, en su renuncia, lo recupera todo.

# Posibilidades y limitaciones del mexicano

JOSÉ REVUELTAS

## 1. El mexicano y su ser nacional

Plantear no importa qué problemas en relación con "el mexicano" implica desde luego formular una petición de principio, o sea la de que "el mexicano" existe. Si dejamos por previamente asentado y sin demostración que el mexicano existe, las direcciones de la investigación respecto a sus problemas pierden en absoluto su carácter objetivo y quedan a merced del capricho y la fantasía personales del investigador. De ahí, por ejemplo, las sorprendentes enunciaciones que se han hecho, donde, sin que sea preciso siquiera penetrar en su desarrollo, se advierte desde el primer momento la propensión a lo fácil y lo arbitrario. Hablar de una particular "finura" del mexicano, o de que éste tenga un privativo "sentimiento de rivalidad", del mismo modo que una "voz, gesto y silencio" o un "asombro", o una forma de sentir "lo imaginario y lo real", es tanto como pretender que ciertos fenómenos invariables y universales se expresen de una manera exclusiva y diferenciada, a cuenta de

También a la mitad del siglo José Revueltas (1914-1976) publicó una interpretación marxista de "lo mexicano", que se agrega a las versiones positivistas, fenomenológicas, existencialistas y psicoanalíticas. Aunque se burla de la "literatura barata de salón" que especula sobre el resentimiento, el sentido de la muerte, las inhibiciones sexuales y las paradojas de la mexicanidad, Revueltas nos entrega una visión del ser nacional explicada a partir de la lucha de clases y de la filosofía de la *praxis*. El texto que sigue fue originalmente una conferencia dictada en la UNAM, publicada posteriormente en la revista *Filosofía y Letras* (núm. 40, octubre-diciembre de 1950).

quién sabe qué misteriosos factores, sobre un sujeto que en modo alguno es ni puede ser un sujeto exclusivo y diferenciado.

Afirmar *a priori* que el mexicano existe no nos dice mucho, o nos dice bien poca cosa, en virtud de que tal afirmación deja pendientes el por qué y el cómo de dicha existencia y aun los grados de relatividad de esa misma existencia. Sólo a partir, entonces, de estos por qué y estos cómo de la existencia del mexicano, pueden derivarse los demás rasgos y determinarse a su vez el particularismo a tales rasgos.

Ahora bien, el existir no es una función abstracta. En otras palabras, en tanto que no puede dejar de ser un hecho funcional, pues de lo contrario dejaría de ser también un existir, se produce y sucede de un modo concreto y en un tiempo y un espacio concretos. De esta manera, cuando se habla de la existencia del mexicano (que no es sino una forma de la existencia del hombre en general), no podemos concebir que ésta se produzca y suceda fuera de la *praxis*, es decir, fuera de la reciprocidad de relaciones que el sujeto establece necesaria y forzosamente con sus circunstancias. A mayor abundamiento, las relaciones de reciprocidad entre el sujeto y sus circunstancias no se expresan jamás de un modo pasivo, antes sujeto y circunstancias aparecen en continuo movimiento, condicionándose mutuamente sin cesar, de tal suerte que la subversión de las circunstancias por parte del sujeto se resuelve a su vez, dialécticamente, en una autosubversión del sujeto mismo.

El hombre aparece dentro de la *praxis* en su condición real e íntegra, en su movimiento y devenir continuos, no como un resultado pasivo de la naturaleza inconsciente y ciega, ni como una suma de reflejos condicionados, sino como un elemento *práctico crítico,* es decir, revolucionario.

Sujeto y objeto —dice el italiano Mondolfo— no existen más que como términos de una relación necesariamente recíproca, cuya realidad reside en la *praxis;* su oposición no es más que la condición dialéctica de su proceso de desenvolvimiento, de su vida. Por consiguiente, el sujeto no es una *tabula rasa* pasivamente receptiva; es (como el idealismo sostiene) actividad, que por lo demás se afirma (y esto contra el idealismo) en la sensibilidad o actividad humana subjetiva, la cual pone, modela o transforma el objeto y con esto se va formando a sí misma.[1]

Esta *praxis* subversiva que parece situar al hombre como un ser relativo y cambiante, presupone la existencia de un hombre *objetivamente* absoluto, cuya existencia *objetiva* es absoluta. La historia y las sociedades humanas nos han dado al hombre del Renacimiento, al hombre de la Edad Media, al hombre burgués, al hombre feudal, al hombre proletario, del mismo modo que comunidades humanas más específicas nos han dado al hombre alemán, al hombre francés, al hombre mexicano. Pero si se toma al hombre en su conjunto, prescindiendo de la relatividad a que lo condicionan historia y sociedades mutables, queda una constante absoluta, que es el hombre mismo como verdad objetiva.

El burgués o el proletario, el renacentista o el habitante de las cavernas, el sueco o el mexicano, son hombres, pero no son el hombre. De aquí que no pueda emprenderse el análisis del hombre relativo y concreto de una sociedad o un país determinados, dentro de un tiempo y un espacio locales, sin referirlo al hombre universal absoluto, cuya existencia es absoluta dentro del tiempo y espacio universales.

De acuerdo con el punto de vista anterior, los términos "el mexicano" y "lo mexicano", deberán cobrar una categoría diferente a la de su simple acepción gentilicia. Si se observa la perspectiva económica, sociológica e histórica del país llamado México, se verá, por ejemplo, que el lacandón no es ni "el mexicano" ni "lo mexicano", del mismo modo que no lo son, tampoco, el yaqui, el cora, el huichol o el otomí. La causa de que no lo sean radica en que sus características como comunidades humanas concretas no se han podido imponer a esa otra comunidad de hombres, a su vez con características propias y en el seno de la cual coexisten, que constituye el resto del país.

Una comunidad humana se convierte en *lo nacional* de un país dado, cuando crea las condiciones para serlo y no en ninguna otra circunstancia; esto no quiere decir, sin embargo, que una comunidad humana dentro de un país dado no pueda ser *lo nacional* de sí misma: los yaquis, los coras, los lacandones y demás minorías idiomáticas, son *lo nacional* para sí mismas, respecto a sí mismas, pero no son *lo nacional* del país, el ser nacional de México. Si cualquiera de estas minorías hubiese podido crear las condiciones económicas, sociológicas e históricas indispensables para convertir lo nacional propio en lo nacional del país, no estaríamos planteando el problema del mexicano, sino, en su caso, o el problema del yaqui o del cora o del lacandón.

De aquí se concluye que el problema de "el mexicano" se plantea como tal en tanto que el mexicano, a través de una serie de vicisitudes y circunstancias de las que hablaremos en su turno, ha llegado a convertirse en *lo nacional* de un país, o con mayor exactitud, en el ser *nacional* de México.

La realidad del ser nacional de un país, considerado como *sujeto* —en nuestro caso el mexicano, el ser nacional de México—, y la realidad de sus relaciones de interdependencia e interacción respecto a la economía, la sociedad y la historia del país en cuestión, consideradas como *objeto*, radican en la *praxis*, lo que significa entonces que *lo nacional, el ser nacional,* no es otra cosa que ese proceso universal de transformación, integración y desintegración del hombre, localizado en un punto concreto del tiempo y el espacio, que hace posible a una comunidad formularse respecto a sí misma y respecto a las demás el concepto más o menos absoluto de "lo francés", "lo inglés", "lo mexicano", etcétera. En consecuencia y como resultado de ese proceso universal del que le es imposible separarse, el concepto de lo nacional aparece en el cerebro de los hombres como una forma *prácticamente determinada* de la conciencia del ser, de la conciencia del ser humano.

Esta conciencia del ser humano, en su forma *prácticamente determinada* del ser nacional (del mismo modo que en su forma de conciencia de clase y en todas sus demás formas), aparece en la vida de los hombres como el resultado de un conjunto de fenómenos económicos, sociológicos e históricos, que tienen características peculiares en cada comunidad, a pesar de que el proceso de su aparición esté regido por leyes universales únicas. El camino recorrido por la comunidad francesa para adquirir la conciencia de "lo francés", es muy diferente al camino recorrido por los colonos de Norteamérica para adquirir la conciencia de "lo norteamericano" hasta llegar al absoluto posible de esa conciencia. Por "absoluto posible" entendemos el punto donde la

218

conciencia se realiza y donde, al realizarse, se transforma de conciencia del ser en el ser mismo. Al respecto hemos dicho, refiriéndonos a las minorías idiomáticas de México, que ellas son *lo nacional* de sí mismas, pero que esto no significa que sean lo nacional del país, aunque dichas minorías posean una conciencia de su yo, de su ser nacional. Con esto ha querido decirse que la conciencia de lo nacional, en el caso de tales minorías, no ha llegado al punto de su *absoluto posible*, es decir de su realización económica, social e histórica, y que, por lo tanto, es una conciencia estacionaria y pasiva.

Una de las características, precisamente, del ser nacional del mexicano, es que convive, como tal ser, junto con otras nacionalidades dentro de los límites de un mismo territorio. La no realización de la conciencia nacional de las minorías idiomáticas que conviven junto al mexicano, constituye, en consecuencia, una de las antinomias básicas que obstruyen el camino para que el ser nacional del mexicano conquiste su *absoluto posible* y se realice en una forma plena e íntegra. Sin embargo, el hecho de que el mexicano no constituya por completo y en su totalidad el *ser* nacional de México, no implica su inexistencia como ser nacional mayoritario del país y determinante del mismo, de su carácter y su morfología.. Pero, en suma, ¿qué es, entonces, el mexicano?

No obstante que, como se decía en renglones anteriores, los fenómenos universales que determinan al mexicano se producen y desarrollan con características peculiares propias, este hecho no nos autoriza a elaborar una definición primitiva de lo mexicano diferente a la que existe para establecer las condiciones indispensables que debe reunir no importa qué otra comunidad humana considerada como *ser* nacional, como nacionalidad.

Cuando los intelectuales y profesores pretenden definir al mexicano por su sentido de la muerte, por su resentimiento, por su propensión a la paradoja y por sus inhibiciones y elusiones sexuales, no están haciendo otra cosa que una literatura barata de salón. El mexicano no es un tipo único para el que existan, o deban inventarse, leyes ni definiciones únicas, porque un tipo de tal naturaleza no puede darse en ningún género de circunstancias dentro del conglomerado humano moderno. Las características que se quieren hacer pasar como peculiares del mexicano, el resentimiento, el sentido de la muerte y demás, son rasgos que han aparecido y aparecen en otros pueblos. Aún más, estos rasgos, en el propio mexicano, forman una superficie cambiante, no sólo a lo largo de la historia, sino incluso a lo largo de la geografía.

El hombre es el mundo de los hombres y las condiciones materiales de su vida determinan su conciencia, su organización social y política, sus costumbres y su ideología. De esta suerte un análisis correcto del hombre no puede sino tomar como punto de partida el análisis de las condiciones materiales de su existencia, que son las determinantes de todo el resto. Del mismo modo que en medicina los síntomas no son la enfermedad, en la sociedad humana los datos determinados no son el hombre, pues el hombre está constituido no sólo por lo que aparece en su superficie, sino también y preponderantemente por lo que está en su raíz como el conjunto de sus determinantes. Los datos determinados del hombre constituyen un conjunto inestable, que se altera en la misma medida en que los datos determinantes así lo condicionan. Por cuanto a esta permanencia e inestabilidad de los datos determinados, podrían dividirse éstos en una escala muy amplia, pero ciertamente los del carácter y la psicología son los más efímeros, aunque también los más favorecidos por los profesores afectos a urdir hipótesis ligeras.

Si se toma al mexicano de la ciudad de México, concretamente al de las calles San Juan de Letrán, se tendrá en la mayoría de los casos, digamos, a un simulador, a un sádico sexual que golpea a las mujeres, a un resentido y a un bravucón cobarde, por no hablar de otras características. Pero si se toma a otro mexicano de la propia ciudad de México, digamos un intelectual, se encontrará, salvo excepciones, a un ser complicado y astuto, torturado de la manera más increíble por el infierno de la vanidad, retorcido, envidioso y lleno de oscuras represiones. Es decir, del *macró* de San Juan al intelectual del cabaret Leda, ya se advierte, por lo pronto, una diferencia; o sea que los datos determinados en estos dos tipos de mexicano comienzan a no tener una magnitud común, a no ser un denominativo común. La diferencia se acentúa si se toma el mexicano de Monterrey, de la Baja California o de Nueva Rosita. Aquí tenemos a un hombre reposado, sobrio, austero, cordial y sin tortuosidades. Sin embargo, la inutilidad de estos datos resulta obvia cuando se advierte que ni los mexicanos de San Juan y el Leda ni los mexicanos de Monterrey, Baja California y Rosita, son *el mexicano* propiamente dicho, el ser nacional de México.

El ser nacional de una comunidad humana no puede existir sino a condición de que dicha comunidad esté vinculada entre sí por el mismo idioma, por el mismo territorio, por la misma economía y la misma cultura. La ausencia de cualquiera de estos factores hace perder a la comunidad humana de que se trate, su condición de ser nacional. Justamente el mexicano es el ser nacional de México, porque en la comunidad que forma reúne todos y cada uno de estos factores.

Empero, a lo largo de la historia, el mexicano no siempre ha sido el ser nacional, la nacionalidad de México. Esto significa que el ser nacional del mexicano ha tenido un origen y un desarrollo y que, en consecuencia, tendrá necesariamente una culminación. Las posibilidades y limitaciones del mexicano sólo pueden ser vistas, entonces, a través del origen, desarrollo y probable culminación de su ser nacional.

## 2. El mexicano como fruto del mestizaje

La sociedad prehispánica del Anáhuac, si bien constituía un estado homogéneo, no era una nacionalidad. Los núcleos que integraban el imperio estaban vinculados entre sí por un territorio común y lazos económicos comunes, pero no tenían ni el mismo idioma ni la misma cultura. De ahí que el origen nacional del mexicano no pueda situarse en la sociedad prehispánica del Anáhuac, porque esta sociedad no reunía las condiciones para constituirse en una nacionalidad homogénea y estable.

Es de presumir que sin el factor de la Conquista española, el imperio azteca se hubiese dispersado a la postre en una serie de Estados autónomos, cada uno con su propia nacionalidad. La contradicción interna más importante del imperio azteca, entre los mexicas dominantes y las demás nacionalidades dominadas, radicaba en la carencia de un idioma y una cultura comunes para todos sus integrantes. Esta contradicción sólo tenía una salida, que era la de la mexicanización de todas las nacionalidades que contenía el imperio. Ante la imposibilidad histórica de tal mexicanización, se crearon por lo contrario, otras condiciones distintas para resolver el problema, que eran la germinación de un estallido violento, revolucionario, en contra de la nacionalidad opresora. Esto está demostrado por el hecho de que los Conquistadores encontraron sus mejores aliados entre las nacionalidades oprimidas, sin la ayuda de las cuales no hubieran podido vencer.

Es difícil pensar que alguna de las nacionalidades que constituían el imperio azteca hubiese podido convertirse en el ser nacional del país. Por cuanto a la propia nacionalidad opresora, los aztecas mismos eran incapaces de resolver la contradicción básica que ya se ha señalado como la característica más importante de su imperio y sin la cual les era imposible crear una nacionalidad homogénea. Por lo que hace a las otras nacionalidades no se puede concebir, si se toma en cuenta su número y su territorio, que fueran algo más que una simple nacionalidad para sí mismas, el ser nacional propio, pero de ningún modo el ser nacional de todos los demás del país.

La Conquista transformó las antiguas relaciones de propiedad e introdujo nuevos instrumentos de producción, como el caballo, otras bestias de carga, las herramientas de metal y la rueda. Este cambio en las relaciones de propiedad trajo consigo la supresión de las diferencias de clase entre los aborígenes y, lo que es más importante para nuestro punto de vista, la supresión de las diferencias nacionales entre ellos. Al ser despojados y proletarizados por la Conquista, los aborígenes de hecho constituyeron una clase social más o menos homogénea y con los mismo intereses económicos.

En otras condiciones históricas, estos factores, o sea la transformación de las relaciones de propiedad, la introducción de nuevos instrumentos productivos y la proletarización casi total de la población indígena, hubieran significado un fenómeno revolucionario y progresista. El que no haya sido tal cosa, sino todo lo contrario, se debe a que los conquistadores introdujeron una nueva contradicción fundamental, que apenas existía antes de ser destruido el imperio: la contradicción entre las relaciones de propiedad y las fuerzas productivas.

En efecto, como hemos dicho, la contradicción más importante del imperio azteca era más bien de carácter nacional que social. Las nacionalidades oprimidas por los tenochca o mexica, a pesar de estar estructuradas internamente en clases sociales necesariamente antagónicas, aparecían unificadas en su odio y temor a los aztecas, y los macehuales y huehuetlacolli, o sea los peones y esclavos, no parecían tener conciencia de la necesidad de una lucha de clases contra sus explotadores, ni ofrecían el menor indicio de que tal lucha se produjese. Dentro del seno mismo de la nacionalidad mexica, las clases inferiores se mantenían obedientes y sin manifestar síntomas de rebelión. Esto nos induce a pensar que el antagonismo entre las relaciones de propiedad y las fuerzas productivas no había llegado a esa etapa de madurez en que las clases explotadas se apartan de los intereses nacionales para luchar por sus intereses propios.

Al mismo tiempo que transformaba las relaciones de propiedad, la Conquista sustituyó a los antiguos amos indígenas con los nuevos amos españoles. La consecuencia de esto, como se ha dicho, fue la liquidación de las contradicciones nacionales entre los propios indígenas, a cambio de que apareciera una contradicción nueva: de una parte de los indígenas tomados en su conjunto como fuerzas productivas, y de otra los españoles, tomados en su conjunto como la expresión de las relaciones de propiedad. Este fenómeno se desarrolló a lo largo de tres frases, donde casi es posible fijar cronológicamente el momento en que apareció el factor económico que más adelante se convertiría en el germen del ser nacional del mexicano, el germen de la nueva nacionalidad.

La primera de estas frases es la encomienda de indios. Durante este periodo los indígenas fueron sometidos a la servidumbre, pero en general no fueron despojados de sus tierras. El calpullalli y las tlalmilpas se conservaron más o menos sin alteración, cambiando únicamente el destino del tributo, que ahora era para los españoles.

La segunda fase es el repartimiento de indios. A pretexto de adoctrinar a los indios en la fe católica, pueblos enteros son entregados a los españoles, quienes explotan la mano de obra indígena, particularmente en las minas. En este periodo los indígenas son despojados de todo y el calpullalli desaparece. En lugar del calpullalli se hace gracia a los indios de un exiguo terreno como fundo legal, que es el ejido colectivo del pueblo.

La tercera fase es la de las tierras mercedadas. Los reyes españoles hacen mercedes de tierras a sus vasallos en premio a los servicios prestados a la Corona y a propósito de colonizar la Nueva España. El despojo de los indios adquiere así un carácter legal, y la Corona exige a los beneficiados por el despojo el avecindamiento, por lo menos de cuatro años, en las tierras mercedadas.

De estas tres fases en que se expresa la transformación de las relaciones de propiedad y su consecuente contradicción con las fuerzas productivas, sin duda la tercera es la más importante, porque en la tercera la Corona obliga al español a avencidarse en la tierra.

El avencidarse el español en la tierra trajo consigo, de necesidad, el comercio sexual de españoles e indígenas. Dicho más claramente, este comercio sexual que antes estuvo desprovisto de contenido económico, ahora aparecía ligado a la propiedad de la tierra. Es aquí justamente cuando nace el mestizaje, que ya no se realiza de una manera espontánea y fortuita, como pudo ser durante los primeros tiempos, sino bajo el imperativo de una necesidad económica improrrogable. En suma, el mestizaje aparece en la historia de México no como un fenómeno racial, sino como un fenómeno económico.

Los defensores de la dominación española elogian la generosidad de la Conquista que tuvo buen cuidado en no destruir físicamente a los aborígenes del Anáhuac, al revés de lo que por su parte hicieron los emigrantes ingleses que colonizaron Norteamérica. Pero si se analiza más de cerca el problema se verá que el criterio de generosidad o falta de generosidad no tiene nada que ver en el asunto.

El primer periodo de la dominación española se caracteriza por el carácter puramente extractivo de la economía. Los españoles no tenían ningún otro interés que no fuera extraer de la tierra la mayor cantidad posible de metales preciosos. Durante este primer periodo la población indígena, sometida a los más rudos trabajos y privaciones, descendió considerablemente en número y hubiese desaparecido, como ocurrió en Cuba, si junto a la economía puramente extractiva no aparece una economía productiva que se orienta hacia la explotación de la agricultura.

A partir de este segundo periodo es cuando los españoles procuran que el indígena no muera y desaparezca, pues con el indígena desaparecería la mano de obra indispensable para la explotación de la tierra.

Este empeño claramente económico estaba revestido de determinadas formas ideológicas. La Bula Alejandrina, que otorga a los reyes españoles el dominio de las Indias Occidentales, a pretexto de que el reino de la cristiandad se extienda por el mundo, no es sino la apariencia jurídica bajo la cual aparece la expansión imperial de España. Del mismo modo el repartimiento y encomienda de indios, que no son otra cosa que el despojo y la explotación de los aborígenes, se presentan a su vez bajo la forma de una superestructura religiosa: el adoctrinamiento de los indígenas en el catolicismo.

Es evidente que ningún análisis serio del problema puede emprenderse a partir de considerar como válidas la generosidad, hidalguía o caballerosidad de los españoles, hecho que no influye para nada en el fenómeno histórico. El arquetipo de las virtudes españolas, Ruy Díaz de Vivar, pone el descubierto el contenido real de sus hazañas en unos versos del *Cantar del Mío Cid,* que cita Karl Vossler:

> Los moros e las moras vender non los podemos,
> que los descabecemos nada non ganaremos;
> cojámoslo de dentro, ca el señorío tenemos;
> posaremos en sus casas e dellos nos serviremos.

Poca hidalguía y poca generosidad hay en el más hidalgo y más caballero de los españoles de todos los tiempos. No puede vencer a los moros ni moras y con el "descabezarlos" nada ganará. La solución —acaso más fenicia que española, o por española fenicia— resulta la más práctica: se servirá de ellos y posará en sus casas. Como se ve, no hay mucha poesía que digamos, en la actitud heroica del Cid.

Los españoles de la Conquista y la Colonia no pensaron, respecto a los indígenas del Anáhuac, de una manera distinta a como pensaron, respecto a los moros, sus ancestros de la época del Cid.

> La conciencia de que es responsable de la prosperidad de los suyos —dice Vossler refiriéndose al Cid y a los versos del cantar que hemos transcrito más arriba—, y de que sus partidarios son una especie de socios comerciales, le da a este supuesto precursor del romanticismo un formato y una solidez de tipo económico y de carácter completamente aliterario.

Las palabras de Vossler podrían referirse, sin cambiar una coma, a don Hernando Cortés y los suyos. Podríamos sustituir la palabra "aliterario", sin embargo, por la palabra "amoral".

Las clases sociales disfrazan muy a menudo sus fines bajo diferentes aspectos. Así, la Conquista se realiza, no para aumentar el poderío económico de España, sino para incorporar al catolicismo millares de almas condenadas de otro modo al fuego eterno. Pero la figura del Cid, lo mismo que las de Cortés o Pizarro, nada tienen que ver, como figuras históricas y sociales, con los disfraces de que la ideología imperante en su tiempo tuvo necesidad de revestirlos. Por muy complicados que aparezcan ante nuestra vista estos disfraces, siempre es posible descubrir lo que se oculta por debajo de ellos.

La necesidad de conservar y reproducir la mano de obra trajo como consecuencia, bajo la dominación española, la aparición del mestizaje. Ahora examinemos cómo este mestizaje se fue constituyendo en el germen de un nuevo ser nacional.

La Conquista destruyó cualquier clase de posibilidades históricas en el sentido que alguna de las nacionalidades del Anáhuac pudiese llegar a convertirse en el ser nacional de país. Como se ha dicho, la Conquista y la Colonia españolas anularon las contradicciones nacionales de los aborígenes, convirtiéndolos en una masa con intereses económicos comunes por cuanto que, en el nuevo orden de cosas, representaron a las fuerzas productivas en oposición a las relaciones de propiedad representadas por los españoles.

Esta masa heterogénea llegó a estar unida por un común lazo económico —que era el de ser víctima de la explotación de los españoles—, por una religión común y por un territorio común. En realidad los indígenas se apropiaron del catolicismo de los conquistadores como un recurso para continuar la práctica impune de sus antiguos ritos. Pero a esta masa indígena le faltaba, para convertirse en una nacionalidad, el adquirir un idioma común. Las antiguas lenguas nacionales anteriores a la Conquista no podían servir como un lazo idiomático común, porque ninguna de ellas representaba un instrumento económico de relación, ya que la propiedad estaba en manos extranjeras. El único idioma común de que podían disponer las masas indígenas era el propio idioma del conquistador. De este modo, e impelida por las fuerzas económicas, la masa indígena (a excepción de ciertos núcleos que pudieron sustraerse al fenómeno, aún hasta nuestros días) aprende el español o se incorpora orgánicamente a este idioma a través de los mestizos. El resultado de esto es que junto a las viejas nacionalidades del Anáhuac, que han permanecido estacionarias y que carecen de perspectiva histórica, y frente a la nacionalidad española, detentadora de la tierra y opresora de las demás nacionalidades, surge una nueva nacionalidad, un nuevo ser al que con todo rigor puede llamarse el mexicano.

Por cuanto a los caracteres nacionales conviven en la Colonia tres grandes grupos: 1. los españoles (peninsulares y criollos), 2. los *mexicanos* (mestizos e indios de habla española), y 3. los indios puros o no incorporados al español que se subdividen a su vez en varias nacionalidades.

Por cuanto al esquema económico de la sociedad, la Colonia ofrece, a grandes rasgos dos grupos fundamentales: 1. los españoles y criollos, que son quienes determinan el modo de las relaciones de propiedad, y 2. el resto de la población, que es el que integra las fuerzas productivas.

## 3. La primera gran revolución mexicana (1810)

Después de tres siglos de acumulación de fuerzas, llega el momento en que se hace posible para el mexicano iniciar la transformación revolucionaria de las relaciones de propiedad. La lucha por la transformación de las relaciones de propiedad coincide con la lucha en contra de la nacionalidad opresora, nacionalidad que es, al mismo tiempo, la que determina el carácter de dichas relaciones. Es por esto que la revolución de 1810 aparece con un doble carácter: como revolución agraria y como revolución nacional.

Decíamos que a lo largo de la dominación española se produjo, dentro de la sociedad de la Colonia, una diferenciación económica y de clases que después determinó el carácter de los agrupamientos, por cuanto a los partidarios de la realización de la nacionalidad, que se manifiesta históricamente primero en el periodo de 1810 y luego en el de 1821.

De lado de los sectores dominantes esta diferenciación se expresó en un antagonismo entre los españoles peninsulares y los españoles criollos. El alcance que estos últimos daban a la transformación, fruto de dicho antagonismo, de las relaciones de propiedad, no pasaba de pretender otra cosa que el simple desplazamiento, a su favor, de la riqueza de los españoles peninsulares, sin que el carácter feudal de la propiedad se alterase en lo mínimo, y sin que el peso de la explotación de la tierra dejase de seguir gravitando sobre las espaldas de los indios y mestizos.

Los criollos veían la expresión jurídica de este anhelo inclusive en la independencia de la Colonia respecto a la metrópoli, pero esta independencia no tenía nada que ver con la liberación de la nacionalidad mexicana.

Del lado de los sectores oprimidos, esta diferenciación se expresó en el nacimiento de una clase de terratenientes menores y de rancheros, junto a los peones mestizos e indios sin tierra. Dentro de estos sectores el antagonismo natural que debía sobrevenir entre poseedores y proletarios, fue neutralizado por el antagonismo más importante de la sociedad, que radicaba entre los propios sectores oprimidos tomados en su conjunto, y el sector formado por los españoles y criollos.

Para el grupo de los terratenientes no latifundistas –los rancheros, los indios y los mestizos sin tierra—, la independencia de la Colonia no representaba sino una consecuencia aleatoria de la transformación de las relaciones de propiedad. El propio cura Hidalgo, en un principio, preconizó la fidelidad a Fernando VII. En esta actitud de Hidalgo no hay que ver, como algunos pretenden, pusilanimidad o confusión de objetivos. Hidalgo tenía una conciencia clara de sus tareas históricas y de ningún modo era ese anciano tonto y lamentable que los historiadores reaccionarios nos presentan. Hidalgo se proponía una transformación sustancial de la economía de Nueva España e instruía a los indios en cultivos e industrias que, justamente, estaban prohibidos por la Corona española. La independencia de la colonia respecto a España podía no significar necesariamente la transformación de las relaciones de propiedad, de la misma manera que la transformación de las relaciones de propiedad podía no significar necesariamente la independencia. Pero en todo caso, la transformación de las relaciones de propiedad, con o sin independencia, significaban necesariamente la liberación de la nacionalidad mexicana.

Los insurgentes terminan por confundir el problema de la realización nacional del mexicano con el problema de la independencia política y abandonan, entonces, la tarea de la transformación de las relaciones de propiedad en manos de Iturbide, precisamente el representante de los criollos que no deseaban la transformación radical de esas relaciones, y con ello, tampoco la integración de una nacionalidad mexicana.

De este modo el movimiento iniciado en 1810 como un movimiento revolucionario y nacionalista, degenera en 1821 en un movimiento reaccionario y antinacional.

En consecuencia, la realización del mexicano como ser nacional del país, se pospone para el siguiente periodo histórico, el periodo que conocemos con el nombre de México independiente.


4. El México independiente y la nacionalidad

La revolución de Ayutla y la Reforma representan un gran paso adelante en la realización del mexicano como ser nacional del país, por cuanto significaron la derrota histórica de los terratenientes feudales (incluso la Iglesia), herederos de la contrarrevolución de 182.

Sin embargo, la transformación de las relaciones de propiedad que implicaron Ayutla y la Reforma, no fue capaz de crear, por insuficiente, las condiciones para una integración cabal y plena de la nacionalidad mexicana.

Decíamos que dentro del núcleo de clases oprimidas por la dominación colonial (o sea los pequeños terratenientes, los rancheros y los indios y mestizos), existía un antagonismo latente que no podía manifestarse en virtud de ser más poderoso al antagonismo que existía entre este mismo núcleo, tomado en su conjunto, y el constituido por los españoles y criollos. Tal antagonismo latente debía manifestarse mucho más tarde, cuando cesara de existir el factor que lo neutralizaba. Este momento fue el que siguió al triunfo de Ayutla y la Reforma y la derrota del segundo Imperio, cuando las clases heredadas de la dominación española fueron barridas en definitiva del escenario histórico.

La transformación de las relaciones de propiedad que llevó a cabo la Reforma, tuvo su expresión jurídica en las leyes de desamortización de bienes. Esta desamortización de bienes se tradujo en el fortalecimiento económico de los pequeños terratenientes y rancheros que devinieron súbitamente en nuevos terratenientes feudales. Agréguese a esto que la desamortización de bienes incluía las propiedades indígenas comunales, con lo cual el problema de la contradicción entre las fuerzas productivas y las nuevas relaciones de propiedad se agravó considerablemente. De esta suerte, los mestizos e indios de habla española, llamados a ser los que integraran una nacionalidad mexicana liberada, no podían serlo por impedírselo la envoltura feudal de la sociedad. Nos explicamos, desde tal punto de vista, el por qué tanto el juarismo como el porfirismo hayan combinado tan enconadamente a las masas indígenas.

En el periodo que conocemos como el del México independiente, hay dos grandes brotes nacionales, que adquieren visos de triunfo. Dos nacionalidades distintas: la maya en la península de Yucatán y la huichol y nayarita, en las sierras del occidente, se levantan en armas en lucha por su independencia nacional. Ninguna de estas dos nacionalidades rebeldes, ni la maya ni la huichol, pretendían convertirse en el ser nacional del país; querían simplemente ser nacionales para sí mismas, libres en su propio territorio. Las clases dominantes en México aplastaron a sangre y fuego estas rebeliones que hubiesen podido evitarse y aun canalizarse hacia la integración de la nacionalidad mexicana, si las relaciones de propiedad no hubieran sido las que imperaban.

La lucha contra los indígenas durante la Reforma y el porfirismo se explica por la circunstancia de que el núcleo dirigente, constituido por los nuevos terratenientes, se transforma, a medida que triunfa sobre las clases antinacionales heredadas de la colonia, en un núcleo asimismo antinacional.

Incapacitado para transformar las relaciones de propiedad en un sentido antilatifundista, este núcleo dirigente se desenvuelve dentro de las mismas condiciones que hicieron posible a las clases dominantes de la Colonia convertirse en el obstáculo más importante para el surgimiento de una nueva nacionalidad.

Durante la última etapa del porfirismo se produce un fenómeno nuevo en el mundo: la aparición del imperialismo económico del capital monopolista. Las clases poseedoras del porfirismo, creadas por la Reforma, perdido ya el espíritu nacional que las alentó en un principio, no vacilan, entonces, en abrir las puertas del país a la penetración imperialista.

La integración del mexicano como ser nacional del país, tarea que la Reforma realizó a medias y sólo en tanto que luchó contra las clases más reaccionarias y antinacionales de su tiempo, se pospuso nuevamente para el periodo histórico que seguía.

Este periodo era el de la Revolución de 1910. Esta revolución, al plantearse la transformación de las relaciones feudales de propiedad que le legaran la Reforma y el porfirismo, se plantea al mismo tiempo una revolución antimperialista. Para la realización de esta tarea, la Revolución de 1910 cuenta con dos clases nuevas consecuentemente interesadas en la realización del mexicano como ser nacional del país. Estas dos clases nuevas son la burguesía y el proletariado.

## 5. Burguesía, proletariado y campesinos, clases nacionalistas

El movimiento revolucionario de 1910 transforma a fondo las relaciones feudales de propiedad de la tierra y con esto crea las condiciones económicas para la integración de la nacionalidad mexicana, después de cerca de cuatro siglos en que ésta comenzó a gestarse con la aparición del mestizo. Las minorías idiomáticas del México moderno, al convertirse en poseedoras de la tierra merced a la Revolución de 1910, han dejado de ser nacionalidades oprimidas. La enseñanza que a muchas de ellas se les imparte en su propio idioma, convenientemente alfabetizado, como un recurso para asimilarlas al idioma económicamente imperante, terminará por hacer que se incorporen a la nacionalidad única y homogénea que constituirá México en el futuro.

Después de este examen en que hemos visto las circunstancias y vicisitudes a través de las cuales el mexicano ha podido convertirse en lo nacional de México, resta detenerse en las contradicciones peculiares que ha llevado consigo dicho proceso de integración, contradicciones que al parecer constituyen aquello que otorga al mexicano una fisonomía propia.

Tales contradicciones pueden agruparse en la siguiente forma:

Primero. La Conquista del Anáhuac no es la imposición de una nación sobre otra, sino la dispersión y disolución prácticas de un conjunto de nacionalidades autóctonas, que de hecho desaparecen bajo el peso de una nueva organización social que cuenta con superiores medios de producción y de opresión. Como consecuencia de esto, en la imposibilidad de recurrir a su propio acervo de tradición, cultura e idioma para reagruparse en un núcleo capaz de adquirir nuevamente un ser nacional, las dispersas nacionalidades autóctonas se sirven, para ello, de las propias armas del conquistador: la religión católica y el idioma.

Segundo. La nueva nacionalidad mexicana, fruto del aprovechamiento de la religión y el idioma extranjeros, unido a la comunidad de lazos económicos y de territorio, aparece entonces, nace a la existencia, como una nacionalidad oprimida, con una tradición imperfecta que se reduce a ser la nebulosa memoria colectiva de algo que existió muy imprecisamente en el pasado, cuyas huellas sobreviven en los giros idiomáticos con que adopta el español y en las formas paganas con que practica el catolicismo. Como consecuencia de esto la nueva nacionalidad no se siente vinculada, de un modo orgánico, ni a su pasado indígena, que es en su conjunto un pasado multinacional y heterogéneo, ni a la tradición española, que representa lo extranjero y la opresión.

Tercero. La nacionalidad mexicana nace bajo el peso de una doble condición adversa, que consiste, por una parte, en la opresión española, y por otra, en la existencia de los grandes Estados nacionales que ya han podido surgir en el mundo gracias a la abolición del feudalismo. Más adelante la nacionalidad mexicana se desarrolla y trata de convertirse en el ser nacional de México (1810), no sólo cuando los Estados nacionales ya se han constituido, sino cuando éstos ya han pasado del capitalismo mercantil al capitalismo manufacturero, y la mayor parte de ellos han realizado ya su revolución burguesa. Como consecuencia de esto, la nacionalidad mexicana nace y se desarrolla con un considerable retraso histórico. Este retraso la obliga a plantearse, junto a las tareas de su realización nacional, otras tareas superiores (como las de la revolución burguesa, por ejemplo, que no coinciden con el estado de desarrollo de su infraestructura económica.

Cuarto. La nacionalidad mexicana, finalmente, se convierte en el ser nacional de México dentro de un mundo donde coexisten dos fenómenos que no existían en épocas anteriores: el imperialismo y el socialismo. Como consecuencia de esto la nacionalidad mexicana se plantea el problema de su culminación (o de su desaparición), como el problema de elegir entre dos términos de un dilema histórico: o el socialismo y la sobrevivencia, o el imperialismo y la extinción.

Estos cuatro grupos de contradicciones se reflejan en todos los demás aspectos de la vida mexicana. Es natural, por ejemplo, que la religión católica del mexicano sea una religión triste, desgarradora y llena de nostalgia, pues se trata de una religión destinada a sustituir algo que se ha perdido y que ya no se sabe qué es. Otra de las características del mexicano es su sentimiento de desposesión. De aquí se deriva, desde luego, su actitud ante la muerte y la vida, su desprendimiento y la poca importancia que le da al hecho de desaparecer. Todas estas características, sin embargo, se originan en circunstancias de carácter económico, sociológico e histórico, y están sujetas a transformación.

Podríamos hablar de muchos otros rasgos psicológicos del mexicano que son un producto de las contradicciones económicas y sociales que hemos visto; pero lo que nos importa señalar aquí, como es nuestro propósito, son las posibilidades y limitaciones del mexicano.

Las limitaciones del mexicano, como se ha dicho, no son sino la consecuencia de su atraso histórico. Sin embargo, en las limitaciones del mexicano están sus propias posibilidades.

En 1810, por ejemplo, era una limitación insuperable que el mexicano se planteara, al mismo tiempo que los problemas de su ser nacional, los problemas de una transformación burguesa de la sociedad, sin siquiera tener una clase adecuada capaz de llevar a la práctica la ideología del tiempo. Pero ahora las cosas han cambiado.

Con la existencia del socialismo en el mundo, la contradicción entre la superestructura ideológica, cultural y política, y la infraestructura económica, ha dejado de ser una barrera infranqueable para los pueblos. Pueblos secularmente atrasados, como el pueblo chino, han podido colocarse, no obstante su atraso, a la altura de las más avanzadas formas de organización política. El mexicano no es un caso aparte en el panorama mundial. Pese al atraso histórico en que pueda encontrarse, las conquistas de la ciencia y la cultura están al alcance de su mano. Más aún, pese a su atraso histórico, el mexicano puede añadir nuevas nociones y aportaciones nuevas a la cultura universal. El México que estuvo a punto de desaparecer en 1847 y 1862, el México revolucionario de hoy, que pudo integrarse en 1910 y realizar al mismo tiempo sus reformas sociales, será el mismo que florezca sin límites, como ser nacional dentro del ser universal del hombre en el mundo socialista del mañana.

# III

## Resurrecciones y autopsias

# Psicoanálisis del mestizaje

SANTIAGO RAMÍREZ

El español dejaba tras de sí un mundo de objetos valorizados; su manera de vivir, sus costumbres, su lengua, su religión, sus mujeres, etcétera, eran lo que para él constituía un valor; el mundo que descubría carecía de existencia en sí, únicamente era valuado en función de que podía hacer accesible todo aquello que en el pasado le había sido negado. Los valores que dejaba tras de sí se magnificaban en la distancia. Cualquiera de nosotros que ha estado lejos de sus primitivos objetos sabe cómo crecen y se adornan a la distancia. Imaginémonos por un momento, de acuerdo a los medios de transporte, al riesgo de la aventura y a lo azaroso de la empresa, lo distante y magnificado de los antiguos valores españoles. Por eso el conquistador era capaz de cambiar toda una fortuna recién adquirida por un caballo o por algo que simbólicamente estuviera ligado a los valores que dejaba a sus espaldas.

La valoración que el español hizo de la mujer indígena fue negativa; él apreciaba sus protoimágenes en todos los órdenes, lo que había dejado al otro lado del Atlántico y no encontraba en la tierra de conquista; así, admiraba el olivo, las bestias de carga domesticadas, el caballo, la vid y todo aquello que significativa o simbólicamente representara su pasado. La mujer es devaluada en la medida en que paulatinamente se la identifica con lo indígena; el hombre es sobrevalorado

---

Santiago Ramírez (1921-1989) encabeza la lista de una serie de psicoanalistas que, impulsados por los ensayos de Ramos y Paz, se aplicaron afanosamente a desentrañar las motivaciones psíquicas conscientes e inconscientes de los mexicanos. Presentamos una selección de su libro pionero, *El mexicano, psicología de sus motivaciones* (1959).

en la medida en que se le identifica con el conquistador, lo dominante y prevalente.

Esta paridad, masculino-femenino, activo-pasivo, conocida en otras culturas, toma en la nuestra aspectos sobresalientes y dramáticos. La mujer es objeto de conquista y posesión violentas y sádicas, su intimidad es profundamente violada y hendida. Uno de nuestros grandes poetas y ensayistas, Octavio Paz ha captado agudamente este par antagónico condicionado por circunstancias históricas; por eso expresa: "las mujeres son seres inferiores porque, al entregarse, se abren. Su inferioridad es constitucional y radica en su seno, en su 'rajada', herida que jamás cicatriza... toda abertura de nuestro ser entraña una disminución de nuestra. hombría".[1]

La reacción del padre español ante la mujer indígena fue la que el adolescente de nuestros días tiene enfrente de la sirvienta a quien posee. Satisface sus necesidades sexuales, pero siempre en una condición desvalorizada. Existen testimonios de que el padre español pensó en el patrimonio de sus hijos, pero ello no es una contraprueba de lo que venimos diciendo. La mayor parte de los mestizos nacieron bajo el estigma del desamparo y del abandono paterno. En aquellos casos en los que existió preocupación por el hijo, el motor estuvo dado muy primordialmente por el sentimiento de culpa, al que no poca parte contribuyeron los religiosos y el cual hizo posible la supervivencia del mestizo. Este sentirse superior enfrente de las mujeres en plan de grandes señores, necesitados de obtener los servicios incondicionales de ellas, ha matizado muchos de los aspectos estructurales del matrimonio mexicano. Seguramente ya en la organización prehispánica existía una supremacía del varón en la organización familiar, pero esta supremacía no tenía la tonalidad de la nueva, más aún cuando se estableció el fenómeno de contraste entre los matrimonios mestizos y los criollos. Efectivamente, una vez hincados en la tierra, muchos de los españoles solicitaron la presencia de mujeres peninsulares, esperándolas con el mismo anhelo con el que buscaban el aceite de oliva o el vino peninsular; el trato que tenían para con ellas y la actitud en sus relaciones interpersonales era bien distinto; se trataba de mujeres anheladas espiritualmente en las cuales se proyectaban todos los sentimientos tiernos e idealizados, presentes en el interior del conquistador. Independientemente de sus merecimientos objetivos el español las revistió con todas aquellas características de los objetos primitivos.

El mestizo va a equiparar paulatinamente una serie de categorías: fuerza, masculinidad, capacidad de conquista, predominio social y filiación ajena al suelo, van a cargarse con un fuerte signo masculino. Debilidad, feminidad, sometimiento, devaluación social y fuerte raíz telúrica, serán rasgos femeninos e indígenas.

Las mujeres "importadas" pronto se hicieron ayudar en el cuidado de sus hijos criollos por mujeres indígenas que hacían las veces de niñeras, la voz "nana" quiere decir madre en otomí; es decir que el niño criollo también se encontró en presencia de dos objetos infantiles: por una parte una mujer altamente valorizada, pero distante, barrocamente refinada, ocupada en festividades religiosas y civiles, y por otra parte a la mujer indígena que le daba calor y que culturalmente era considerada como un objeto mercenario; sin embargo y a pesar del aspecto externo mercantil, las llamadas Marías de a peso, así con mayúscula, fueron la fuente de seguridad, calor y afecto del hijo criollo. He aquí una de las situaciones de contradicción del criollo mexicano, la mujer que alimentó la necesidad es devaluada por la cultura en que vive, por el contrario, la mujer fría y distante, la que nunca calmó el llanto, la que nunca fue regazo, ni calor, ni rebozo, es la que es apreciada y estimada por la cultura.

[...]

El mestizo, como dijimos al principio, nació producto de una conjunción difícil. Su padre es un hombre fuerte, su cultura y forma de vida prevalecen, contempla a su hijo más como el producto de una necesidad sexual que como el anhelo de perpetuarse. La participación del padre en el hogar es limitada, se trata más bien de un ser ausente, que cuando eventualmente se presenta es para ser servido, admirado y considerado. Los contactos emocionales con la madre son mínimos, al igual que con el hijo; su presencia va acompañada, las más de las veces, de violencia en la forma o en el modo; se le ha de atender como a un señor, como a Don Nadie, se le deben toda clase de consideraciones sin que él tenga ninguna para con el ambiente que le rodea, frecuentemente se embriaga y abandona el hogar sin tener en consideración a los hijos y a la madre; ésta acepta pasiva y abnegadamente la conducta del padre; considera que su sino es servirle y responder a sus necesidades, frecuentemente recae en ella el peso económico del hogar. Cuando eventualmente el padre se vincula con la esposa o con los hijos, más lo hace por culpa que por amor y la característica fundamental de este hogar es un padre ausente que aparece eventualmente con violencia y una madre abnegada y pasiva. La imagen que el niño mestizo se forma de la relación familiar es peculiar; por una parte el padre mantiene poco contacto con él, por la otra le niega las identificaciones masculinas a las que el niño aspira; cuando el niño trata de manifestar hostilidad y deseos de identificación con el padre éste lo reprime con violencia y con un mágico y pretendido "principio de autoridad". A la mujer se le exige fidelidad, y abiertamente se acepta la infidelidad del esposo; éste frecuentemente tuvo dos casas, aquella en que tenía a sus hijos criollos, en donde había una madre valuada y unos hijos productos del amor y de la necesidad de perpetuarse, y ésta en la cual la mujer le ha calmado necesidades instintivas, pero a la cual considera haberle hecho un servicio al poseerla. Los hijos de este hogar, en el mejor de los casos, son contemplados con un sentimiento de culpa del cual trata de deshacerse con expresiones hostiles. El anhelo del niño mestizo por ser tan fuerte y grande como su padre corren paralelos con la hostilidad reprimida que para con él tiene. Al crecer este mestizo no encuentra acomodo; si por razones "genéticas" y económicas continúa en su posición de mestizo, estará en un conflicto permanente; ya no pertenece a un mundo indígena en el cual aunque sojuzgado había seguridad y posibilidad de obtener identificaciones primarias, tampoco se le da cabida en el mundo criollo hacia el cual aspira profundamente. En su interior se rebela contra su origen indio que le ha privado de pertenecer al lugar y sitio de sus anhelos, y está cargado de hostilidad manifiesta hacia el padre violento y extranjero. En esta situación psicológica pronta a estallar se desarrollan los primeros impulsos y emociones del niño mestizo. Cuando grande trata a la esposa siguiendo la pauta creada en la contemplación del padre; aun cuando su esposa sea tan mestiza como él, se habrá hecho a la idea de la superioridad sustancial del hombre sobre la mujer, lo indígena y lo femenino se han transformado en una ecuación inconsciente. Dado que las significaciones masculinas son sustancialmente pobres, hará alarde de ellas; alarde compulsivo que adquirirá las características del machismo. El machismo del mexicano no es en el fondo sino la inseguridad de la propia masculinidad; el barroquismo de la virilidad. Como básicamente las identificaciones que prevalecen, por ser las más constantes y permanentes, son las femeninas, rehuirá todo aquello que pueda hacer alusión a la escasa paternidad introyectada.

Los grupos de amigos siempre serán masculinos, las aficiones y juegos serán de "machos". En el mundo social y emocional se excluye a la mujer; la vida social es prevalentemente masculina, los contactos con la mujer siempre estarán dirigidos a afirmar la superioridad del hombre; los sentimientos delicados son rehuidos como características de feminidad y amaneramiento. Así surge un tipo peculiar de caracterología que puede seguir hasta nuestros días y que en gran proporción ha invadido ya no solamente al mestizo, sino a todas las clases sociales. El hombre gasta sus ingresos o la mayor parte de ellos en destacar su posición masculina, es terriblemente aficionado a todas aquellas prendas de vestir simbólicas de lo masculino: el sombrero, ya sea el de charro o el borsalino; la pistola, el caballo o el automóvil serán su lujo y orgullo, se trata de manifestaciones externas a las que compulsivamente recurre para afirmar una fortaleza de la que interiormente carece. En su lenguaje recurrirá a formas procaces considerándolas como "lenguaje de hombres", hará alarde de la sumisión que las mujeres tienen para con él; en su conversación y en sus expresiones actuará en forma muy similar a la del inseguro adolescente que fantasea con todo aquello que le produce ansiedad, sobre todo en materia sexual.

En el lenguaje de los niños que se acercan a la pubertad, el "vieja el último", "dame a tu hermana", "cuñado", tienen connotación agresiva. Es necesario ocultar a toda costa los aspectos femeninos que el hombre lleva en su personalidad, con tanta mayor intensidad cuanto que no se encuentran neutralizados por las identificaciones masculinas que solamente el padre hubiera podido nutrir. Por eso el ser "rajado", "chingado", "cuñado", etcétera, son connotaciones pasivas que significan identificarse con la mujer: ser abierto, objeto de posesión violenta, de agresión y derrota. Por el contrario, "rajar", "chingar" y "raptar" es aludir la identificación temida y hacer alarde de masculinidad.

241

Sintetizando, la figura fuerte, idealizada, anhelada, no alcanzada y por lo mismo odiada, será la imagen del padre. Con compulsión aterrante se tratará en vano de buscar una identidad para la cual se carece de trasfondo básico que haría posible la identificación primitivamente negada.

La figura vehementemente anhelada siempre está pronta a ser víctima de la hostilidad, todo aquello que en una u otra forma represente la masculinidad ausente y fantaseadamente potente del padre será objeto de agresión. Se atacará lo gachupín o lo gringo, a la vez que se le admirará y anhelará. Se hará burla de ello y objeto de desprecio, pero interiormente se tratará de alcanzarlo. Cuando el mestizo domina y monta el caballo de los conquistadores se transforma en un magnífico jinete, y cuando usa su arma de fuego será experto en tiro. Con vehemencia se hace poseedor de aquello que era del conquistador para dominarlo y amaestrarlo. Las modas del conquistador serán sus modas, pero siempre mestizándolas y dándoles un sesgo nuevo y original derivado de su origen indígena y de su peculiar ambivalencia. Todo aquello que se ponga o se use, lo mexicaniza, la comida adopta un gusto particular, la arquitectura y otros medios de expresión indican esta corriente de doble orientación: anhelo y hostilidad. El mestizo permanentemente *reivindica* con respecto a su origen; a diferencia del criollo que nace bajo el signo de la reparación, él viene a la vida con la reivindicación a cuestas. Reivindica de su pasado, de la injusticia, de las cosas y de los hombres, de su destino, de sus autoridades, de su familia, etcétera, y en la reivindicación encuentra el motor de su conducta. Telúricamente se encuentra arraigado a la tierra, pero reivindica de ella ya en su interior, ya en su exterior. En parte de su persona se sabe indio y reniega de ello, reivindica contra lo indígena cuando insulta y dice: "indio cuatro orejas" o "indio desgraciado". En otra parte de su persona se sabe español y también reivindica contra lo español expresando: "gachupín desgraciado" o "mueran los gachupines". En conflicto permanente con su historia, en angustia y tensión perennes, tendrá que producir obras maravillosas de arte, de dolor y de alegría; la angustia es uno de los grandes motores que mueven al ser humano y a la cultura, por eso será rico cuando se exprese, cuando llore, o cuando compulsivamente busque una alegría que desde siempre le fue negada.

# El carácter nacional mexicano

MICHAEL MACCOBY

Antes de explorar el carácter nacional mexicano, es esencial aclarar lo que queremos decir con "carácter". Para cualquiera que haya sido adiestrado en la teoría y en los métodos psicoanalíticos, el carácter no es una serie de rasgos expresivos o de conducta, sino que implica un concepto más preciso: una estructura de motivos subyacentes, interrelacionados y relativamente invariables desde la niñez, o, como lo define Erich Fromm, los rasgos del carácter son "anhelos apasionados relativamente permanentes".[1] Cuando estos impulsos se satisfacen en el trabajo, en el juego, en las relaciones con los demás, el individuo siente placer y seguridad; cuando se frustran, la persona se vuelve ansiosa e insegura.

El carácter debe distinguirse de las opiniones, de los valores y de la ideología. Los impulsos subyacentes pueden permanecer ocultos tras racionalizaciones que permiten al individuo creer que sólo responde a presiones sociales, a la "realidad", o que su conducta ejemplifica un ideal ennoblecedor. Por ejemplo, la investigación psicoanalítica de los mexicanos con frecuencia revela una fijación profunda inconsciente a la madre, una necesidad de su amor y de su capacidad alimentadora incondicionales que en realidad mutilan la independencia individual. Pero, debido a que la cultura mexicana glorifica a la madre, un hombre

Michael Maccoby (1933) fue un cercano colaborador de Erich Fromm y ha realizado extensas investigaciones directas, en trabajo de campo, sobre el carácter del mexicano, especialmente de los campesinos. Ha sido colaborador de las universidades de Harvard y Chicago. Se ha desempeñado como consultor de diversas empresas y ha asesorado instituciones de salud. Se reproduce aquí su ensayo "El carácter nacional mexicano"(*Revista Mexicana de Psicoanálisis, Psiquiatría y Psicología*, núm. 7, 1967).

puede cómodamente pensar que su idealización de la madre y su dependencia de ella significan, lo que es digno de elogio, amor y devoción filiales. Aquí la sociedad apoya una fuerza de carácter, pero en otro caso los ideales sociales pueden chocar con el carácter. Se espera que el varón mexicano domine a las mujeres, pero muchos hombres débiles y receptivos desempeñan un papel de masculinidad compulsiva (machismo), y al mismo tiempo se sienten frustrados, sin advertir sus deseos de ser alimentados y de recibir los cuidados de las mujeres. El conflicto entre el papel social y el carácter puede llevarlos al hábito de ingerir bebidas alcohólicas en un intento de borrar la conciencia de su derrota y de satisfacer sus anhelos receptivos. En estos casos y en muchos otros, la conducta es evidente pero las fuerzas del carácter sólo pueden ser desenterradas por medio del estudio clínico o mediante técnicas psicológicas proyectivas.

En términos de la teoría psicoanalítica, el concepto de carácter nacional supondría que el pueblo de una nación, cualesquiera que sean sus diferencias caracterológicas individuales, comparte un núcleo de motivos, formado por experiencias y necesidades comunes. La discusión teórica entre psicoanalistas continúa todavía sobre las determinantes decisivas del carácter, y este no es el lugar de considerar detalladamente las razones que se tengan para favorecer un acento socioeconómico, en forma similar a la teoría de Freud, que subrayó la naturaleza sexual de las fuerzas del carácter.[2] Mi opinión sobre el carácter nacional mexicano teóricamente está arraigada en el concepto de Erich Fromm del "carácter social", al que describe en términos de su relación funcional con las demandas de una sociedad. Fromm escribe que:

> Cada sociedad está estructurada y opera en ciertas formas que requieren diversas condiciones objetivas; tales condiciones son los métodos de producción y distribución que a su vez dependen de las materias primas, de técnicas industriales, de clima, etcétera, además de factores políticos y geográficos y de tradiciones e influencias culturales a las cuales está expuesta la sociedad. No existe una "sociedad" en general sino solamente estructuras sociales específicas que operan en formas diferentes y determinables. Aunque estas estructuras sociales cambian en el transcurso del desen-

volvimiento histórico, están relativamente fijas en cualquier periodo histórico dado y la sociedad solamente puede existir al operar dentro del marco de su estructura particular. Los miembros de la sociedad, de las diversas clases o de ambas, o los grupos sociales dentro de ellas tienen que comportarse en tal forma que funcionen en el sentido requerido por la sociedad. Es función del carácter social conformar las energías de los miembros de la sociedad en tal forma que su conducta no se deje a decisiones conscientes referentes a seguir o no el modelo social sino a que *la gente quiera actuar en la forma en que tiene que hacerlo* y al mismo tiempo encuentre agrado al actuar conforme a los requerimientos de la cultura. En otras palabras, el carácter social tiene la función de modelar la energía humana con vistas al funcionamiento de una sociedad dada.[3]

¿Cómo puede trazarse el carácter social de una nación o de sus diversas clases? En vista de que la investigación individual psicoanalítica no es posible con muestras grandes, sería necesario utilizar pruebas proyectivas y cuestionarios sobre muestras de diferentes regiones y clases de una nación. Tal estudio establecería el escenario para comparar los rasgos del carácter con variables socioeconómicas, y explicar las contradicciones entre la conducta y los ideales.

Hasta hace poco no se hicieron tales estudios en México. En cambio, formaron el cuerpo de observación y especulación sobre el carácter nacional mexicano unos pocos estudios antropológicos serios, juntamente con una gran cantidad de descripciones —algunos de ellos de comunidades aisladas de lengua indígena— intuitivas. Desde los años treinta, filósofos, ensayistas, y más recientemente, psicoanalistas mexicanos, se han visto cautivados por el atractivo de entender al mexicano. El resultado, con frecuencia brillante y dilucidador, mezcla la conducta y la ideología con el carácter, y se preocupa con exceso por la patología, hasta el punto de la propia denigración.

Hace siete años, Fromm, que ha vivido en México durante más de quince años y es director del Instituto Mexicano de Psicoanálisis, inició un estudio del carácter social en una aldea mexicana, intentando probar en una forma empírica su teoría y al mismo tiempo iluminar el carácter social mexicano. Su trabajo, que fue sostenido desde el punto de vista financiero por el Fondo de las Fundaciones para Investigaciones en Psiquiatría, también estimuló a dos analistas mexicanos, el doctor Guillermo Dávila y el doctor Alfonso Millán, para que intentaran estudios paralelos, utilizando los mismos métodos proyectivos y la teoría, con trabajadores industriales y con pacientes hospitalarios en la ciudad de México. Si bien estos estudios se limitan a muestras pequeñas, constituyen el primer intento sistemático de estudiar el carácter social mexicano, y sus hallazgos, especialmente el estudio de la aldea, que ahora está a punto de terminarse, iluminan la diversidad de tipos caracterológicos y las relaciones entre motivos, factores socioeconómicos y la conducta patológica que equivocadamente impresiona al observador literario como característica de todos los mexicanos, cuando de hecho se limita a grupos definibles con una estructura particular del carácter.[4] Antes de volver sobre algunos de estos hallazgos, debemos considerar primero, brevemente, algunas determinantes sociales, económicas e históricas del carácter mexicano y, en segundo lugar, la imagen que tiene el intelectual mexicano de su carácter nacional.

## Determinantes del carácter mexicano

Al considerar el carácter mexicano, los autores por lo general se refieren a la población mestiza (mezcla de español y de indio) de la altiplanicie central. Este grupo ha compartido una historia y una tradición cultural comunes. La altiplanicie central, dominada por los aztecas antes de la Conquista, se convirtió en el centro de la cultura de conquista y en los siglos subsiguientes en el principal campo de batalla de las revoluciones de 1810, 1867 y, finalmente, la de 1910, que marcó el trastocamiento en gran escala que formó a la nación mexicana moderna. En los estados del centro del país, abarcando desde la ciudad de México hasta Morelos, Puebla, México, Michoacán, Guanajuato, Querétaro, etcétera, los campesinos, los habitantes de los pueblos y la población urbana se han formado en las experiencias de conquista, explotación y violencia. Pero también existen importantes diferencias entre la ciudad y el campo y entre clases. El carácter de los campesinos, que a pesar de la reciente tendencia hacia la urbanización, todavía constituye más de la mitad de la población,[5] ha sido influido, tanto por su modo de trabajar, que en su mayor parte no ha cambiado durante siglos,[6] como en algunos casos por una historia de semiesclavitud hasta las haciendas prerrevolucionarias.[7]

Mientras México siguió siendo una sociedad semifeudal, las diferencias entre los tenderos, burócratas, artesanos, etcétera, de la ciudad y de los habitantes del campo no fueron tan notables como los cambios operados durante los últimos veinticinco años por los comienzos de la industrialización y por la influencia creciente de la cultura norteamericana.[8] Así viene a ser cada vez menos preciso reunir en un solo grupo a los mexicanos del campo y a los de la ciudad, a pesar de su pasado común.

En las regiones fronterizas de México, lejos de la influencia de la región central, y en las islas de comunidades de habla indígena, importantes diferencias culturales hacen que sea necesario considerar factores muy distintos en la formación del carácter. De acuerdo con el censo de 1960, cosa de un diez por ciento de los mexicanos de más de cinco años hablan solamente una lengua indígena o una combinación de la lengua española con algún idioma indígena. Aunque en números absolutos la población de habla indígena se ha elevado durante los últimos diez años con la alarmante alta tasa de nacimientos, el por ciento relativo, sin embargo, ha bajado ligeramente debido a la urbanización y a la aculturación.[9] La mayor parte de la gente de habla indígena vive en comunidades pequeñas y cerradas, socialmente selladas por costumbres tradicionales y por un catolicismo sincrético, y aisladas de la influencia de la cultura nacional mexicana. Debido al cuidadoso trabajo de antropólogos sabemos más sobre algunas de esta pequeñas comunidades que sobre la cultura mestiza, así urbana como rural.

La actitud mexicana hacia los "indios" es ambivalente. La cultura indígena se considera como inferior y como menos civilizada, pero sirve una función ideológica. En un intento por encontrar una identidad nacional y por despojarse del sentimiento de inferioridad que los intelectuales mexicanos piensan que les imprimió la Conquista española, las tradiciones indígenas, los héroes tales como Cuauhtémoc, que sufrieron tortura y muerte antes que someterse a los conquistadores, los temas precolombinos en el arte y en la literatura han sido idealizados y con frecuencia se utilizan con gran belleza.[10]

Por razones diferentes, la cultura de Yucatán, que está arraigada en los mayas más bien que en los aztecas, y la de los estados norteños, incluyendo a Nuevo León, en donde ha sido mayor la influencia de los Estados Unidos, no pueden considerarse culturalmente equivalentes a la de la meseta central.

Los autores mexicanos limitan sus discusiones acerca del carácter nacional a la región central y al mestizo, tendencia centrista que borra diferencias socioeconómicas así como geográficas. ¿Cuáles son sus conclusiones acerca del carácter mexicano?

## Consideración de los mexicanos de su carácter nacional

Cuando los intelectuales mexicanos describen su carácter nacional, casi invariablemente se consideran a sí mismos como una nación de mentirosos, de destructores buscadores de poder, de sufridas mujeres resentidas y de engreídos hombres de presa. Pero México es también un país en donde abunda el talento creador, donde, a pesar de la alta incidencia del alcoholismo,[11] la mayoría de los hombres son sobrios y trabajadores, y donde a pesar de la pobreza combinada con una historia de explotación y de violencia, tanto los hombres como las mujeres buscan libertad y una vida pacífica. Los mexicanos se sienten orgullosos de instituciones tales como los programas de Seguridad Social y ejidal, que son fruto de la Revolución de 1910.[12] Se quejan de sí mismos y de su gobierno unipartidista, porque hay una gran brecha entre los ideales revolucionarios y la realidad. La corrupción y la explotación no se han disuelto, y son pocos los mexicanos que pueden creer que alguna autoridad colocará antes que a su propio interés, al pueblo. Pero cuán diferente es este fatalismo y esta resignación pasiva de los de otras sociedades campesinas, como las de Europa meridional, el Cercano Oriente o el Asia sudoriental que no pueden ni siquiera enorgullecerse de instituciones progresistas como las mexicanas y que han carecido de la lenta evolución de las instituciones democráticas y de los derechos individuales bajo la ley.

Pero la crítica de los intelectuales va más allá de la pasividad, de la sospecha y de la desconfianza que caracterizan a las sociedades campesinas en todo el mundo. Gordon W. Hewes, en su revisión de la bibliografía mexicana sobre el carácter nacional hasta principios de la década de los cincuenta, describe la forma en que los mexicanos concentran los rasgos de los miembros más desamparados de la sociedad como símbolo de toda la nación.[13] Para Samuel Ramos, cuya obra *El perfil del hombre y la cultura en México*[14] fue la primera especulación de mayor alcance sobre el carácter mexicano, el mexicano está simbolizado por el pelado, el don nadie, cuyo profundo sentimiento de inferioridad se esconde parcialmente tras el alarde y cuyo resentimiento y deseo de venganza explotan ante cualquier amenaza a su frágil orgullo. Ramos, Emilio Uranga y otros que construyeron sus teorías del mexicano alrededor de la idea de inferioridad o "insuficiencia" atribuyen su origen a la Conquista, al aplastamiento de la cultura indígena, a la humillación infligida por extranjeros, y al malinchismo, la tendencia a la traición, a imitar a los señores conquistadores. Malinche, la concubina e intérprete de Cortés, trazó un patrón, según estos autores, de profundización de las heridas de la inferioridad al imitar a los poderosos, primero a los españoles, después a los franceses y más recientemente a los norteamericanos.[15] El resultado es una combinación de servilismo, mezclado con hostilidad y con deslealtad, así como un deseo de borrar el sentimiento de humillación dominando brutalmente a los demás indefensos, tales como esposas e hijos, o en el caso de los funcionarios del gobierno, a cualquiera que sea débil y desamparado.

Desde la investigación de Hewes, otros estudios, especialmente hechos por psicoanalistas, han apoyado esta opinión denigrante, pero han cambiado la acentuación de sus orígenes en la Conquista como un trauma psíquico total de derrota, a sus efectos sobre la relación entre hombres y mujeres. El valor de estos estudios, por Aniceto Aramoni, Francisco González Pineda y Santiago Ramírez,[16] está en que parten de una realidad social que ejerce un efecto evidente y patogénico sobre el carácter mexicano, el conflicto intenso entre los sexos. Muchas familias en México carecen de padres, y los hijos son criados por mujeres que, o bien han sido abandonadas por sus esposos o que han echado de la casa a hombres que no podían sostener a la familia y que tratan de afirmar su masculinidad por medio de la fuerza bruta. En otras familias, los hombres conservan su dominio sobre las mujeres con el garrote de la fuerza económica, pero existe poco amor o afecto. Los hombres con frecuencia traicionan a sus esposas, aun hasta el punto de establecer casas suplementarias (la casa chica).[17] La mujer puede tomar venganza socavando las relaciones del padre con sus hijos, convirtiéndolos en agentes suyos en la guerra entre los sexos, criando niños a los que les falta una firme sensación de varonilidad y que se sienten traidores a su sexo, y niñas que desconfían de todos los hombres.

Las exposiciones de los analistas no son pura especulación, porque se basan en el número de pacientes mexicanos cuyos análisis revelan una dinámica idéntica, hombres cuya masculinidad compensatoria compulsiva oculta la dependencia de la madre y los sentimientos tanto de castración sexual como de impotencia creadora, y mujeres que no pueden amar a los hombres. Pero, al generalizar de la clínica a la nación entera, su descripción del mexicano se inclina hacia la patología. Además, sus interpretaciones de los orígenes del conflicto entre los sexos siguen siendo vagas y excesivamente dependientes de factores históricos más bien que de los factores sociales actuales. González, que basa su evidencia en bosquejos, subraya el papel de la Revolución de 1910 en la integración de la familia, aumentando el poder y la influencia de la madre sobre los hijos, en tanto que separa al padre de la familia. Ramírez subraya la Conquista, cuando el conquistador español tomó a mujeres indias como esposas o concubinas y dejó al indio varón desplazado e impotente. La descendencia mestiza de la unión al mismo tiempo idealizaría al padre español y se mostraría resentida hacia él, junto al cual se sentía inferior, y dependería de su madre india, pero denigrándola. El origen de la glorificación que de la madre hace el mexicano, y en contraste la dominación depredatoria de las mujeres, de acuerdo con Ramírez, es el intento compulsivo del mestizo de imitar a los poderosos españoles en tanto que al mismo tiempo conserva su único vínculo real, con la madre.

Aramoni y González, más que Ramírez, tratan de interpretar la psicología de las mujeres así como la de los hombres. La experiencia femenina de formar parte de una clase explotada, de ser tratada como una propiedad en tanto que al mismo tiempo se espera de ella que se conduzca amorosamente, han provocado la urgencia de venganza.

La respuesta destructiva de las mujeres ha sido la de rebelarse pasivamente, de socavar la autoridad del padre y, como señala Aramoni, exi-
gir que el hombre o bien viva de acuerdo con su imagen de macho o
bien padezca un sentimiento de ridículo por castración. Aramoni difiere de los demás al intentar basar el conflicto entre los sexos en una
lucha precolombina entre los sistemas matriarcal y patriarcal en México. Si bien no fundamenta suficientemente esta hipótesis, sí llama la
atención hacia el hecho que los aztecas, con mayor éxito que los mestizos, obligaron a las mujeres a desempeñar un papel inferior.[18] En mayor grado que los demás, Aramoni advierte que la ideología patriarcal
mexicana se enfrenta a un desafío constante de una estructura subyacente de fuerza femenina, representada no solamente por el frecuente
dominio de la madre dentro de la familia, sino también en una forma simbólica, por el ascendiente de la Virgen de Guadalupe en el pan-
teón religioso y por la importancia casi religiosa del Día de las Madres
en México.

No sería completa una revisión de las descripciones más recientes
del carácter nacional mexicano si omitiésemos citar *El laberinto de la
soledad,* escrito por Octavio Paz, poeta y diplomático.[19] Este libro ha
influido en muchos de los comentadores psicoanalíticos y, a mi juicio,
es el análisis intuitivo más perceptivo y ciertamente el mejor escrito sobre el carácter del mexicano. Aunque Paz también está interesado principalmente en la psicopatología mexicana, su rica sensibilidad, su
simpatía por el aislamiento autoimpuesto del mexicano y su interés por
comprender las contradicciones del carácter mexicano no dejan la impresión ni de apología, de empequeñecimiento, ni de especulación seu-
docientífica.

El retrato caracterológico compuesto del mexicano que surge de
estos estudios muestra al macho como receptivo y explotador, atado
a la madre, aislado de la intimidad con otros y narcisísticamente pro-
tegido por una imagen de sí mismo de autosuficiencia y fuerza masculinas. Como dice Paz:

> No soportamos la presencia de nuestros compañeros. Encerrados
> en nosotros mismos, cuando no desgarrados y enajenados apura-
> mos una soledad sin referencia a un más allá redentor o a un más

acá creador. Oscilamos entre la entrega y la reserva, entre el grito y el silencio, entre la fiesta y el velorio, sin entregarnos jamás.[20]

La mujer mexicana es sumisa en lo exterior, masoquista, pero también cerrada, atesora su amor y es pasivamente rebelde en contra de la dominación y la falta de amor del hombre. El sadismo del hombre, escribe Paz, "se inicia como venganza ante el hermetismo femenino o como tentativa desesperada para obtener una respuesta de un cuerpo que tememos insensible".[21] El mexicano teme a la mujer, pero en su aislamiento, encuentra en ella un enigma incontestable y un poder peligroso. No tiene manera alguna de relacionarse con ella, salvo la fuerza, y vuelve el círculo vicioso.

## Verificación y amplificación empíricas

En nuestro estudio de una aldea mexicana mestiza en el estado de Morelos, hemos confirmado la observación de que el conflicto entre los sexos que distingue a México de las sociedades campesinas tales como la de Italia meridional con siglos de dominio patriarcal ininterrumpido es el resultado y el origen tanto de la formación del carácter como de perturbaciones emocionales.[22] Pero al estudiar prácticamente a todos los adultos en una aldea de novecientos habitantes, en lugar de estudiar solamente una muestra, con cuestionarios proyectivos, con la prueba de Roscharch, con la apercepción temática, así como por medio de la observación participante, hemos podido determinar que los rasgos del carácter patogénico que refieren los autores mexicanos no describen a la mayoría de los aldeanos mexicanos, aun cuando sí representan en una forma precisa a una minoría considerable. Por ejemplo, solamente el 11 por ciento de los hombres tienen los rasgos extremos de machismo, y otro 30 por ciento expresa estos rasgos en menor grado. A su vez el machismo está correlacionado con otros dos factores del carácter aún más arraigados, la dependencia intensa de la madre y el síndrome autoritario-explotador.

Por el contrario, hemos encontrado también aldeanos que son cariñosos y productivos, que están interesados en su familia y en su trabajo.[23] Expresan conceptos incultos de amor con una riqueza de lenguaje y de comprensión que refleja las mejores cualidades del mexicano. Para decirlo con las palabras de una aldeana de cincuenta años de edad, que nunca asistió a la escuela:

> El amor es una cosa muy sagrada porque sin amor no habría mundo. ¡Qué haríamos todos sin querernos!, porque aunque sea una amistad se debe querer. Empezando con amor de padres, de novios, de esposos, amor de hijos, amor de una buena amistad; aun para criar un animal hay que tener amor. Es incomparable, porque hasta se suicidan si no se les concede casarse. El amor de un padre es imborrable, eterno. El amor de amistades es entrañable. Amor de Dios también hay que tenerlo; Dios nos manda el amor como entendimiento.

Entre los campesinos, los que más trabajan y los más prósperos desde el punto de vista económico alientan los motivos de acumulación que caracterizan a los campesinos en todo el mundo. Como señala George Foster, la realidad económica de la sociedad campesina auspicia las actitudes del "bien limitado", el individualismo suspicaz y el autoaislamiento detrás de murallas psicológicas y materiales. Las actitudes del campesino hacia el amor, la amistad y la salud están decisivamente modeladas por su experiencia con una economía que durante siglos ha permanecido fundamentalmente sin cambio, en donde sólo se produce una cantidad limitada de riqueza, y donde "ningún trabajo adicional, por tenaz que sea, hará cambiar significativamente esa cifra".[24] El análisis de Foster de las actitudes que siguen al "bien limitado" describe un carácter que encaja perfectamente con la descripción que hace Fromm de la orientación acumulativa:

> Esta orientación hace que la persona tenga poca fe en cualquier cosa nueva que pueda obtener del mundo exterior; su seguridad se basa en la acumulación y en el ahorro, en tanto que cualquier gasto se interpreta como una amenaza. Los individuos que corresponden a esta orientación se rodean a sí mismos de un muro protector y su fin principal es introducir todo lo que puedan en

su posición fortificada y permitir que salga de ella lo menos posible.[25]

Si los campesinos acumuladores son también más productivos, activos e interesados que el promedio, no sólo se adaptan bien a las exigencias de su trabajo, sino también buscan el estímulo cultural en la religión y en las oportunidades que se les presentan en el mundo campesino, por pocas que sean. Las mujeres productivas crían hijos que pueden alcanzar la independencia y que están enajenados de sus padres sólo en una forma mínima. Aun en las familias que no tienen padre, las mujeres sumamente productivas logran criar hijos e hijas productivos. Los hombres productivos, por su responsabilidad y cuidado, se acercan al ideal patriarcal y también participan activamente en los asuntos de la comunidad.

Los aldeanos menos productivos tienen orientaciones pasivas y receptivas más bien que acumulativas. La alta incidencia de la orientación receptiva en la aldea (43 por ciento son dominantemente receptivos) a pesar de sus efectos de pobre adaptación, puede ser legado de la hacienda. La experiencia de ser agricultores libres, ejidatarios, fue negada a los padres de muchos campesinos. En la hacienda, los rasgos receptivos, incluyendo la dependencia, la necesidad de pedir en forma sumisa los propios salarios, fueron favorecidos y recompensados, del mismo modo que lo fueron entre los esclavos negros en los Estados Unidos.

Del estudio de Foster en Tzintzuntzan y de otros relativos a aldeas que escaparon al control de las haciendas, se desprende que el carácter receptivo es menos prevaleciente, de manera correspondiente; pero esta hipótesis requiere una investigación más sistemática.

En la hacienda, el carácter receptivo-sumiso era adaptativo, pero para el ejidatario libre este modelo del carácter conduce al fracaso económico y constituye una mala adaptación o es difuncional. Sin embargo, para el trabajador explotado que no es ejidatario ni productor independiente, los rasgos receptivos y sumisos todavía pueden ser adaptativos, aun cuando impliquen un desarrollo individual defectuoso y estén asociados con rasgos psicopatológicos tales como el alcoholismo.

Nuestro estudio también ha mostrado que la conducta social no puede ser explicada solamente por el carácter y que los factores que influyen en él existen en la realidad socioeconómica actual así como en la historia mexicana. El conocimiento del carácter receptivo del alcohólico y su machismo solo, no explican el hecho de que beba. Muchos hombres que tienen estos mismos rasgos no se convierten en alcohólicos a menos que se casen con mujeres destructivas que los ridiculicen o a menos que su forma de trabajar sustente su pasividad.[26]

La dependencia extrema de la madre también está influida por variables económicas y sociales. Cuando el padre obtiene éxito económico, puede mantener alta la cabeza en la familia y se convierte en un modelo para sus hijos. Cuando fracasa en cuanto perceptor de ingresos, los hijos lo rechazan y permanecen vinculados a la madre.

La dependencia de la madre también resulta favorecida por la desconfianza hacia las instituciones sociales y políticas de la sociedad. Cuando las personas piensan que la autoridad es irracional, que no pueden esperar un tratamiento justo de parte de la policía, de los tribunales y de los administradores, la imagen de la madre como la única persona que ama incondicionalmente, que nunca traicionará y que siempre impartirá protección, se vigoriza. La madre representa el puerto seguro del hogar, y, regresivamente, del vientre. El padre representa la sociedad, el contrato y la autoridad estructurada. La capacidad del padre para adaptarse a la sociedad es una lección poderosa para sus hijos. Si no logra hacerlo, lo rechazan no solamente a él, sino también a su fe en la autoridad racional, en la ley y en el contrato.

El éxito económico en sí mismo es una función no solamente del carácter sino también de la oportunidad. El campesino sin tierra que llegó al escenario demasiado tarde para recibir un ejido sigue siendo en general más pobre que los ejidatarios, sean cuales fueren los rasgos del carácter. En la ciudad, Guillermo Dávila ha observado un dominio creciente en la familia, por parte de la madre, debido al hecho de que en una sociedad que se industrializa rápidamente, las mujeres procedentes del campo con frecuencia tienen mayores oportunidades para trabajar como sirvientas, en industrias ligeras, etcétera, que los campesinos, a los que les falta preparación para el mundo industrial. El varón cuyo orgullo descansa en su papel patriarcal se encuentra dependiente de su esposa, con la resultante desintegración de la familia, fenómeno que tantos mexicanos achacan a la Conquista y a la Revolución.[27]

La actitud del mexicano hacia la autoridad también merece algo más que una simple explicación histórica. Por tradición, la sociedad campesina está estructurada en términos de respeto y de obediencia hacia los padres por parte de los hijos, en la superioridad masculina y en una jerarquía general de posiciones. Pero este tradicionalismo no implica autoritarismo en el sentido más profundo de desprecio por los débiles y el culto por el poder,[28] rasgos que caracterizan a no más del 30 por ciento de los aldeanos sometidos a prueba. Si la sociedad fuera a cambiar, si el mexicano pudiera comenzar a confiar en los funcionarios del gobierno y en la ley, la estructura del carácter de muchos apoyaría actitudes más democráticas.

La diversidad de motivos en el mexicano, así como los elementos patológicos, deben ser tomados en cuenta para entender el carácter nacional mexicano. Sólo entonces es posible relacionar la conducta disfuncional, compensatoria o regresiva, con los factores sociales y económicos que determinan y sostienen a los rasgos subyacentes del carácter. En México, muchos hombres y mujeres tienen la estructura de carácter que les permite adaptarse armoniosamente a una sociedad campesina y ser al mismo tiempo independientes y creadores. Aún no es posible hablar con precisión acerca de la población urbana que debe adaptarse a una industrialización rápida.[29] Las fuerzas sociales más decisivas para originar un carácter y una psicopatología de adaptación deficiente surgen del conflicto entre los sexos, arraigado históricamente pero sustentado por las tendencias económicas actuales así como por los restos de explotación que subsisten a pesar de la destrucción de las haciendas que realizó la Revolución y de la sociedad semifeudal que fue hecha trizas hace menos de sesenta años.

# Tiempo mexicano

CARLOS FUENTES

Desde la Conquista hasta hoy, la historia de México es una segunda búsqueda de la identidad, de la apariencia, una búsqueda nuevamente tendida entre la necesidad y la libertad: más que conceptos, signos vivos de un destino que, una vez, se resolvió en el encuentro de la pura fatalidad y el puro azar. Fatal para el indígena. Azaroso para el español. Más trágico que Edipo, México no acaba de reconocerse en su máscara. A la fatalidad y al azar, opone el "albur", temible negación de los demás que nos conduce al suicidio de no poder reconocernos fuera de nosotros mismos. El "albur", en México, es una operación del lenguaje que consiste en desviar el sentido llano de las palabras a fin de dotarlas de una intención insultante, agresiva, negadora de la personalidad de los interlocutores. El "albur" imposibilita todo diálogo. Por ejemplo: nadie puede decir, sencilla y rectamente, "Mi mujer está enferma", sin que esto suscite una serie de "albures" verbales en torno a la menstruación, la procreación, la luna, la cuaresma y la probable edad de la señora. Las elaboradísimas fórmulas de la cortesía verbal en México, el uso del subjuntivo, la constante apelación al diminutivo, son protecciones contra el "albur" y sus secuelas violentas. Se dice "Ésta es su casa" a fin

---

Carlos Fuentes (1928) ha reivindicado siempre los valores nacionalistas. Convencido de la existencia de una amenaza fascista, publica en 1971 *Tiempo mexicano,* un hermoso texto que quiere rescatar la identidad mexicana. Ante el tiempo lineal europeo, se oponen los tiempos paralelos de México; estamos entre el imposible regreso a Quetzalcóatl y la inaceptable claudicación ante Pepsicóatl. Fuentes afirma que "mientras el progreso norteamericano ha producido basura, el retraso mexicano ha producido monumentos". De ese libro reproducimos unos fragmentos.

de que el invitado la respete como respetaría la casa propia; la fórmula encierra un temor al extraño, al ratero, al vándalo, al violador: las casas mexicanas se esconden detrás de altísimos muros coronados por vidrios rotos. Se dice "Si usted tuviese la bondad de prestarme..." porque si se dice, secamente, "Préstame tal cosa", la respuesta sería: "Y tú, préstame a tu hermana". Se dice "mamacita" porque la escueta expresión "madre" puede desencadenar decenas de bromas, burlas, frases de doble sentido y aun la más temible invitación edípica de México, país en el que todos, menos el que habla, son hijos de la chingada: cada mexicano es un hijo de la virgen rodeado por millones de tenebrosos hijos de puta. Lenguaje e identidad: la masa del pueblo indígena, pueblo vencido, debió aprender la lengua de los amos y olvidar la lengua nativa. El castellano es la lengua del otro, del conquistador. En sus extremos, esta lengua se emplea para servir, humildemente, al patrón; es lengua de esclavos, cortés, susurrada, diminutiva, obsequiosa, dulce; y se emplea para gritar, venido el momento, las temibles palabras de la rebelión, el amor y la borrachera. Pero en su curso central, es el lenguaje, simplemente, de la falta de identidad, del "albur" ofensivo y de la retórica hipócrita, tan hipócrita como los abrazos entre hombres en México, cuya función original es saber si el otro viene empistolado.

Esta profunda inquietud acerca de su propia identidad —acerca de su necesidad y de su libertad probables— es lo que hace de México un país peligroso, un país apasionado. A fin de descubrirlo sin engaños, México —como una calavera de Posada, como un monstruo de Cuevas— tiene que saltar con un grito desgarrante de la orilla de la necesidad a la orilla de la libertad: libertad política, cultural, personal, económica. ¿Es de extrañar que la historia oficial de nuestro país sea un ejercicio de enmascaramiento positivista con el propósito de evadir esa tensión, de volverla inocua?

[...]

Los carcomidos muros de adobe de los jacales en el campo mexicano ostentan, con asombrosa regularidad, anuncios de la Pepsi-Cola. De Quetzalcóatl a Pepsicóatl: al tiempo mítico del indígena se sobrepone el tiempo del calendario occidental, tiempo del progreso, tiempo lineal.

¿Por qué conductos llegó a México este nuevo tiempo? Collingwood, en su *Idea de la historia*, recuerda que Heródoto veía en la divinidad que ordena el curso de la historia un poder "que se regocija en trastornar y desordenar las cosas". Toda cultura cercana al origen vive en el terror: habiendo conocido una cercana catástrofe en el pasado, teme un Apocalipsis cercano en el futuro. La recientísima comunidad helénica veía al mundo como cambio incesante; y lo que cambiaba mas violentamente era la vida humana. Los dioses estaban identificados con el terror y el cambio: Zeus o el trueno, Apolo o la pestilencia, Poseidón o el temblor de tierra. Pero esto también era cierto de la recientísima comunidad azteca, fundada apenas doscientos años antes de la Conquista. El recuerdo del origen se identifica con el temor del futuro: la sociedad azteca, su religión, su política, su arte, son exorcismos, aplazamientos de la catástrofe temida; cada cincuenta y dos años, al cumplirse el ciclo más vasto, lo *anterior* debe ser cancelado, negado, destruido o recubierto como las siete sucesivas pirámides del centro ceremonial de Cholula; los hombres son sacrificados para aplazar la catástrofe; los poetas cantan para recordar la brevedad de la vida. Pero Grecia, como señala Collingwood, se enfrenta y se reconcilia al hecho de que la permanencia es imposible: Grecia es el reconocimiento de la necesidad del cambio. Si por un lado la cultura griega trata de salvar lo sustancial, lo esencial, del azaroso mundo del cambio a través del pensamiento de Parménides y Platón, por el otro se enfrenta a la *peripetia*, reconoce que las cosas pasan instantáneamente de la afirmación a la negación, de la posición a la oposición, de la pequeñez a la grandeza, del orgullo a la humillación, de la felicidad a la miseria: cambio, historia y tragedia van unidos. Afrodita destruye instantáneamente el orgullo de Fedra y la castidad de Hipólito: el cambio histórico es aceptado pero, al mismo tiempo, es salvado y humanizado por la forma trágica. ¿Por qué pudo Grecia pasar del testimonio del cambio a su comprensión histórica y a su sublimación trágica, y el México indígena no? Quizás porque Grecia era sociedad abierta y el mundo indígena mexicano una sociedad cerrada. Grecia debió poner a prueba sus concepciones propias enfrentándose con el exterior: Troya, Persia. El mundo asiático, al negar y conformar a Grecia, la obliga a la crítica y a la autocrítica. En México hubo una completa ausencia de crítica en la sucesión guerrera, imperial, del mundo azteca: hubo gesta y mito, no tragedia. Cuando el México indígena conoció la tragedia, era demasiado tarde: la confrontación con el mundo exterior equivalió a la muerte; el mundo indígena no tuvo tiempo de criticarse; perdió de un golpe todos los instrumentos de su cultura. La tradición griega, en cambio, es la de la tensión entre cambio y permanencia: el río de Heráclito se vierte en el mar de Parménides, y en esa desembocadura brillan dos islas de oro: la conciencia trágica y la aspiración comunitaria.

La llegada de la cultura española a México significó varias cosas. Primero, que la herencia original de Grecia se presentó mutilada por la herencia de Roma; la apertura ante el cambio fue convertida por Roma en idea de la continuidad, y la permanencia fue suplantada por el principio de legitimidad: el sustancialismo ha triunfado sobre el cambio: sólo lo incambiable es cognoscible. Las ideas romanas de la continuidad y la legitimidad imperiales son apropiadas por España en cuanto convienen a su propio proyecto imperial, pero siempre en estado de conciliación con la herencia medieval: ese proyecto debe coincidir con la trascendencia divina, con el proyecto de Dios que se impone al mundo sin consultar la voluntad de los hombres.[1]

Sin embargo, el traslado a México de este organicismo medieval como sostén de la legitimidad imperial coincide con la revuelta moderna del individualismo crítico, por un lado, y el utopismo colectivo, por el otro. El primero tiene sus raíces romanas e hispánicas en el estoicismo y el epicureísmo: representa la decisión de salvar a la persona y sus valores ante la imposibilidad de transformar al mundo circundante, y es el origen de una actitud constante de las elites de Hispanoamérica. El segundo tiene las suyas en la herejía medieval antiagustiniana de Pelagio: el dogma y la vida sólo son conciliables a través de la libertad humana, agente directo de la gracia divina. Esta proposición reabre la posibilidad *política* en la comunidad cristiana; replantea el tema de la ciudad, de la organización de la polis, lugar donde se concilian el plan divino y el plan humano. *U Topos:* No hay tal lugar, dice Tomás Moro, y su negación es una aparición: su Utopía es ante todo un deseo y América, antes de ser, es deseada. No hay tal lugar y sí hay tal lugar: no es otra la raíz más secreta y profunda de la cultura hispanoamericana; Topía y Utopía son los países superpuestos que están en dos lugares, en dos mundos, el Viejo y el Nuevo: son los países, al cabo, de Pablo Neruda y Jorge Luis Borges, de Octavio Paz y Julio Cortázar, de Alejo Carpentier y Gabriel García Márquez, de Wifredo Lam y José Luis Cuevas. Pues detrás de las carabelas de Colón llegó a las costas americanas la nave de los locos, el barco de la estulticia, *the ship of fools:* Erasmo venía al timón, Moro era el vigía, Campanella el cartógrafo y en las galeras viajaban Jerónimo Bosco y los fantasmas nonatos de Don Quijote y Don Juan. El espacio arruinado de la Ciudad de Dios había sido invadido por la razón humana; pero Erasmo de Rotterdam instala, en el corazón de la racionalidad, el discurso de la locura: la locura erasmista dialoga con el mundo, se elogia para limitar la locura de la razón, habla de las otras posibilidades del hombre: habla de la utopía. No hay tal lugar y sí hay tal lugar: Campanella, en *La ciudad del sol,* ubica la Utopía en América y la Utopía es cumplir dos designios de Dios viviendo en una comunidad libre y bajo una sola ley. La gran empresa conciliadora y comunitaria de Moro, Campanella, Erasmo, Vives y Valdés es la esperanza del nuevo mundo y Vasco de Quiroga la encarna fugazmente en las comunidades michoacanas: "Porque no en vano sino con mucha causa y razón éste de acá se llama Nuevo Mundo y eslo Nuevo Mundo, no porque se halló de nuevo sino porque es en gentes y cuasi en todo como fue aquel de la edad primera y de oro..."

Pero esta empresa de los que Alfonso Reyes llamó "los padres izquierdistas de América" se frustró; la "edad primera y de oro", según el propio Quiroga, "por nuestra malicia y gran codicia de nuestra nación ha venido a ser de hierro y peor". La empresa espiritual de Erasmo fracasa en América; si el humanista de Rotterdam intenta la suprema conciliación del misterio religioso y la razón práctica gracias a la conciencia irónica del yo, relativizando tanto al dogma como al poder, España, con la contrarreforma, absolutiza por igual, y trasplanta a tierras americanas, dogma y poder. Nuevamente, la "locura" erasmista debe superar, en América Latina, el tardío pero oportuno florecimiento de nuestros arte y literatura modernos. Pero en el siglo XVI, como indica Eugenio Ímaz, Moro fue martirizado y su martirio consistió en ser testigo de la Utopía ante la Topía, de la razón ante la razón de Estado: Maquiavelo vence a Moro, acaparando la racionalidad como proyecto pragmático del Estado; Felipe II vence a Moro y a Maquiavelo, identificando la razón del imperio español con el proyecto divino. El virreinato, el poder absolutista de los Austrias, la Contrarreforma y la Inquisición nos separan durante cuatro siglos de la aventura moderna de Europa: España se cierra y nos encierra. Una intensa esquizofrenia política, moral e intelectual se apodera de la América española: el trasplante español nos ofrece lo peor y nos niega lo mejor de España; Cuba puede ser una Andalucía más graciosa que la propia Andalucía, pero México es una Castilla más sombría que la propia Castilla; los fermentos combatidos, pero existentes; en España —tradicionalistas, como las comunidades, germanías y hermandades; renovadores, como alumbrados y eramistas— no logran pasar las barreras de las aduanas del espíritu en América; las tradiciones de gobierno propio que abundan en España no encuentran equivalente en América; el cabildo es una institución ficticia y la universidad se va reduciendo, escolásticamente, a la parquedad del trivio y el cuadrivio; la revisión crítica del tiempo moderno en todos sus órdenes —Bodino y el nuevo Estado; Copérnico, Kepler, Galileo y la nueva concepción física del universo; Erasmo, Bruno y el nuevo régimen intelectual, no llegan sino sordamente a nuestro mundo; y ni siquiera con sordera aparecen en él la teoría o la práctica del nuevo capitalismo expansivo, individualista, fundado en la identificación del orden natural (evidente) y del orden providencial (revelado). Pero la suprema paradoja de la colonización española es que fuimos colonizados por un país que pronto se convirtió en país colonizado por las potencias mercantiles del norte de Europa. La fuga del tesoro americano a los Países Bajos, y de allí a Inglaterra y Alemania para pagar las importaciones españolas financió, en efecto, buena parte de la expansión industrial de esas regiones. España fue las Indias de la Europa capitalista.

Este rechazo de la modernidad a partir del Concilio de Trento conduce a España y a sus colonias a la decadencia y al descontento. ¿Es de extrañar que, al obtener la independencia, la América Latina haya optado por la fórmula del éxito, haya rechazado por igual la mezcla inoperante del catolicismo medieval con centralismo absolutista y la promesa frustrada de la utopía renacentista, corrompida por la épica de la Conquista y la praxis de la colonización, para optar por el modelo triunfante, el modelo del progreso, el empirismo, el pragmatismo y el pacto social lockiano? La Independencia se propuso recuperar el tiempo perdido, digerir en unos cuantos años la experiencia europea a partir del Renacimiento, asemejarnos cuanto antes a los modelos deslumbrantes del progreso: Francia, Inglaterra, los Estados Unidos. Pero —y éste es un inmenso pero— esta opción nos condujo a una nueva esquizofrenia: atruibuimos al progreso moderno las cualidades de nuestro utopianismo frustrado; convertimos en nuestras utopías modernas los hacinamientos de Londres y Nueva York y las fábricas de Pittsburgh y Manchester, es decir, todo aquello que derivando del mundo sensible del ser, niega al mundo ideal del deber ser. El pragmatismo del mundo capitalista había triunfado sobre el utopismo del mundo renacentista; nosotros, al independizarnos de España, pretendimos disfrazar el progreso de utopía, crear la polis comunitaria, ideal, con cuanto la negaba. No es lo mismo la ciudad de Campanella y Moro, comunidad auténtica que disuelve los contrarios, que la ciudad de Locke, que atomiza a una polis que no tiene más razón de ser que la protección de la propiedad privada, llamándola "democracia" en su aplicación interna e "imperialismo" en su aplicación externa. La paradoja de Amércia Latina es que ha optado por la ideología de sus explotadores, rindiendo pleitesía al positivismo liberal y al tiempo antiutópico del progreso, del ser, contra el tiempo moral del deber ser. Aquél se mide; éste se desea y se imagina. En otras palabras: no hay vedadera revolución sin referencia a la utopía. "Vio bien Campanella: la razón de Estado prefiere la parte al todo, el individuo al género humano, la sociedad a la comunidad" (Ímaz, *Topía y utopía*). La utopía, como la revolución, invierte esas preferencias. México y América Latina, en cambio, optaron por la ideología de la razón de estado, que era la del éxito, la del progreso, la de la defensa de la propiedad privada, y la justificaron con la teoría rousseauniana, incorporada a todas nuestras constituciones, de la voluntad general. Pero no se percataron de que, en la práctica europea y norteamericana, la voluntad general, lejos de ser la voluntaria comunidad de todos, era el disfraz moral de la clase burguesa, de su particular interés económico travestido de interés general y hasta universal. Y el interés universal del capitalismo se llama imperialismo. Y nosotros somos sus víctimas.

No niego que esta opción haya sido natural. La filosofía de la Ilustración, como Jano, tenía dos caras. Mirando al pasado, afirmaba: todo, antes de nosotros, ha sido bárbaro, irracional y supersticioso. Mirando hacia el futuro proclamaba: de aquí en adelante, sólo habrá un progreso ilimitado. Nada, en apariencia, convenía más a países que querían negar totalmente el pasado indígena y colonial e incorporarse a la marcha optimista del progreso. Sin embargo, la Ilustración fundaba sus ideas en un concepto universal e incambiable de la naturaleza humana; pero esa naturaleza humana no era la nuestra, sino la de los europeos de fines del siglo XVIII. De allí la pregunta de Montesquieu: "¿Cómo es posible ser persa?", que de hecho implicaba preguntarse: ¿cómo es posible ser mexicano o argentino? El eurocentrismo de este pensamiento culmina en cierto modo con la afirmación del romántico alemán Herder: el sistema solar es el centro del universo físico; la tierra es el centro del sistema solar; Europa es el centro de la tierra; sólo en nuestros días se ha vuelto evidente que existe una pluralidad de culturas que suponen una pluralidad de valores: todos somos centrales porque todos somos excéntricos.

[...]

Muchos sectores urbanos de México, en 1971, han logrado realizar el sueño del progreso moderno y, casi, vivir en Monterrey como en Milán, en Guadalajara como en Lyon o en la ciudad de México como en Los Angeles. Esta meta, sin embargo, se ha alcanzado, nuevamente, a destiempo: ha coincidido con las revueltas, dentro de las civilizaciones industriales, contra la tecnocracia, la destrucción del medio ambiente, la contaminación, los guetos urbanos y la falsificación de los medios modernos de comunicación: contra el pacto fáustico, en suma, del trueque del alma por bienes de consumo frágiles e innecesarios. Ha coincidido, además, con el desenmascaramiento de las justificaciones ideológicas que, a partir de Locke, Rousseau y Adam Smith, constituían la base de la eficacia pragmática y de la buena conciencia moral de Occidente. El genocidio y el fracaso militar en Vietnam y las revelaciones de los documentos del Pentágono sobre el *modus operandi* del poder han desnudado para siempre a la filosofía ético-positivista del industrialismo capitalista. El asesinato de la democracia socialista en Checoslovaquia, por otra parte, ha dejado sin máscara a la tecnoburocracia soviética que, como sus congéneres del Occidente lo hacían con los filósofos de la Ilustración, se enmascaraba con la herencia libertaria de Marx, Engels y Lenin.

Nuestro drama es que hemos accedido a la sociedad urbana e industrial sólo para preguntarnos si el esfuerzo valió la pena; si el modelo que venimos persiguiendo desde el siglo XIX es el que más nos conviene; si a lo largo del pasado siglo y medio no hemos seguido actuando como entes colonizados, copiando acríticamente los prestigios materiales de la sociedad capitalista; si no hemos sido capaces, en fin, de inventar nuestro propio modelo de desarrollo.

No podemos regresar a Quetzalcóatl; Quetzalcóatl tampoco regresará a nosotros. Como Godot, Quetzalcóatl se fue para siempre y sólo regresó disfrazado de conquistador español o de príncipe austriaco. ¿Debemos, por ello, enajenarnos a Pepsicóatl? Sería el camino más fácil, pero no el más feliz. México se encuentra actualmente en un grado de desarrollo capitalista intermedio: el que el teórico de la subordinación imperialista, W. W. Rostow, llama "la etapa del despegue". Pero ese desarrollo, una vez que la burguesía mexicana aprovechó para sí las reformas revolucionarias, sepultando de paso la ideología revolucionaria, carece hoy de metas verdaderas en el orden de la justicia y, también, en el de la imaginación: se trata de un desarrollo por el desarrollo mismo que al cabo, nos hace persistir en el atraso y nos convierte en depositarios del excedente plástico, descafeinado y kotequizado de la gran industria norteamericana: somos el Bajo Chaparral de la producción y el consumo de la metrópoli yanqui. Quetzalcóatl nos prometía el Sol; Pepsicóatl nos promete una lavadora Bendix pagable a plazos. Los atractivos del estilo de vida norteamericana transplantados a México generan, a través de los medios de difusión, un segundo problema; el de la aglomeración irracional en las urbes mayores. Cinco mil personas llegan diariamente del campo a la ciudad de México, atraídas en gran medida por el espejismo nylon que les ofrecen la radio, el cine, los anuncios y la televisión (y expulsadas del campo, en medida aún mayor, por las condiciones de injusticia que en él privan). Son los hijos de Zapata que se convertirán en hijos de Sánchez.

# Cultura mexicana y opinión política

ELSA CECILIA FROST

Lo primero que salta a la vista al iniciar un estudio en torno a la cultura mexicana es que las opiniones emitidas parecen dividirse por sí solas en dos campos claramente delimitados y aun opuestos. Quizá nos desorientemos algo al principio en este laberinto, pues tan pronto se dice que la cultura de México tiene treinta y cinco siglos de existencia (lo que no pasa de ser un error histórico), como se afirma que "no se puede hablar, como se ha pretendido, de cultura mexicana". Se sostiene por un lado que somos "uno de los pueblos más españoles de América", mientras por otro se nos descubren "importantes afinidades espirituales y sociales con la India". Unas veces somos el pueblo más viejo del continente y otras en cambio una "nacionalidad todavía muy imperfecta"; se juzga que nuestra cultura está "en ciernes" y casi inmediatamente surge alguien que al grito de ¡malinchismo! trata de demostrar que el mal de nuestra cultura es la "disminución mezquina de nuestros propios valores". En suma, de la cultura de México se ha dicho todo lo que es posible decir histórica y antropológicamente, y aun mucho de lo imposible...

Reproducimos a continuación un ensayo de Elsa Cecilia Frost (1929), una estudiosa que reivindica la tradición filosófica de Samuel Ramos, y que fue discípula de José Gaos en el Colegio de México. Ha realizado investigaciones históricas sobre el teatro jesuita en México en el siglo XVII y sobre el mundo religioso de los franciscanos. En una tersa síntesis histórica nos da una visión de los extremos políticos ante la identidad de la cultura mexicana. El texto forma parte del libro *Las categorías de la cultura mexicana* publicado en 1972.

Pero, a poco que nos detengamos en el análisis, descubriremos que en el fondo el problema cultural de México se plantea siempre como una alternativa, o español o indio; y con ello caeremos también en la cuenta de que la explicación de estas contradicciones puede encontrarse en la política.

Así, los escritos "oficiales" presentarán siempre un México de marcados rasgos indígenas, en tanto que la "oposición" no se cansa de repetir que fue Hernán Cortés quien "plantó en nuestras tierras los cimientos de una civilización superior y de una nueva raza".

Se diría que el conflicto provocado por el choque de dos culturas, allá en el siglo XVI, no ha terminado aún. El mexicano no vive su pasado como tal, en él la vieja pugna está siempre presente; y esto en un grado tal que Leopoldo Zea ha podido señalar como una de nuestras características esta "falta de dimensión", esta no asimilación del pasado.[1]

La lucha entre indios y españoles "vive en nuestra sangre sin que alguno de los dos haya podido vencer",[2] convertida, al cabo de cuatro siglos, en interminable disputa entre indigenistas e hispanistas o entre liberales y conservadores, si es que se prefieren estos términos, ya que el debate en torno a la importancia de los elementos indígena y español ha sido en todo momento un debate político.

Aun a riesgo de caer en la repetición al estudiar más adelante las distintas categorías, creo que es conveniente fijar desde ahora esa peculiar identificación entre los hispanistas y los conservadores por un lado, y los indigenistas y los liberales por el otro. Identificación que parece tener una triple raíz, racial, social y religiosa, y un solo motivo, el político. En realidad, están los distintos elementos tan entremezclados que es casi imposible aislarlos.

De las dos, la posición hispanista es la más fácil de defender, la más natural. México tiene oficialmente el idioma, las costumbres y, sobre todo, la religión que los conquistadores trajeron. Por obra de la Conquista y la Colonia, México quedó incorporado a la cristiandad y por muchos errores que pudieran atribuirse a la labor de España, hay algo que nos hace sus deudores eternos, fue ella la que nos trajo la palabra de Cristo. Si somos un pueblo católico es "porque lo hemos heredado juntamente con nuestra cultura de la Madre España".

Es posible que esta identificación entre la Conquista y la evangelización sea tan vieja como ellas mismas. No en balde se consideró que el "derecho" de España sobre estos territorios estaba en razón directa a su labor apostólica. El México auténtico surgió de la obra esforzada de colonizadores y misioneros. Fueron ellos los que le dieron un perfil humano, los que borraron su salvajismo, su impiedad, los que llevaron la luz a ese mundo oscuro y demoniaco. Rechazar a España es rechazar su obra cristiana y civilizadora. Por esto, a los ojos de los conservadores de principios del siglo XIX (todos étnicamente europeos), la insurrección no podía ser sino una monstruosa ingratitud, una guerra impía y cismática. Y los actuales, aun cuando reconozcan que la separación de la metrópoli tenía que ocurrir tarde o temprano, siguen considerando que el renegar de la obra de España es renegar de nuestro pasado y por ello renegar de nosotros mismos.

"El mal de nuestra cultura —nos dicen—, y el mal de México por tanto, es el de la rotura de la unidad interna", rotura que debemos reparar trabajando "por la verdadera cultura, que no *reniega* de las fuerzas vivas de la historia, sino que, entendiéndolas, viene desde ellas a lo presente, y con ellas, pero sublimándolas, camina a lo porvenir".

Si la cultura de México presenta una desigualdad manifiesta "esta falla procede, fundamentalmente, de los impedimentos opuestos a la acción evangelizadora de la Iglesia, disminuida o paralizada antes de que pudiera completar la estructuración cultural de México".

> La empresa era en sí misma una gigantesca acumulación de dificultades inherentes. No es lo mismo convertir que colonizar. Hacer del indio un civilizado y un cristiano y construir una Nación sobre la piedra fundamental del mestizaje de la sangre y de la cultura es gesta de titanes del espíritu. Cualesquiera que hayan sido los desfallecimientos y las desviaciones culpables, esta gloria de la España católica no podrá serle arrebatada jamás.

¿Cómo podría serlo si el idioma mismo que utilizamos para denigrarla es el que ella nos dio?

México, por mucho que se empeñen en negarlo, es un país hispánico, prendido como todos ellos "a la misma cruz redentora con los cuatro clavos inquebrantables y ardientes de la raza, de la lengua, del destino y de la fe".

Nadie niega a los liberales el derecho de manifestar sus preferencias, pero lo que no puede admitirse en quienes han llevado al estado mexicano al "desbarajuste, la corrupción y el despotismo" es que afirmen ser los representantes del México auténtico que hoy como ayer "tiene una fórmula indivisible: religión y patriotismo".[3]

Tal es, en resumen, la posición de los conservadores, posición que obligó a los rebeldes a buscar la justificación de su movimiento en lo que más ajeno era a lo español: el indio.

El insurgente, a fin de mostrar que no es su rebelión "cosa monstruosa y blasfema", "perversión del pueblo", vuelve los ojos al pasado y encuentra que, siglos antes del descubrimiento, había en este mismo territorio culturas que fueron el asombro de Europa. El conquistador no es, en consecuencia, el benefactor ni el creador de México, sino el usurpador de la soberanía indígena (para el fin que se persigue se hace caso omiso de que en el territorio conquistado hubiera varios pueblos y varias culturas separados por odios irreconciliables y se los transforma en uno solo: el pueblo "mexicano" que se opondrá al español). La guerra de Independencia queda pues justificada como una lucha contra déspotas extraños que han arrebatado este suelo a sus legítimos poseedores. La Colonia no es, como quieren los conservadores, el origen de México, sino un oscuro paréntesis durante el cual el "verdadero" pueblo estuvo sepultado bajo el yugo de una estructura extraña.

Y es cierto que al criollo insurgente no le importaba tanto la verdad histórica y el indio como tal sino sólo enfrentarle a España una imagen distinta de la que ella quería ver. No persigue una afirmación del pasado indígena sino la negación del pasado español. No se siente íntimamente unido al indio, éste le interesa sólo como alteridad. Pero más adelante, al pasar el poder de las manos del criollo a las del mestizo, el indigenismo sufre una transformación.

Porque para el mestizo, el indio no es una simple alteridad sino parte de sí mismo. Se siente unido a él por lazos sentimentales y étnicos, en él se reconoce, mientras que el español es el intruso, lo ajeno, y por ello mismo pasajero. El mestizo, nuevo símbolo de México, se sabe tan distante de lo español como de lo indígena puro, pero mientras aquél pertenece ya al pasado, el indígena sigue estando ahí, mudo testigo del desgarramiento interior del mestizo y de México. Por esto necesita que el indio lo reconozca a su vez y le preste su apoyo. El interés por el indio se desplaza pues del pasado al presente, del indígena muerto al vivo, de la historia a la sociología.

El mestizo intenta convertirlo en su aliado ya que ambos tienen un mismo enemigo, el criollo conservador. Éste es en efecto, según la teoría liberal, el responsable del atraso y las desdichas de los aborígenes al mantener la política —aprendida de España— de aislamiento del indio. Y por lo que al clero respecta, el liberal le echa en cara su alejamiento del ideal evangélico, su codicia y su despreocupación ante el triste estado de los pueblos indígenas. Habiéndose aliado a los grandes terratenientes, la jerarquía eclesiástica está tan ocupada en la administración de sus bienes materiales que ha traicionado su misión espiritual y no ha logrado siquiera la incorporación del indio al catolicismo. Por el contrario, lo que ha hecho es sumirlo en la ignorancia, el fanatismo y la superstición más baja.

¿Será posible, pues, se preguntan los liberales, que haya todavía quien asegure que somos deudores de España? ¿Qué fue la Colonia sino un periodo de esclavitud? ¿Dónde está la gran labor de la Iglesia, si no fue siquiera capaz de catequizar? ¿Quién es el causante de nuestras desdichas si no el criollo (clérigo o terrateniente) que atento sólo a sus intereses personales no vacila en traicionar a su patria?

La Colonia no puede ser considerada sino como un periodo de congelación de la verdadera nación mexicana, la precortesiana, que se continúa en el México independiente. Sin embargo, la solución del partido liberal al problema de la ruptura interna de México no puede ser más paradójica. Se alaba al indio, se le reconocen grandes cualidades, se hace de él la señal de oprobio de la Conquista española, pero se asegura que "mientras los naturales guarden el estado que hoy tienen, México no puede aspirar al rango de nación propiamente dicha".[4] Es decir, la solución es incorporar al indio al grado de civilización del resto de la población del país, o lo que es lo mismo, occidentalizarlo, hacerlo renegar de sí mismo. No otra cosa es, de hecho, lo que proponen Molina Enríquez o Pimentel, entre otros.

La Revolución de 1910 trajo un nuevo cambio. Desde entonces el indígena deja de ser una alteridad para convertirse en lo más radicalmente nuestro, biológica y espiritualmente. Las soluciones del siglo XIX a nuestros problemas (la adopción del positivismo, por ejemplo, que había de convertirnos de "soñadores y místicos" en prácticos hombres de acción) se ven ahora como absurdos intentos de adaptar el país a la cultura europea, cuando lo lógico es lo contrario. Debemos dar salida a todas esas voces oscuras que "subsisten en el alma nacional", hacer renacer la tradición prehispánica que es la "que nos corresponde"; en suma, indigenizar a México, rechazar como extraño todo lo occidental, que al fin y al cabo está sólo superpuesto.

Se llega pues a una situación desproporcionada y demagógica aun para aquellos que sostienen que "el indigenismo es la única posibilidad auténtica del mexicano".[5]

Pero al cabo de cien años de política liberal, la opinión popular es decididamente indigenista, tanto dentro como fuera de las fronteras de México. Si aquí, en un arranque de seguridad en nosotros mismos, afirmamos sentirnos capaces de "volver a alzar pirámides, civilización y cultura"; el extranjero medio que visite el país sólo encontrará el espíritu de nuestra raza en los ídolos, las ruinas, los jarros de Tlaquepaque y los sarapes de Oaxaca. Los otros productos culturales son restos de la dominación española o frutos de la imitación a Europa, pero no "lo mexicano". Y si nosotros nos negamos a levantar un monumento a Hernán Cortés porque nunca un pueblo levanta estatuas a sus explotadores, al norte de nuestra frontera consideran que *Mexicans* son únicamente los de piel cobriza.

Tal es en resumen la posición que el mexicano medio ha adoptado frente a su historia y su cultura: o criollo, conservador e hispanista, o mestizo, liberal e indigenista.

# La sexualidad de la mexicana

JUANA ARMANDA ALEGRÍA

Existen en el ambiente ciertos estereotipos de conducta, tanto masculina como femenina, de acuerdo a los cuales se modela el carácter y la manera de ser de la niñez de ambos sexos. A continuación, las formas de conducta más características de las mexicanas:

La abnegación. El masoquismo de la mujer con sus innumerables variantes perfectamente bien sintetizadas en el concepto de la abnegación, constituye la trampa más perfecta para su nulificación humana, y por ende para el atropello y denigración de sus derechos esenciales.

La abnegación implica una idea de renuncia, un no desear nada para sí, una perenne limitación. Desde niñas, las mujeres aprenden todas las actitudes "propias" de su sexo y saben que deben asimilarse a ellas, de modo que en la medida en que crecen y conforman los "ideales femeninos" aceptados, el círculo vicioso se consolida.

La mujer abnegada es aquella que sabe soportar con resignación enfermiza las adversidades de la vida, es decir, la que no protesta, la que

La perspectiva feminista que se extendió durante los años setenta también abordó el tema del carácter de las mexicanas. Juana Armanda Alegría (1938), psicóloga independiente, formada en la Universidad Nacional Autónoma de México, publicó en 1974 su *Psicología de las mexicanas,* donde realiza una crítica descarnada del machismo y describe la deplorable condición de sojuzgamiento de la mujer en México. Durante 1975, año internacional de la mujer, fue invitada por el Movimiento Nacional de Mujeres a dar pláticas en diversas delegaciones del Distrito Federal. Se reproduce a continuación el fragmento de su libro dedicado a discutir el erotismo de la mexicana.

nunca se rebela ni exige, la que se olvida de sí misma en favor de los intereses de otros, en resumen la que se nulifica.

La abnegación es pues un proceso de autonegación y de disminución de los propios valores, actitud que al ser llevada a la práctica por las mujeres trae consigo la anulación de los intereses femeninos.

La servidumbre. El servilismo atávico de la mujer mexicana es a su vez consecuencia y motivo de la abnegación. El hecho de servir es para las mexicanas más que una actitud una filosofía; ellas no son serviles en cuanto que hacen esto o aquello en favor de otros, sino más bien en la medida en que sirven con todo su ser, es decir, en cuanto a que se someten de manera absoluta a los intereses de quienes las rodean.

La mujer en México es un ente al servicio de los hombres, es alguien con quien ellos cuentan incondicionalmente, en cualquier circunstancia, positiva o negativa, y regularmente sin ninguna remuneración.

La actitud sexual. Sexualmente las mujeres también prestan un servicio no remunerado. No hablemos aquí de la remuneración económica, puesto que en términos estrictos, el placer sexual solamente puede ser compensado con placer, y a la mayoría de las mexicanas les está vedado eso.

El hombre mexicano, en sus relaciones sexuales, no acostumbra considerar a la mujer, sino que se limita exclusivamente a lo suyo; la frigidez con que las mujeres reaccionan les parece normal y no le dan mucha importancia; en cuanto a ellas, tampoco le dan mucha importancia a su propia insensibilidad sexual.

Las mexicanas viven las relaciones sexuales como un tabú, que lejos de ser fuente de placer, se les antoja repugnante, lo cual en mucho condiciona su frigidez.

Los prejuicios prohibitivos que con relación a la sexualidad femenina privan en nuestro ambiente son innumerables y tan perfectamente bien manejados que se han constituido en un verdadero código moral que controla la conducta sexual de las mujeres.

El culto a la virginidad, por ejemplo, es una de las "muletas" más usadas a ese fin; todavía hay muchos (y esto, sobre todo, sucede en la provincia) a quienes les importa de manera desmesurada la virginidad de las mujeres; a ellas, en cambio, les interesa ser vírgenes puesto que una mujer que ha perdido la virginidad "ya no vale nada".

¿A qué se debe esto? ¿Cuáles son los mecanismos de tales reacciones? Desde luego que la virginidad opera aquí como garantía de que la mujer nunca ha tenido relaciones sexuales, pero, ¿por qué se le da tanta importancia a eso?, ¿por qué la virginidad priva por encima de cualquier otro valor?

Ante tal exigencia queda la impresión de que el hombre aspira a que la mujer sea una inexperta en lo que concierne a las funciones sexuales, concediéndose a sí mismos el derecho de "enseñarla" en tales artes como si fueran grandes maestros de la sexualidad; sin embargo, esa posibilidad, además de injustificada, resulta falsa en cuanto a que tampoco se toman la molestia de educarlas sexualmente; si acaso las condicionan a que respondan adecuadamente a las exigencias y necesidades de ellos, pero nada más.

Los hombres exigen que la mujer sea virgen porque les molesta que haya "pertenecido" a otros hombres antes que a ellos, excusa que implica otro concepto más: la pertenencia. Y esto denuncia de manera evidente y sin tapujos la curiosa actitud masculina de posesión por medio del sexo, es decir, el acto sexual no es ya una íntima aproximación mutua sino una apropiación, y en los casos extremos (que son los más comunes) trasciende su concreción sexual para convertirse en una posesión existencial; el hombre elige a la mujer virgen porque desea que ella, en cuerpo y alma, con todos sus matices humanos, sea de su exclusiva pertenencia.

Existe también una extraña asociación entre la sexualidad de la mujer y el concepto de la dignidad. Es curioso, pero la dignidad de la mujer mexicana va implícitamente unida a una larga cadena de abstinencias sexuales, entre las que, además de la virginidad, podemos mencionar la fidelidad y la frigidez, "cualidades" más o menos inhibitorias y entorpecedoras del desarrollo de la sexualidad femenina, que más que nunca acorralan a la mujer en su calidad de objeto sexual.

El hombre, en cambio, se reserva para sí todas las libertades sexuales con desmesurada exaltación. Ejercer la práctica sexual es una de las funciones predilectas del macho mexicano; para ellos no hay inhibiciones, sino todas la facilidades necesarias.

Los prostíbulos son lugares especiales en donde todos, jóvenes (desde la pubertad), adultos y ancianos ejercen su sexualidad a discreción; allí encuentran mujeres a su servicio, para todos los gustos y necesidades, allí pueden explayar sus pasiones, allí encuentran acogida a sus complejos; los prostíbulos son lugares de desahogo sexual y psicológico, pero fuera de ellos, los hombres continúan encontrando servicio sexual femenino, ellos están facultados para hacer uso de todas las mujeres.

La novia les es útil en cuanto que llena el hueco de una ilusoria afectividad marginada de las "impurezas sexuales", la amante es el refugio del hastío e intransigencias hogareñas, y la esposa es la "reina del hogar", la que cuida a los hijos y el ente de exclusivo uso sexual y humano.

A diferencia de lo que concierne a la mujer, la dignidad del macho mexicano, entre otras cosas, tiene mucha relación con el ejercicio de su sexualidad; él no solamente debe tener muchas mujeres, sino que también debe presumir a voces de ello, como si se tratara de una hazaña prodigiosa.

La virginidad despierta en ellos una reacción de ambigua agresión y respeto; cuando "aman" a una mujer virgen, inhiben su sexualidad para "respetarla": no serían capaces de arrebatarle tan preciada cualidad; pero cuando no la aman se las ingenian para seducirla, y de ese modo, agregan una hazaña más a su larga cadena de triunfos. Y en cuanto a la fidelidad, practicarla no solamente les resulta imposible, sino que también les parece denigrante.

En resumen, la disparidad del enfoque de los intereses sexuales femeninos y masculinos en nuestro medio es tal, que vale la pena hacer un paréntesis para indagar las razones.

Desde luego que el motivo básico que de inmediato salta a la vista es la actitud del macho mexicano y el poco aprecio por la mujer.

El mexicano no aprecia a la mujer, no la toma en cuenta, no la respeta. El macho mexicano se importa a sí mismo, esto a nivel individual y a nivel genérico. Egoísta, satisface sus placeres carnales y espirituales a toda costa; y si para el cumplimiento de algún capricho necesita de alguna mujer, no vacila en usarla a su antojo sin considerar los sentimientos ni las necesidades de ella.

Y lo que es peor, ante la mujer el mexicano más que con egoísmo reacciona con inconsciencia, y no es tanto que no la considera, como que la ignora.

Sexualmente, en la relación directa individual, la actitud común de los hombres de no tomar en cuenta el placer de ellas, se debe al mecanismo atávico de tomarla como un instrumento de placer, es decir, como si en esa función la mujer no se debiera ningún cumplimiento para sí misma, sino que tiene que hacerlo en función de las necesidades de él.

La infidelidad atávica del macho enraiza también en ese mismo concepto (de que la mujer es un instrumento de uso) y, por lo tanto, el hombre puede tomarla o dejarla, sin detenerse a considerar fidelidades de ninguna especie, o ¿es que se puede ser fiel a un objeto?

En el plano intelectual, de las ideas y las inquietudes espirituales, el hombre también hace lo suyo, lo que le concierne, lo que le corresponde, dejando a la mujer, una vez más, olvidada.

Ahora bien, ¿en qué medida la mujer ha contribuido a ese olvido?, ¿en qué medida ella se ha empeñado en nulificarse al extremo de que no se le tome en cuenta?

A simple vista se puede alegar que la sociedad ha elaborado todo un engranaje inhibitorio de las facultades y valores femeninos; sin embargo, no hay que olvidar que las mujeres también forman parte de la sociedad y que en mucho han sido disminuidas en la medida en que ellas lo han permitido.

Los alardes sexuales de los machos, por ejemplo, si bien puede ser cierto que responden a una actitud compensadora de una posible incapacidad sexual, no se habría desarrollado de manera tan desmesurada si las mujeres lo hubieran entorpecido.

El culto a la virginidad femenina ha florecido tanto gracias a que a ellas también les ha gustado ser vírgenes, y el alto porcentaje de frigidez que se registra en México se debe mucho a que las mujeres han querido asociar la carencia de apetitos sexuales con un engañoso concepto de dignidad.

Los valores femeninos se han ido diluyendo gracias a que las mujeres no han sabido sostenerlos. Si el hombre no tiene conciencia de la mujer se debe en mucho a que ella no se ha hecho consciente, ni para sí misma, ni para los otros, y no ha querido demostrar su existencia.

El concepto establecido de que la sexualidad femenina es válida únicamente en función de la genitalidad, es totalmente falso en cuanto que las funciones sexuales tienen una gran importancia en sí mismas y para ello basta con tomar en cuenta la serie de enfermedades nerviosas y las deformaciones de carácter que tantas mujeres padecen a consecuencia de la abstención, ya que el ejercicio de la sexualidad al ser estimulante y excitante propicia no solamente tranquilidad, sino una mayor vitalidad biológica y psicológica.

La maternidad. La abnegada madre mexicana es otro ente humano al servicio de los hombres. Aparentemente, el concepto de la maternidad es profundamente venerado en México, la madre es fuente de todo amor y receptora de todo respeto, a ella se le dedica un día al año y se le erige un monumento, el cual, más que todo, prevalece en la íntima esencia de la afectividad del mexicano.

A nivel social, la imagen materna se tiende sobre el pueblo mexicano como una fuente de protección inmanente. La Virgen de Guadalupe, madre y protectora de nuestro pueblo, vela por sus hijos dentro y fuera del país, ella es una madre mágica que presurosa acude en su ayuda por lejos que ellos se encuentren. La Virgen de Guadalupe es fuente de toda bondad y virtud infinita.

A nivel individual, sin embargo, este concepto cambia mucho; supuestamente, cada hijo venera a su madre por encima de todas las cosas, pero nada más a la suya, a la que le corresponde, a la que le tocó en su suerte, y se sabe tan íntimamente unido a esa imagen que ella, en una curiosa fusión simbólica, constituye una parte de su propio ser y, lo que es más, la parte más sensible de él mismo.

En este curioso mecanismo, el mexicano parece haber ingerido a la imagen materna para llevarla siempre dentro, muy dentro de él mismo, y sin embargo, al alcance de todos.

Cuando un mexicano quiere ofender a otro, inmediatamente alude a la madre de éste, quien al sentirse tan íntimamente lastimado responde con otro insulto semejante, y el intercambio de palabras, y el pleito, continúa indefinidamente; siendo entonces cuando la imagen materna baja de su glorioso pedestal para sumirse en el oprobio.

Sobre la mujer madre recae toda la agresividad explosiva. De origen se transforma en fin; su simple mención en grado ofensivo moverá todos los instintos atávicos que yacen en el subconsciente para llevarnos en el holocausto hasta la muerte o el asesinato.

Estas son palabras de Jorge Segura Millán en su libro *Diorama de los mexicanos,* sin embargo, podemos objetar que no es sobre la madre sobre quien recae el insulto, sino justamente sobre el hijo, quien se empeña en llevar dentro de sí a esa imagen idealizada.

El mexicano respeta a la madre del otro en consecuencia del respeto y el aprecio que pueda sentir por él, de modo que cuando deja de apreciarlo, inmediatamente deja de respetar a la madre de aquél. En consecuencia, dadas las condiciones de los mecanismos que rigen estos hechos, la madre queda automáticamente incluida en la larga cadena de insultos usados comúnmente en nuestro medio; en tales condiciones, la imagen materna pierde toda solemnidad para convertirse en blanco de agresividad y en fuente de malicia.

Ahora bien, ¿por qué el mexicano se empeña en llevar dentro de sí a la imagen materna, convirtiéndola justamente en el aspecto más vulnerable de su ser?

Más que en la ambivalencia, este hecho se motiva seguramente en un genuino desprecio por la figura femenina. La imagen de la mujer mexicana está ya tan devaluada que no merece respeto ni aun a través de la maternidad. El pedestal de veneración en que se ha depositado al concepto materno es falso en cuanto que encubre un gran menosprecio y una batahola de vituperios, y sin ir muy lejos, basta con observar la actitud cotidiana de los hijos hacia su madre real para deducir la verdad de estos conceptos.

En la rutina diaria del hogar, la madre como depositaria de veneración no existe. Todo lo contrario, ella no es más que la perenne servidora de todos, ella propicia el bienestar hogareño, realiza tareas a cual más pesadas e intrascendentes, soporta insultos y malos tratos del padre (y a veces también de los hijos), y todo esto sin protestar, sin pedir nada a cambio, con una gran sumisión que la hace objeto de un secreto desprecio, del desprecio que merece quien no exige el menor respeto.

En estos casos, la mayoría de las mujeres parecen insensibles ante tales hechos, ellas pretenden no darse cuenta de nada, y chantajeadas por "el ideal perfecto de la maternidad", se empeñan a esa función con toda la resignación del mundo.

[...]

Es curioso, pero ellas creen realmente que son apreciadas y que por el simple hecho de alcanzar la maternidad reciben la veneración de todos. La realidad nunca parece convencerlas de lo contrario, y cuando en alguna ocasión se desesperan y reniegan de su suerte, echan mano de la abnegación como último recurso.

La mayoría de las mexicanas aspiran llegar a ser madres, y esto más por condicionamiento social que por verdadera predisposición; sustraerse a esa función significa marginarse del engranaje de valores que imperan. Ellas necesitan que las "veneren", aspiran a sentir "sublimada" su condición de mujer a través de la función materna; y sin embargo, tal parece que muchas secretamente aspiran a ser despreciables, puesto que saben que detrás de la veneración aflora el insulto.

La mexicana, lejos de afirmarse a través de la maternidad se diluye. La idea de dar la vida por los hijos (que aquí es tomada con toda seriedad) significa sacrificar cualquier interés o aspiración propia en favor de los descendientes, y desde el momento mismo de la concepción la mujer deja de vivir para sí puesto que empieza a vivir para sus hijos.

La actitud de perenne renuncia es en efecto inherente al comportamiento femenino, puesto que la lleva a la práctica desde antes de la maternidad (en favor del marido) y antes del matrimonio (con el solo hecho de asimilarse al sistema patriarcal), pero la culminación de este proceso se realiza en la maternidad.

# Psicología del mexicano

ROGELIO DÍAZ-GUERRERO

¿Hay algo nuevo acerca de la psicología de nosotros los mexicanos? La contestación es sí, definitivamente sí. En los últimos veinticinco años, el autor de este trabajo y un grupo de investigadores de la Universidad Nacional Autónoma de México y del Instituto Nacional de Ciencias del Comportamiento y de la Actitud Pública, A. C. (INCCAPAC), han realizado un nuevo tipo de estudios que permite conocer qué maneras de ser son típicas del mexicano. Estos estudios tienen un nombre complicado, se les llama *estudios transculturales*. Esto sólo significa que se ha comparado, con pruebas psicológicas y con entrevistas, a sujetos mexicanos con sujetos de otras naciones para poder determinar qué es lo que sí es mexicano en contraste con lo norteamericano, japonés, inglés o yugoslavo. A partir de estos estudios se pueden decir, con seguridad, muchas cosas acerca de cómo somos los mexicanos.

Para empezar recordemos que se ha dicho que el mexicano tiene un complejo de inferioridad. Al respecto los estudios muestran que lo que a primera vista parecía un complejo de inferioridad, es sólo una

---

El tema de la mexicanidad ha sido también abordado con metodologías científicas, desde diversas perspectivas académicas. Encuestas, entrevistas y pruebas psicológicas han sido utilizadas para definir aquello que los poetas y los escritores han invocado. Rogelio Díaz-Guerrero (1918) es un médico, formado en México y los Estados Unidos y especializado en psicología cultural, que ha aplicado nuevas técnicas para despejar una vieja incógnita. Se reproducen fragmentos del ensayo "Tipos mexicanos", cuya primera versión apareció en la revista *Educación* (vol. V, núm. 29, 1979), y que ha sido recogido en su conocido libro *Psicología del mexicano* (1982).

actitud, propia del mexicano, que consiste en no saber valorar la importancia del individuo, ya que lo importante en México no es cada persona, sino la familia que éste forme. Se ha demostrado, por ejemplo, que mientras los norteamericanos sostienen que pelearían por los derechos del individuo, los mexicanos dicen que pelearían por los derechos de la familia. Así pues, lo que sucede es que Juan o Pedro, como personas aisladas, son poco importantes, pero Juan y Pedro, como miembros de la familia Rodríguez o de la familia González, son importantes. Esto es interesante porque, considerando que el mexicano tenía un complejo de inferioridad, se pensó también que los mexicanos serían muy inseguros. Sin embargo, los estudios han mostrado que los niños y adolescentes mexicanos, emocionalmente hablando, se sienten tan seguros de sí mismos, o más, que los de otras nacionalidades. Los mexicanos se sienten seguros como miembros de una familia, pues en la familia todos tienden a ayudarse entre sí. Este es un aspecto positivo que no debe perder la familia mexicana. Cada uno de sus miembros está, casi siempre, bien dispuesto a ayudar a otros de la familia que tengan problemas, sean estos de enfermedad o aun de tipo económico. Es esta actitud, de buena disposición para ayudar a otros miembros de la familia, lo que es importante en la familia mexicana y no el hecho de que sea grande o pequeña. Pero, ¿de dónde surge el hecho de que en México, y en otras sociedades parecidas, la familia tenga más importancia que el individuo? Todos los estudios realizados indican que esta característica de los mexicanos, como muchas otras, proviene de la filosofía de vida, propia de su cultura, es decir, de las formas de pensar acerca de nosotros y de los demás, acerca de cómo mejor vivir la vida, etcétera, que va pasando de generación en generación. Es por esto que decimos que la cultura es un resultado de la historia de cada nación. Expresándolo en forma más sencilla, pensemos que la mayor parte de los dichos, proverbios y moralejas mexicanas nos las heredaron nuestros antepasados, lo mismo que las ideas que se tienen acerca de los deberes que entre sí tienen los padres y las madres, los padres y los hijos y los hermanos y las hermanas en México.

Debido a lo anterior, cuando presentamos un cuestionario a estudiantes de las secundarias en la ciudad de México acerca de cómo pensaban y sentían acerca del dicho: "Las órdenes de un padre deberían ser siempre obedecidas", el setenta por ciento de los estudiantes estaban de acuerdo con este dicho, aun cuando podían, si querían, estar de acuerdo con otro que explicaba que todos los padres pueden equivocarse y que se puede dudar de su palabra, si su palabra no parece razonable. Es interesante destacar, además, que entre más baja es la clase social, la actitud de obediencia hacia el padre es más fuerte. Así, encontramos que mientras el ochenta dos por ciento de los muchachos de clase baja superior[1] estaban de acuerdo con esta actitud de obediencia, sólo el cincuenta nueve por ciento de los de clase media alta lo hacían. Además descubrimos que, con respecto a otras naciones como Inglaterra o los Estados Unidos, los niños mexicanos tienen tendencias a obedecer mucho más a sus padres, a permanecer mucho más cerca de ellos, a ser más interdependientes con ellos y a tener una relación más afectiva con sus padres que la que tienen, por ejemplo, los niños ingleses. Así es como también encontramos, que entre siete naciones, incluyendo a Japón, Brasil, Italia, Yugoslavia, Inglaterra, Italia y los Estados Unidos, los niños mexicanos eran los que más a menudo querían ser como sus padres, querían llegar a tener el mismo trabajo que el de sus padres.

Todos estos descubrimientos, y muchos otros, nos hicieron pensar más y más que la psicología de los mexicanos estaba originada, fundamentalmente, por su cultura, es decir, por todas esas afirmaciones, dichos y proverbios que seguimos como reglas para convivir, sobre todo dentro de la familia. A partir de esto empezamos a hacer estudios cada vez más serios sobre lo que llamamos los efectos de la cultura sobre la personalidad del mexicano, es decir, hasta qué punto estar de acuerdo y vivir de acuerdo con muchos de los dichos y maneras de pensar de los mexicanos, tiene que ver con la manera en que somos y nos conducimos.

El primer estudio importante que hicimos para relacionar la cultura mexicana con la personalidad del mexicano es muy reciente, pero nos ha dado muchas sorpresas. Los resultados nos han indicado que *cuando menos hay ocho tipos de mexicanos y, además, mezclas de estos tipos.* Lo más importante es que estos tipos resultan del grado hasta el cual los mexicanos aceptamos la cultura mexicana. Hay unos que aceptan, al parecer, todos o casi todos los dichos y proverbios, así como las reglas tradicionales de la cultura mexicana, pero hay otros que se rebelan a casi todos los dichos, proverbios y formas de pensar de la cultura mexicana. En medio de estos extremos hay muchos otros que, en distintos grados, mezclan el hecho de estar de acuerdo con la cultura tradicional mexicana[2] y de rebelarse a ella.

Pasemos, pues, a la enumeración de los ocho tipos de mexicanos. Los nombres de estos tipos son: a) el tipo de mexicano pasivo, obediente y afiliativo (afectuoso); b) el tipo de mexicano rebelde activamente autoafirmativo; c) el tipo de mexicano con control interno activo; d) el tipo de mexicano con control externo pasivo; e) el tipo de mexicano cauteloso pasivo; f) el tipo de mexicano audaz activo; g) el tipo de mexicano activo autónomo y, finalmente, h) el tipo de mexicano pasivo interdependiente. Es importante señalar que estos tipos de mexicanos existen tanto en hombres como en mujeres, aunque algunos tipos tienden a ser más frecuentes en los hombres y otros en las mujeres; además, en estudiantes de secundaria y preparatoria, y probablemente en las normales, aumentan los tipos activos, autoafirmativos, independientes y autónomos y, naturalmente, disminuyen sus contrapartes pasivas. En el presente ensayo vamos a referirnos sólo a los primeros cuatro tipos que son los que describen a la gran mayoría de los mexicanos.

[...]

La única forma de hacer una auténtica psicología del mexicano consiste en demostrar científicamente la relación que existe entre la cultura mexicana, particularmente la cultura folclórica de México, y la personalidad de los mexicanos.

Partimos de dichos proverbios y afirmaciones arrancados de la sabiduría popular de México y les dimos el nombre sistemático de premisas históricas y socioculturales (PHSCs), y, con ellas, y en el lenguaje natural de las personas, formamos escalas para medir el grado de alianza de los grupos y de los individuos a tales premisas. Después de muchos años de esfuerzos, logramos lo que los psicólogos llaman escalas factoriales de (PHSCs; a éstas las aplicamos junto con medidas de clase social, pruebas de inteligencia, de desarrollo cognoscitivo y de la personalidad, y hasta con medidas de las actitudes de las madres hacia los estudiantes; a niños de doce y jóvenes de quince y dieciocho años de edad en escuelas primarias, secundarias y preparatorias oficiales, autónomas y privadas.

Los resultados comprobaron que el estar más o menos de acuerdo con las premisas históricas y socioculturales produce, entre muchas otras cosas, diferentes tipos de personalidad entre los mexicanos, lo cual proporciona la primera caracterología mexicana en la que se puede depositar alguna confianza.

De los ocho tipos hasta ahora descubiertos, cuatro son los más frecuentes y los que ahora, *a muy grandes rasgos*, describiremos. El mexicano afiliativo y obediente, el mexicano activamente auto-afirmativo o rebelde, el mexicano con control interno o "íntegro", y el mexicano de control externo pasivo o "corrupto".

[...]

Si tomamos en cuenta a toda la república, el mexicano más frecuente es el obediente afiliativo. La gran mayoría de los mexicanos son obedientes, afectuosos y complacientes hasta los doce años de edad. Esto es lo normal en nuestra cultura. Niños con este tipo muestran señales de salud emocional e intelectual. Sin embargo, si a los quince años siguen siendo igualmente obedientes, mostrarán un retraso en varios aspectos intelectuales respecto de sus coetáneos; sus madres empiezan a pensar que sus hijos no lograrán mucho y se acentúan los aspectos de pasividad e interdependencia con los padres. A los dieciocho años, estos niños muestran más síntomas de pasividad y dependencia de los padres y de la sociedad; son de buenas maneras, piensan que es mejor saber obedecer que saber mandar, etcétera. Estos sujetos funcionarán bien dentro de la sociedad, si tienen el apoyo de sus familiares y no llegan a enfrentarse solos a los duros problemas de la vida.

El tipo de mexicano activamente autoafirmativo, el rebelde a la cultura, es frecuente entre los jóvenes que van a la secundaria, preparatoria y normales, y son éstos, generalmente, quienes realizan estudios superiores; es más frecuente encontrarlos en las clases media y alta que en las clases bajas. Este tipo se caracteriza por ser, ya desde los doce años, mucho menos obediente que sus coetáneos ante las órdenes de sus padres y maestros; su desarrollo intelectual y su habilidad para la lectura es mayor que la de sus coetáneos, pero su relación con sus padres es difícil. Muchos de estos niños son considerados ingobernables por sus padres; además, son más agresivos, dominantes e impulsivos que sus coetáneos y sufren algo más de ansiedad que ellos. A los quince y dieciocho años siguen siendo fuertemente rebeldes ante la autoridad y sobrepasan a sus coetáneos en capacidad intelectual y habilidad de lectura. Son, a menudo, los líderes estudiantiles. La tendencia es que se inicien honradamente en estas lides, pero no son inmunes al medio social machista y frecuentemente violento y corrupto de las secundarias y preparatorias. Muchos de los profesores de enseñanza media y superior poseen, probablemente, este tipo de personalidad, así como muchos políticos. Estos sujetos irán más fácilmente a las actividades estatales que a las privadas; los tipos extremos se convertirán en políticos radicales de izquierda y aun en anarquistas o guerrilleros y hasta en delincuentes comunes.

El tipo de mexicano con control interno activo, el íntegro, es menos frecuente que los anteriores; parece integrar dentro de sí todas las cualidades de la cultura mexicana, y puede ser obediente, afectuoso y complaciente cuando esto sea lo adecuado, pero rebelde si es necesario. Lo más interesante es que todo indica que este tipo se da con la misma frecuencia en las clases altas, medias y bajas, y que sucede lo mismo en mujeres que en hombres. Ya a los doce años, estos sujetos presentan las características que la sociocultura mexicana considera ideales: son afectuosos con todos, complacientes y corteses con padres, maestros y adultos, menos agresivos e impulsivos que sus coetáneos, más ordenados, disciplinados, limpios, metódicos y reflexivos. Estos niños son optimistas acerca de la capacidad del hombre para resolver los problemas del mundo, piensan que las metas se alcanzan estudiando y trabajando, están en contra de los compadrazgos y cualquier forma de corrupción social, etcétera. Son, además, más inteligentes, leen más rápido y con mayor comprensión que sus coetáneos, son aplicados y buenos estudiantes. Reúnen, en suma, lo mejor de la sociocultura mexicana y se rebelan a sus defectos.

El medio social machista y frecuentemente delincuente y corrupto de secundarias y preparatorias es particularmente difícil para este tipo de mexicano. Algunos se convierten en los pocos líderes estudiantiles íntegros, pero la mayoría se aísla de los grupos y se convierte en buenos estudiantes. Como adultos, forman nuestros mejores profesionistas, catedráticos, científicos, empresarios y políticos.

El tipo de control externo pasivo es la cara opuesta de la medalla: es el individuo pasivo, pesimista, y fatalista, siempre dispuesto a venderse al mejor postor; es obediente por conveniencia y por carácter, ¿sería el tipo servil descrito por Octavio Paz? Se desarrolla en el medio machista, violento y corrupto de muchas secundarias y preparatorias y es el que, probablemente, ha hecho que los mexicanos, en general, piensen que toda política es política corrupta.

Lo importante de esta caracterología, es que por fin se demuestra que hay varios tipos diferentes de mexicanos que resultan de la misma historia y sociocultura mexicana y que, obviamente, los escritores de argumentos para el cine, las fotonovelas y la televisión han abusado, presentando con demasiada frecuencia, los tipos más negativos de la caracterología mexicana, en los que, por desgracia, han sido ayudados por científicos extranjeros como Oscar Lewis. El mexicano íntegro y el rebelde ante la cultura también existen, lo mismo que el excesivamente pasivo y complaciente, pero no necesariamente corrupto y mucho menos violento.

# México profundo

GUILLERMO BONFIL

La historia reciente de México, la de los últimos quinientos años, es la historia del enfrentamiento permanente entre quienes pretenden encauzar al país en el proyecto de la civilización occidental y quienes resisten arraigados en formas de vida de estirpe mesoamericana. El primer proyecto llegó con los invasores europeos pero no se abandonó con la Independencia: los nuevos grupos que tomaron el poder, primero los criollos y después los mestizos, nunca renunciaron al proyecto occidental. No han renunciado a él; sus diferencias y las luchas que los dividen expresan sólo divergencias sobre la mejor manera de llevar adelante el mismo proyecto. La adopción de ese modelo ha dado lugar a que se cree, dentro del conjunto de la sociedad mexicana, un país minoritario que se organiza según normas, aspiraciones y propósitos de la civilización occidental que no son compartidos (o lo son desde otra perspectiva) por el resto de la población nacional; a ese sector, que encarna e impulsa el proyecto dominante en nuestro país, lo llamo aquí el México imaginario.

Las relaciones entre el México profundo y el México imaginario han sido conflictivas durante los cinco siglos que lleva su confronta-

---

El indigenismo integracionista llegó a un callejón sin salida durante los años setenta, lo que provocó que altos funcionarios del régimen buscasen nuevas alternativas. El antropólogo Guillermo Bonfil (1935-1991), que fue director del Instituto Nacional de Antropología e Historia, expresó la condición crítica del indigenismo, tal como Luis Villoro la analizó, en su inquietante búsqueda de lo indio en el Yo profundo del mestizo. A continuación se reproduce un fragmento de su *México profundo,* publicado en 1987.

GUILLERMO BONFIL

ción. El proyecto occidental del México imaginario ha sido excluyente y negador de la civilización mesoamericana; no ha habido lugar para una convergencia de civilizaciones que anunciara su paulatina fusión para dar paso a un nuevo proyecto, diferente de los dos originales pero nutrido de ellos. Por lo contrario, los grupos que encarnan los proyectos civilizatorios mesoamericano y occidental se han enfrentado permanentemente, a veces en forma violenta, pero de manera continua en los actos de sus vidas cotidianas con los que ponen en práctica los principios profundos de sus respectivas matrices de civilización.

Tal enfrentamiento no se da entre elementos culturales, sino entre los grupos sociales que portan, usan y desarrollan esos elementos. Son esos grupos que participan de dos civilizaciones distintas, los que a lo largo de medio milenio han mantenido una oposición constante, porque el origen colonial de la sociedad mexicana ha provocado que los grupos y clases dominantes del país sean, simultáneamente, los partícipes e impulsores del proyecto occidental, los creadores del México imaginario, en tanto que en la base de la pirámide social resisten los pueblos que encarnan la civilización mesoamericana, sustento del México profundo. La coincidencia de poder y civilización occidental, en un polo, y sujeción y civilización mesoamericana en el otro, no es una coincidencia fortuita, sino el resultado necesario de una historia colonial que hasta ahora no ha sido cancelada en el interior de la sociedad mexicana. Una característica sustantiva de toda sociedad colonial es que el grupo invasor, que pertenece a una cultura distinta de la de los pueblos sobre los que ejerce su dominio, afirma ideológicamente su superioridad inmanente en todos los órdenes de la vida y, en consecuencia, niega y excluye a la cultura del colonizado. La descolonización de México fue incompleta: se obtuvo la independencia frente a España, pero no se eliminó la estructura colonial interna, porque los grupos que han detentado el poder desde 1821 nunca han renunciado al proyecto civilizatorio de occidente ni han superado la visión distorsionada del país que es consustancial al punto de vista del colonizador. Así, los diversos proyectos nacionales conforme a los cuales se ha pretendido organizar a la sociedad mexicana en los distintos periodos de su historia independiente, han sido en todos los casos proyectos encuadrados exclusivamente en el marco de la civilización occidental, en los que la

realidad del México profundo no tiene cabida y es contemplada únicamente como símbolo de atraso y obstáculo por vencer.

El México profundo, entre tanto, resiste apelando a las estrategias
más diversas según las circunstancias de dominación a que es sometido.
No es un mundo pasivo, estático, sino que vive en tensión permanente. Los pueblos del México profundo crean y recrean continuamente
su cultura, la ajustan a las presiones cambiantes, refuerzan sus ámbitos
propios y privados, hacen suyos elementos culturales ajenos para po-
nerlos a su servicio, reiteran cíclicamente los actos colectivos que son
una manera de expresar y renovar su identidad propia; callan o se rebelan, según una estrategia afinada por siglos de resistencia.

En los momentos actuales, cuando el proyecto del México imaginario se resquebraja y hace agua por todas partes, resulta indispensable
repensar el país y su proyecto. Sería irresponsable y suicida pretender
hallar soluciones a la crisis sin tomar en cuenta lo que realmente somos
y lo que realmente tenemos para salir adelante. No podemos seguir
manteniendo los ojos cerrados ante el México profundo; no podemos
seguir ignorando y negando el potencial que representa para el país
la presencia viva de la civilización mesoamericana. No deberíamos seguir desgastando la energía y los recursos en el empeño de sustituir la
realidad de la mayoría de la sociedad mexicana, en vez de crear las condiciones para que esa realidad se transforme a partir de su propia po-
tencialidad, esa fuerza creadora que no ha podido explayarse en todos
los ámbitos, porque la dominación colonial la ha negado y la ha forzado a enquistarse en la resistencia para sobrevivir.

De lo que se trata, pues, cuando se propone aquí una reflexión sobre el dilema de la civilización en México, es la necesidad de formular
un nuevo proyecto de nación que incorpore como capital activo todo
lo que realmente forma el patrimonio que los mexicanos hemos heredado: no sólo los recursos naturales sino también las diversas formas de
entenderlos y aprovecharlos, a través de conocimientos y tecnologías
que son la herencia histórica de los diversos pueblos que componen la
nación; no sólo la fuerza de trabajo individual de millones de compatriotas, sino las formas de organización para la producción y el consumo que persisten en el México profundo y han hecho posible su
sobrevivencia; no sólo los conocimientos que con mucho esfuerzo se

han ido acumulando (más que desarrollando) en México y que pertenecen a la tradición occidental, sino toda la rica gama de conocimientos que son producto de la experiencia milenaria del México profundo. En fin, lo que requerimos es encontrar los caminos para que florezca el enorme potencial cultural que contiene la civilización negada de México, porque con esa civilización, y no contra ella, es como podremos construir un proyecto real, nuestro, que desplace de una vez para siempre al proyecto del México imaginario que está dando las pruebas finales de su invalidez.

La presente obra está organizada en tres partes. En la primera, intento presentar una imagen general de la presencia de la civilización mesoamericana en el México de hoy. Una presencia innegable que está en el paisaje, en los nombres, en los rostros, a todo lo largo y ancho del país. Trazo, para darle a esa presencia la profundidad histórica que le corresponde, un breve esbozo del surgimiento y desarrollo de la civilización mesoamericana hasta el momento de la invasión europea: mucho de lo que tenemos aquí y nos será indispensable para construir el futuro, tiene tras de sí una historia milenaria. La atención se centra, después, en la descripción apretada y sintética de la civilización mesoamericana tal como vive hoy en la cultura de los pueblos indios: es un esfuerzo por construir una imagen unitaria, por encima de las particularidades que expresan el carácter individual de cada cultura concreta. Al mismo tiempo, hago el intento de mostrar la coherencia interna de las culturas de estirpe mesoamericana, que se explica porque los pueblos que participan de ellas conservan una cosmovisión en la que están implícitos los valores más profundos de la civilización mesoamericana, los que conforman la matriz cultural que da sentido a todos sus actos.

A continuación se explora la presencia de la civilización mesoamericana en otros grupos de la sociedad mexicana que no se reconocen a sí mismos como indios. Aquí se pone en evidencia la *desindianización*, esto es, la pérdida de la identidad colectiva original como resultado del proceso de dominación colonial. El cambio de identidad, sin embargo, no implica necesariamente la pérdida de la cultura india, como lo prueba la realidad de las comunidades campesinas tradicionales que se identifican como mestizas. Aun en las ciudades, bastiones históricos del poder colonizador, es posible hallar la presencia de la cultura india, que se manifiesta en diversas formas, unas que provienen de procesos antiguos (la existencia de los barrios indios), y otras que resultan de fenómenos sociales más recientes (la inmigración del campo a la ciudad).

La primera parte concluye con una rápida visión de lo que ocurre en otros sectores de la sociedad mexicana, aquellos que encarnan al México imaginario propulsor del proyecto civilizatorio occidental. No se intenta más que representar algunos rasgos de la cultura de esos grupos, particularmente los que revelan su relación contradictoria con el México profundo, ya que el énfasis se ha puesto en sacar a la luz el rostro oculto de la gran masa de la población cuya vida está organizada en torno a una matriz cultural mesoamericana.

La imagen de México que se obtiene con esta esquemática radiografía nos muestra un país heterogéneo y plural, con una gran variedad de culturas que no forman una secuencia continua, esto es, que no se trata de sociedades con distintos grados de desarrollo dentro de una escala común; lejos de ello: lo que se perfila nítidamente es la división entre formas culturales que corresponden a dos civilizaciones diferentes, nunca fusionadas aunque sí interpenetradas. Los vínculos entre estos dos universos culturales son los que corresponden a una situación de dominación en la que el sector del México imaginario intenta subordinar a su proyecto al resto de la población. He ahí el dilema de la cultura mexicana que nos introduce a la segunda parte.

Ahora se trata de entender cómo llegamos a donde estamos, cuáles son las líneas principales del proceso histórico que ha conducido a la sociedad mexicana a negar la parte sustancial de sí misma y a emprender reiteradamente un proyecto de sustitución y no de desarrollo. No intento hacer un resumen puntual de la historia de los últimos cinco siglos; busco tan sólo destacar tendencias generales y momentos clave que ayudan a explicar la persistencia de un proyecto externo, colonial, que se ha actualizado pero que no ha cambiado sustancialmente desde que los criollos novohispanos comenzaron a imaginar la independencia hasta nuestros días. Ese recuento selectivo de la historia nos permite entender, por otra parte, las diversas maneras en que se ha agredido a los pueblos de estirpe mesoamericana y a sus culturas, en el secular empeño por negarlos y someterlos al orden propuesto por los sucesivos grupos dominantes.

Para concluir esa sección se expone de manera sucinta la respuesta del México profundo a la dominación colonial. Las formas de resistir han sido muy variadas, desde la defensa armada y la rebelión hasta el apego aparentemente conservador a las prácticas tradicionales. He intentado mostrar que todas esas formas de resistencia son finalmente facetas de una misma lucha, permanente, tenaz: la lucha de cada pueblo y de todos en conjunto por seguir siendo ellos mismos; su decisión de no renunciar a ser los protagonistas de su propia historia.

La parte final está destinada a proponer una reflexión sobre la situación actual y el futuro de México, a partir de lo expuesto en los capítulos anteriores. Intento presentar el país que heredamos en dos vertientes: la quiebra del modelo de desarrollo que se venía impulsando, con sus desastrosas consecuencias y los peligros inminentes que implicaría empeñarse en sacarlo una vez más adelante; y la otra cara de la medalla: lo que sí tenemos y con lo que deberemos construir nuestro verdadero futuro. A partir de esas consideraciones se plantean las opciones posibles para construir un nuevo proyecto nacional, que debe estar enmarcado en un proyecto civilizatorio que haga explícita nuestra realidad, no que la oculte. Son apuntes para un debate ineludible y urgente, en el que es necesario poner en primer término la cuestión de la democracia. Pero no la democracia formal, dócil y torpemente calcada de Occidente, sino la democracia real, la que debe derivarse de nuestra historia y responder a la composición rica y variada de la sociedad mexicana. Este es, también, un problema de civilización.

# La identidad nacional ante el espejo

CARLOS MONSIVÁIS

La inminencia del Tratado de Libre Comercio ha llevado al departamento de sentimientos de culpa del gobierno (la zona declarativa) a la defensa retórica, en el mejor de los casos de la Identidad Nacional, a la que jamás se define porque, según el razonamiento implícito, no hay necesidad de hacerlo, o lo obvio lo definen no las palabras, sino el instinto. Uno a uno, del presidente de la república al gobernador más renuente a la teoría, todos lo aseguran: el TLC no afectará nuestra identidad, no puede afectar, lo indestructible.

La defensa gubernamental de la identidad es fundamental pero no únicamente retórica. De alguna manera, los funcionarios saben del peso de los conceptos, y de la repercusión del nacionalismo (o del quebrantamiento del nacionalismo) en su proyecto de integración económica. Pero no tienen mucha idea del sentido del debate. Para ellos la identidad nacional ha sido, en el mejor de los casos, un lugar común, y ahora tienen que enterarse de los contenidos precisos de su existencia, y de hasta qué punto la identidad, como creían los marxitas, es función de la infraestructura.

La confusión se generaliza. En lo tocante a la identidad, la derecha se pasma. Desde el siglo XIX, lo básico, para la mentalidad derechista, no

---

Mordaz y aguda, la crítica cultural de Carlos Monsiváis (1938) ha sido uno de los ingredientes más refrescantes de la creación intelectual en México. Sus imprescindibles observaciones sobre los estereotipos nacionales tienen un doble filo: los popularizan y los erosionan. Aquí se reproduce un texto que presentó en 1990 en Tijuana, publicado en la antología *Decadencia y auge de las identidades,* coordinado por J. M. Valenzuela Arce (1992).

es la nación, sino aquello que contiene y permite a la nación: la familia, último guardián de los valores morales y eclesiásticos. Y de la Familia se desprende la Empresa, el culto al esfuerzo individual que prolonga el sentido de lo familiar en el mundo de las transacciones. Debido a la permanencia de la familia sobre la nación, a un gran sector de la derecha empresarial le es fácil el salto, el ver en lo nacional a una sujeción, que ata a realidades y modos de vida que empobrecen. ¿Cómo ser *contemporáneos* de quienes definen la modernidad, si se vive sujeto a los prejuicios de lo nacional, que aleja del gozo adquisitivo de lo internacional?

A la izquierda nacionalista (localizada hoy en el PRD, los galerones del PPS, los reductos de la buena conciencia del gobierno y del PRI, los sectores de la opinión pública aún partidarios de la idea y el mito de la reducción), le es muy importante el debate de la identidad nacional, a la que se le encomienda resistir hasta lo último el arrasamiento imperialista de valores y materias primas.

Según la industria cultural, la identidad es sucesión de lujos emocionales, de pasiones ordenadas por la fatalidad, de alianza orgánica entre raza y destino trágico, del gusto por la muerte, del machismo, irresponsabilidad, sentido totalizador de la Fiesta. Pero la industria cultural, como vemos ahora en el nuevo sincretismo que combina con destreza lo viejo y lo nuevo, no entiende de purismos. Así vemos ahora, en la proximidad de las fiestas funerarias, la fusión del *Halloween* con el Día de Muertos. Y que nadie se llame a ultraje o "desnacionalización", porque más mexicano que este *Halloween* superanaranjado, ni Tlaquepaque.

Durante un periodo (1940-1970), la cuestión nacional se difumina o pasa a segundo plano, inscrita en la publicidad del Estado. En el horizonte histórico prevaleciente, el de la Revolución mexicana, lo nacional: territorio, lenguaje, tradiciones, derrotas y conquistas, creencias, costumbres, religión es todo el espacio ofrecido a las mayorías, sus vías de comunicación y cohesión internas. Lo nacional es aquello que obtuvo el pregonado millón de muertos de la lucha armada. Lo nacional es el círculo de la seguridad, la compensación que transmuta los grandes valores (patria, historia, religión, habla, costumbres, sensaciones utópicas) en dispositivos de la vida cotidiana.

La atmósfera de las vaguedades, el reino de la atribuciones. Según el gobierno, la "identidad nacional" es dócil esencia, el espíritu de un pueblo que se contempla en el espejo de virtudes de un museo de artesanías, el viacrucis histórico que culmina en la obediencia voluntaria.

Preguntas necesarias: ¿de qué modo se aplica la identidad, que es fijeza, a los requerimientos del cambio permanente? ¿Cuál es el meollo de la "identidad"? ¿La religión, la lengua, las tradiciones regionales, las costumbres sexuales, los hábitos gastronómicos? Y en este orden de cosas, ¿cuál es la "identidad nacional" de los indígenas?, ¿no hay diferencias entre "identidad" de los burgueses y la de los campesinos? ¿Hay identidad o identidades? ¿Cómo intervienen en el concepto las clases sociales y los elementos étnicos? ¿Hasta qué punto es verdadera la "identidad" desprendida del imperio de los *mass-media?* Si la "identidad" es un producto histórico, ¿incluye también las derrotas, los incumplimientos, las frustraciones?

Ante la acumulación de preguntas, las mínimas certidumbres:

De existir, la "identidad nacional" sintetiza las necesidades de adaptación y sobrevivencia, y es algo siempre modificable, una identidad móvil, si esto es posible.

Así como la idea de patria fue sustituida por la idea de *nación,* así también la *estabilidad* reemplazó a la *independencia* en el conjunto de las jerarquías colectivas, lo que obligó a reajustes notorios. Uno de ellos: la "identidad" ha dejado de ser concepto urgente.

Y es que la normatividad en México hace que las expresiones populares que se divulgan como "identidad nacional" sean, en primer lugar, las de la capital de la república (confrontar la secuela fílmica de *Nosotros los pobres,* a *Mecánica Nacional,* a *La Pulquería*). Así, no hay diferencias perceptibles entre la visión comercial de "cultura urbana" y la de "identidad".

En el siglo XIX, ¿a qué "identidad" colectiva podían aspirar artesanos, obreros, sirvientes, soldados, mendigos, prostitutas, niños abandonados, amas de casa sin casa alguna a la disposición? Para entender su sitio en el México independiente recurrieron a trucos y artimañas, para avenirse con su destino económico se dejaron apaciguar por sus creencias, para asimilar el proceso secularizador lo adaptaron al hacinamiento y el cúmulo de supersticiones, para resistir al moralismo de las clases dominantes, ignoraron sus técnicas de hipocresía. Una cosa por la otra; la nación (las elites que la monopolizaban) no aceptó a los parias y ellos la hicieron suya a trasmano, la nación jamás les solicitó su punto de vista, y ellos apenas si se enteraron de los mitos de la cúpula.

La "identidad" fue lo conseguido gracias a la imitación y el contagio, las reglas de juego de la convivencia forzada y de la reproducción fiel (hasta donde esto era posible, nunca demasiado) de las costumbres atribuidas a los amos. Cambiaban los gobernantes, y persistía el entusiasmo por el valor básico, no el propuesto por el Estado y santificado o maldecido por la Iglesia, sino por lo que *contiene (realidades, ilusiones, abstracciones, fantasmagorías) la palabra mexicano,* para unos, el gentilicio de que ufanarse; para otros, designación peyorativa. El populacho se adueñó del término y lo usó como primera vestimenta. Ya luego, lo fueron definiendo de maneras diversas, pero por lo pronto eran mexicanos que animaban las calles con su clamoreo, dirigido indistintamente a Santa Anna, Gómez Farías, Miramón, Juárez, Maximiliano, Porfirio Díaz. A la gleba, las polémicas entre liberales y conservadores, no le concernían. Las ideologías le eran extrañas e impuestas, pero las imágenes del poder le resultaron entrañables. Dependían de la seguridad del hombre al mando (el que fuera), del rostro altamente individual de la nación.

La gleba vitoreó a todos los ejércitos y aceptó con igual parsimonia frenética a los liberales o al imperio. Si la nación no los admitía, construirían la identidad con saldos, despojos, expropiaciones visuales. Esta es la primera cultura urbana, el equilibrio entre el triunfo de los menos y la desposesión de los más, los requisitos de sobrevivencia que desde fuera parecen de un oportunismo inaudito, la miseria que iba adquiriendo habla y puntos a la vista, y moldea a la religiosidad y a los hábitos sexuales. En pleno analfabetismo, en condiciones de máxima insalubridad, sin servicios sanitarios, en tugurios inconcebibles, las masas armaron su guía de sentimientos, y su verdadera "identidad nacional" correspondió al barrio, a la región capitalina, al gremio de la actividad lícita o "ilícita", para de allí expandirse e incorporar símbolos, poemas, modernizaciones.

Una diferencia no muy advertida. Si la "identidad nacional" varía según las clases sociales, también y muy profundamente, según los sexos. La nación enseñada a los hombres ha sido muy distinta a la mostrada e impuesta a las mujeres. Esto explica la invisibilidad social y esto fundamenta la hegemonía del clero sobre un sector, el femenino, para quien la práctica de México consistió en adherir sus Virtudes Públicas y Privadas (abnegación, entrega, sacrificio, resignación, pasividad, lealtad extrema) a las exigencias de sus hombres o sus "padres espirituales".

Muy distintas han sido la nación y la ciudad de las mujeres, entrevistas siempre desde el segundo o tercer plano. Desde la década de los cincuenta, la cultura urbana ha sido la sucesión de reacciones (azoro, frustración, elogio rendido, adaptabilidad) frente a la opresión industrial, la falta de fe en el futuro, las transformaciones tecnológicas, y la mayoría de las mujeres han debido plegarse las decisiones masculinas, avenirse con la industrialización y la tecnología, percibir a distancias todavía mayores el impacto del cambio. En las mujeres las connotaciones de represión y violencia de lo urbano se intensifican y lo nacional es más injusto y discriminatorio.

Fue lenta la apropiación de una "identidad" con rasgos y lenguaje compartidos en menor o mayor medida. En la capital, la "identidad" no fue el tejido casual y firme de un poema de López Velarde, una canción evocativa del rancho, la cocina poblana, el respeto al padre, las artesanías oaxaqueñas y la Constitución de la república. La "identidad" (en buena medida, insisto, sinónimo de *cultura urbana*) fue el miedo y el odio a la autoridad que el relajo enmascara, las redistribuciones del orden dentro del caos, los calificativos morales que no impedían las conductas naturales, la incomprensión teórica de los procesos históricos, la idea de política como la maldición mudable y eterna que nos somete a la corrupción para salvarnos periódicamente de la represión. Así se identificaron las naciones y los capitalinos. Fueron, han sido y siguen siendo la resignación sostenida en vilo por los golpes de la política, el amor a los símbolos y el nacionalismo que depende de memorias comunes e individuos y de una mínima confianza en el progreso. El sentimiento variado y profundo de "mexicanidad" es la diferencia específica que carece de género próximo.

Esto persiste y eso se modifica. Se mantienen y renuevan procedimientos y gusto comunales, pero la explosión demográfica, el desempleo, la represión policiaca, disuelven, deshacen y rehacen cada día la "identidad" mítica. En el universo donde toda sensación corresponde a un producto (la amistad cordial es don de Pepsi, el olor de la sensualidad está tasado por olfatos clasistas, la modernidad requiere de cabello rubio y ojos azules, a lo ancestral lo delata el color moreno), las formas extremas de nacionalismo se mantienen. Son guías de sobrevivencia, refugios psicológicos a los que se llega vitoreando al país y a sus héroes. El nacionalismo: la idea (la sensación) (la síntesis de juicios y prejuicios) que nos evita más problemas y preguntas: somos mexicanos y, por ende, y sabemos nuestras limitaciones, que la policía y el nivel salarial refrendan, las aceptamos con desencanto que ocasionalmente remata en orgullo y las complementamos con algunas virtudes. El nacionalismo: la estrategia para no desintegrarse en la indefensión.

Al volverse cada vez más compleja la cultura urbana, la "identidad nacional" se confina en fórmulas esenciales: el ámbito familiar, las pasiones deportivas, las lealtades efímeras o permanentes del espectáculo, las vivencias comunitarias. Lo nacional en esta perspectiva, no es lo enfrentado a lo internacional, sino lo que entiende sin problemas y se deja apresar en fórmulas sentimentales.

Al margen de la interpretación gubernamental, la mexicanidad deviene en las masas vía de comprensión del mundo. Al fundirse crecientemente con la cultura urbana, la "identidad nacional" ya no es el corpus de tradiciones, sino la manera en que el instituto colectivo mezcla realidades y mitologías, computadores y cultura oral, televisión y corridos, para orientarse animadamente en un mundo que, de otro modo, sería todavía más incomprensible.

Por eso, es tan difícil o impreciso el uso del término "identidad nacional", por la enorme mutabilidad que varía según funcione en barrios o vecindades o colonias residenciales o condominios o unidades habitacionales de burócratas o colonias populares o ciudades perdidas o rancherías o poblados indígenas o zonas fronterizas. México es, a la vez, un país más unificado y más plural de lo que se piensa. Si ya no es creíble la vigencia de creencias y tradiciones propias de mentalidades extintas, tampoco es desdeñable el peso vivo de muchos otros hábitos y prácticas. Un ejemplo entre miles: las unidades habitacionales obreras, concebidas de acuerdo al gusto decorativo y funcional de la clase media, en pocas semanas se convierten en algo distinto, que recuerda los orígenes rurales, que pone de relieve la fuerza de la promiscuidad (no el vocablo moralista, sino la urgencia habitacional). Ni la modernización se impone absolutamente, ni la modernización fracasa.

Es claro: la identidad de un país no es una esencia ni el espíritu de todas las estatuas, sino creación imaginativa o crítica, respeto y traición al pasado costumbrista, lealtad a la historia que nunca se acepta del todo. Antes del capitalismo arrogante (la suficiencia de los pocos y la insuficiencia del resto), se impuso un nacionalismo que era humilde petición de ingreso al "Concierto de las Naciones" y que, en su versión literaria o en su apariencia Metepec, Olinalá, Tlaquepaque y anexas, fue gran técnica de consolación, el aislamiento forzado que es motivo de orgullo. Por lo mismo, no es fácil el salto entre la cultura preindustrial y la industrializada. En el sentido de la apropiación psicológica, somos los transistores, los champús y desodorantes, porque antes éramos la carencia de transistores, champús y desodorantes. La identidad entre otras cosas, es el consuelo de muchos, la resignación compartida ante las carencias, la solidaridad en la frustración. La cultura industrial traspasa pero no fija, porque la tecnología, al "nacionalizarse", adapta un universo vertiginoso, computarizado, videológico y telegénico a las necesidades de cuartos desastrosos, de unidades habitacionales como alegorías del encierro burocrático, de futuros a plazo fijo, del desempleo que algunos hallan preferible al abuso de los patrones.

Así, la identidad nacional no es lo opuesto a la internacional, sino el método para interiorizar una condición internacional (la vida bajo el capitalismo salvaje) sin lesiones todavía más graves en lo psíquico, lo moral, lo social, lo cultural.

# La condición postmexicana

ROGER BARTRA

En México, lo mismo que en el resto de Norteamérica, la sociología está atravesando un periodo crítico y turbulento.[1] El interés por construir puentes interdisciinarios se ha convertido en una necesidad apremiante. Al mismo tiempo, poderosas tendencias políticas y económicas están tejiendo nuevas formas de relación recíproca que superan las limitaciones tradicionales. El Tratado de Libre Comercio (TLC) es un resultado de estas tendencias.

A partir de estos hechos trataré de exponer sucintamente algunas reflexiones tanto sobre la crisis de las identidades nacionales como sobre las angustias y las esperanzas que veo crecer en la sociología contemporánea en el norte de América. La necesidad de sintetizar me obliga —lo cual es un placer para mí— a usar metáforas que expresan muy libremente los temas que quiero abordar. Al hablar del "puente", la "frontera" y la "jaula" usaré estas imágenes más como ingredientes de una fábula que como conceptos científicos. Y, no obstante, pretendo que la fábula nos lleve hacia la ciencia.

Imagino al sociólogo encerrado en una especie de jaula hermenéutica delimitada por los barrotes de una frontera; esta frontera define nuestro espacio pero también limita nuestros esfuerzos. Frente a esta angustiosa contradicción entre identidad y libertad, aspiramos a construir un puente al exterior, pero nos preocupa que se derrumbe después

---

En *La jaula de la melancolía* (1987), Roger Bartra (1942) consideró cerrado el ciclo político de "lo mexicano". En la conferencia que se reproduce, dictada en la reunión de la American Sociological Association de 1997, se refirió a la nueva condición postmexicana.

de cruzarlo y no podamos regresar. Esta angustia ha asediado a los sociólogos desde hace varias décadas. Hace medio siglo, a principios de la posguerra, Robert Merton declaró que desconfiaba de las teorías generales e hizo un llamado a concentrarse en el desarrollo de teorías sociales de rango medio *(middle range)*. Con ello se podrían evitar los peligros de volar demasiado alto y lejos de la jaula, y se justificaba la creciente especialización. El peligro de esta vía hacia la *aurea mediocritas*, la medianía dorada, consistía en un rendimiento decreciente en la acumulación de tesis significativas sobre la sociedad. Paul Lazarsfeld se preguntaba hace cuarenta años: "¿Qué es lo que ha aportado la investigación social en los últimos cincuenta años? ¿Hay algún descubrimiento sociológico que no haya sido anticipado por los filósofos o los novelistas?". No sólo insinuaba que se había logrado poco, sino que auguraba un futuro igualmente mediocre: "es poco probable —dijo— que se realicen 'descubrimientos' sorprendentes en los tiempos que vienen".[2]

Los sociólogos al sur del río Bravo aceptaban con más naturalidad que su ciencia se mantuviera como una disciplina ambigua basada en impresiones, y les molestaba menos que las fronteras de la ciencia social con las obras de Carlos Fuentes, Octavio Paz o Juan Rulfo estuvieran poco definidas. En contraste, eran rígidos en materia de fronteras nacionales, al punto de que, por ejemplo, aceptaron y refinaron una teoría de la dependencia —para explicar el subdesarrollo— que sólo tenía sentido si se partía de la existencia sustancial de los límites estatales heredados de la condición colonial. La sociología se encerró en la jaula nacionalista.

Algunos científicos sociales tendieron puentes hacia el norte, pero se toparon con que en los Estados Unidos la sociología había construido otra jaula con la obsesión casi medieval por la clasificación, la codificación y la cuantificación, y vivía encerrada tras una jerga posweberiana prácticamente impenetrable. Para agravar la claustrofobia de algunos sociólogos, el uso de refinados recursos estadísticos, al acercar la sociología a las ciencias naturales, despertó las sospechas de algunos matemáticos de que la esperanza de un florecimiento de las ciencias sociales era vana, debido a que la mayor parte de los fenómenos estudiados son de una clase altamente indeterminada. El trabajo matemático necesario para validar estructuras sociales podría superar con creces el ya realizado por los físicos con la indeterminación en la mecánica cuántica, y además no prometería resultados muy significativos.[3]

Por su parte, las ciencias sociales en México —como en algunos otros países de América Latina— se habían subido a la carroza del Estado nacional y desarrollaron ciertos refinamientos teóricos, especialmente en el estudio de los fenómenos rurales y de la política, impulsados por la fuerza desencadenada de una revolución agraria que cristalizó en un Estado nacional especialmente complejo, aunque autoritario y poco democrático. Sin embargo, la sociología quedó atrapada en una extraña paradoja: a pesar de sostenerse sobre una base nacionalista, despreció durante muchos años el estudio de la simbología cultural. Así, en lugar de interesarse por las expresiones culturales del fenómeno nacional, prefirió acercarse a las formulaciones económicas. Aquí también se tuvo la incómoda sospecha de que la sociología, preocupada principalmente por explicar la dependencia y el sistema global de dominación, se hallaba atrapada por la ley de los rendimientos decrecientes. Al buscar un mayor sustento científico en la economía, cayó en una trampa y no disipó el misterio que la obsesionaba: las causas del subdesarrollo. Los sociólogos que heredaron y continuaron esta tradición llegaron a la conclusión de que la dependencia y la globalización (o, como algunos prefieren decir, el subdesarrollo y el neoliberalismo) habían impedido que en México se desarrollara una sociedad civil homogénea y vigorosa. El proceso habría sido catastrófico, el fascismo o el caos amenazarían al sistema, y la solución —en caso de vislumbrarse alguna— debía venir de un apoyo a las modalidades blandas, semidemocráticas y populistas, del autoritarismo, o bien de una alternativa de salvación nacional más o menos revolucionaria, que abriera paso a un nuevo modo de desarrollo económico. Se esperaba, ingenuamente, que la globalización provocara una crisis que debilitara las fuerzas imperialistas de los Estados Unidos.

Frente a estas interpretaciones, creció otro enfoque sociológico que examinó con cuidado la dimensión cultural y simbólica, y llegó a la conclusión opuesta: el sistema mexicano se apoyaba en una sólida sociedad civil, cuya complejidad permitía explicar la legitimidad del autoritarismo nacionalista. A esta conclusión se agregó la tesis de que en el interior de esta sociedad civil estaban ocurriendo ciertos cambios en la constitución de la identidad nacional que permitían suponer que se acercaba una crisis profunda del sistema. Algunos creíamos, además, que se trataba de una crisis de legitimidad y de un mal funcionamiento de las estructuras mediadoras. Los estudios sobre la identidad y "lo mexicano" se ligaron a los enfoques que analizaban las relaciones de poder desde puntos de vista que hoy suelen calificarse de "postmodernos". Desde esta perspectiva, las alternativas se podían encontrar en la misma sociedad civil cambiante, y debían formar parte de la globalización en lugar de oponerse a ella. Paradójicamente, la globalización parecía fortalecer, y no debilitar, la cultura cívica; en cambio, el Estado autoritario no resistía bien los vientos globalizadores.

No puedo resistir la tentación de suponer que existe una relación entre la situación crítica de la sociología y las tensiones culturales que se observan en las sociedades del norte de América. Creo que este vínculo se puede encontrar precisamente en las maneras en que pierden legitimidad las identidades tradicionales. Por lo que se refiere a México, estoy convencido de que estamos frente al problema de construir formas postnacionales de identidad, para usar la fórmula de Jürgen Habermas. En este sentido, creo que podemos hablar de una condición postmexicana, no sólo porque la era del TLC nos sumerge en la llamada "globalización", sino principalmente porque la crisis del sistema político ha puesto fin a las formas específicamente "mexicanas" de legitimación e identidad. Este proceso se comprende mejor si lo equiparamos a la caída de la cortina de hierro y al derrumbe del bloque socialista soviético. La "occidentalización" y, en el caso mexicano, la "norteamericanización" son un efecto importante inducido desde el exterior pero derivado de la gran quiebra interior de un complejo sistema de legitimación y consenso.

Como quiera que se interpreten estos hechos, el derrumbe de los sistemas políticos que nacieron con el siglo pasado ha sido una gran sorpresa para muchos. Es posible que las ciencias sociales no hayan hecho ningún descubrimiento extraordinario pero, en contraste, vastas regiones del mundo sufrieron cambios sociales sorprendentes. América Latina ha dejado de ser (aunque con serias dificultades) un mosaico de dictaduras, el mundo socialista se ha evaporado y Europa lleva muy adelantado su proceso de unificación. No es extraño, pues, que ante un mundo que cambia aceleradamente las ciencias sociales se sientan encerradas en una jaula anacrónica y busquen estrategias para escapar. La sociología tal vez no hizo grandes descubrimientos en ese periodo, pero su objeto de estudio sufrió transformaciones espectaculares. Recordemos que los importantes avances en las ciencias sociales del siglo XIX —simbolizados por Marx y Tocqueville— tuvieron como motor o imán el espectáculo del nuevo mundo que inauguraron las revoluciones modernas. A fin de cuentas, ellos tuvieron el privilegio de hacer la disección de un mundo en transición, de sociedades que, en sus convulsiones, dejaban ver sus entrañas y permitían que la mirada curiosa penetrara en sus secretos íntimos. ¿No podemos esperar que el nuevo siglo atraiga nuevas miradas que descubran dimensiones sociales desconocidas?

Así, pues, el hecho de que, sorpresivamente, el viejo sistema mexicano por fin se halle tendido en la mesa de disección de los sociólogos puede celebrarse no sólo porque sobre su cadáver se está tendiendo un puente democrático; espero que, además, sea el factor que ponga un acicate a las ciencias sociales.

Una profunda crisis de identidad y legitimidad, que comenzó a madurar en 1968, ha aniquilado el viejo régimen mexicano. Este tipo de crisis ofrece momentos privilegiados para la investigación y la reflexión. Para los sociólogos las caídas de un sistema son como los eclipses de sol para los astrónomos: en esos momentos podemos observar mejor el perfil de una sociedad y las grandes tensiones que la cruzan. Súbitamente el sociólogo se da cuenta de que se han desvanecido las fronteras, las rejas de la jaula han caído y contempla un espacio exterior iluminado por la extraña luz del eclipse. Esta pálida luminosidad parece invitarnos a la macabra pero fascinante tarea de examinar un cuerpo social *in articulo mortis*, de escuchar sus estertores y comenzar a escribir el certificado de defunción.

En esos momentos nos preguntamos: ¿es posible dirigir nuestros instrumentos para localizar ciertos órganos, mecanismos, sistemas, aparatos y procesos, conocer su *modus operandi* y predecir su disfunción? ¿Es posible determinar si alguno de estos órganos o aparatos regula o mantiene, por ejemplo, las funciones de legitimación? Tal vez los efectos mágicos de la luz crepuscular me hacen pensar que sí es posible; o que será posible en un futuro cercano.

De momento, me parece que podemos comprender que el fin del sistema político mexicano instituido tras la Revolución de 1910 forma parte de las grandes transformaciones que han sacudido en todo el mundo a los regímenes sustentados en tradiciones revolucionarias y que marcan el fin del siglo XX; hasta cierto punto, la reforma democrática mexicana es una secuela del gran sismo de 1989. Ni siquiera el TLC pudo evitar la sacudida e, incluso, tal vez la aceleró. Ahora bien, desde la temblorosa perspectiva mexicana, nos podemos preguntar: ¿afectarán los grandes cambios en el mundo al sistema político de los Estados Unidos? ¿Hasta qué punto ha afectado la caída del muro de Berlín a los aparatos legitimadores en los Estados Unidos? Estas son preguntas que algunos mexicanos atónitos nos hacemos cuando aceptamos la invitación a cruzar la frontera por medio de los puentes que nos tiende la sociología estadounidense. Pero no podemos llegar como espaldas mojadas de la academia: somos más bien intelectuales que mojan la pólvora del entusiasmo estadounidense por el aparente fin de la historia.[4]

La creación y estimulación de sentimientos públicos sobre la otredad es una de las funciones más importantes de las estructuras de legitimación.[5] Me cuesta trabajo creer que el final de la guerra fría y la extinción del comunismo como gran encarnación de la alteridad amenazante no provoquen, en algún momento del futuro cercano, cambios o sacudidas importantes en el sistema político de los Estados Unidos.

Pero abandonemos este *wishful thinking* y retornemos a México, donde durante años los Estados Unidos han representado la alteridad amenazadora. El TLC marcó el fin de este mito, que ya estaba muy erosionado, y ayudó a abrir las puertas de lo que he llamado la "jaula de la melancolía" para referirme a la peculiar estructura política y cultural que definía la identidad nacional posrevolucionaria, por oposición a esa moderna y desencantada jaula de hierro de la que habló Max Weber.[6] Pero el modo en que fue aprobado el TLC no sólo tendió un puente y abrió las puertas de la jaula, también destapó la caja de Pandora. El proceso fue muy rápido, y se negoció precipitadamente una apertura comercial que debió haber comenzado muchos años antes pero que había sido bloqueada tercamente por la clase gobernante nacionalista.

El proceso de liberalización comercial tomó por sorpresa a una incauta elite que no supo negociar con eficacia ni tuvo tiempo de aprender a navegar en el espacio del libre comercio. Como una ironía de la historia, junto con el TLC surgieron súbitamente amenazas internas que adquirieron una virulencia y una resonancia imprevistas, y que hicieron pasar a segundo término la vaga amenaza del gigante del norte. Un movimiento armado indígena, audaz e imaginativo, retó al gobierno, provocó una crisis política y colocó la reforma democrática en el programa del sistema. Además, una confusa y opaca coalición de intereses, entre los que se hallan los de los narcotraficantes, provocó unos espectaculares asesinatos políticos que conmovieron a la sociedad mexicana. Las elecciones presidenciales de 1994 fueron extremadamente tensas y a ellas siguieron nuevos problemas económicos. De la noche a la mañana, el TLC parecía haber borrado las amenazas externas, pero había invocado los peligros internos, que fueron conjurados no tanto por la habilidad de los políticos gobernantes sino principalmente por la solidez de una sociedad civil que propició la transición hacia un régimen democrático.

La crisis de identidad que ha abierto la jaula mexicana, ha construido puentes y ha derribado fronteras, ha provocado también algunos inquietantes efectos perversos. Revisemos un ejemplo. La identidad nacional se basaba hasta ese momento en un modelo integracionista que impulsaba la fusión de europeos e indios, y exaltaba el proceso unificador del mestizaje. Los problemas raciales y étnicos se resolvían, al parecer, al disolverse en un *continuum* teñido de formas paternalistas de construcción de la unidad nacional. Mientras en México se consolidaba esta política, durante los años treinta, en los Estados Unidos se aprobaba una legislación que propició formas de autogobierno en las reservaciones indias que combinaron mecanismos tradicionales con métodos legislativos modernos. Ambas supuestas soluciones fracasaron, cada una a su manera.

En México hoy se está transitando del paternalismo integracionista a un patrimonialismo, para usar un término de Weber, con tonos multiculturales y segregadores. Es la mezcla de dos fracasos en un extraño coctel: los empeños soviéticos de organizar la autonomía nacional con el intento estadounidense de mantener separados a los grupos

309

étnicos y raciales. El resultado es que en muchas regiones rurales del sur de México se están implantado gobiernos supuestamente indígenas, basados en los llamados "usos y costumbres", los cuales no son en realidad más que restos de formas políticas y religiosas de la época colonial. Ello se legitima a veces mediante ese tipo de relativismo cultural que en los Estados Unidos suele considerarse como "políticamente correcto".[7]

Éste es sólo un ejemplo de la manera en que la clase gobernante tradicional quiere impulsar mecanismos postdemocráticos de representación, para evitar que el colapso del viejo sistema limite su poder. Así como en las regiones indígenas se tiende a sustituir el voto por los consejos de viejos caciques, en el resto de la sociedad se quiere sustituir las elecciones por negociaciones, la discusión en la cámara de diputados por el cabildeo, los ciudadanos por las corporaciones, y los individuos por las organizaciones no gubernamentales, los movimientos de base o las guerrillas virtuales. Esta peculiar amenaza postdemocrática se parece vagamente al abandono de la política de derechos civiles, ciega a las diferencias raciales, que todavía dominaba en los años sesenta en los Estados Unidos, y que ha sido parcialmente remplazada por los programas multiculturales y multirraciales que hoy conocemos.

En este punto los procesos en México y en los Estados Unidos se encuentran, a mitad del puente, y donde podemos preguntarnos si no estamos ante un punto crítico que anuncia cambios significativos. Cambios que afectarán no sólo los mecanismos del sistema político, sino también ciertos aspectos de la civilización y la cultura profunda de lo que solemos llamar el "Occidente moderno".

# Notas

## Ontología del mexicano

1. "Un desdén manso de las cosas" dice López Velarde en su poesía *La tejedora*.
2. "Cuando le dije que éramos extranjeros dejó de sonreír, mirándome con más respeto. Pronuncié, sin saberlo, la palabra sagrada: extranjero, que en México equivale a derecho de primacía, a Señor de todas las cosas". J. Rubén Romero, *Apuntes de un lugareño*, p. 298.
3. El mexicano "es un hombre que revive constantemente las desventuras del pasado". José Gómez Robleda, *Imagen del mexicano*, p. 74.
4. "Siempre que inicio un vuelo por encima de todo, un demonio sarcástico maúlla y me devuelve al lodo". López Velarde, *Un lacónico grito*.
5. "La imaginación no es un estado, es la existencia humana misma". William Blake, *Second Livre Prophetique*. Trad. Berger, p. 143.
6. "El mexicano huye de la realidad y se refugia en el sueño y en la fantasía". José Gómez Robleda, *Imagen del mexicano*, p. 74
7. "México se singulariza y tiene individualidad *exclusivamente* por lo indio". José Gómez Robleda, *Imagen del mexicano*, p. 25.

## El relajo

1. Por un acto análogo a lo que Husserl llama "reducción fenomenológica".
2. La conciencia posicional de una "seriedad a suspender" frente a un valor, no es conciencia posicional de "mi decisión" de suspender la seriedad, por más que a esa conciencia posicional prerreflexiva sea inherente una conciencia no posicional de mi actividad. En el relajo el sujeto está en el mundo dislocando una situación articulada por la realización de un valor, y no ante sí mismo deliberando o contemplando su conducta futura o sus estados de ánimo.

   No se me oculta que estas afirmaciones hacen surgir el problema de la posibilidad de una conciencia prerreflexiva y el de una acción no voluntaria que no por ello sea inconsciente o falta de finalidad. Semejante cuestión, por importante que sea en sí misma, no puede ser abordada en detalle dentro de los límites de este ensayo sin desviarlo excesivamente de su propósito principal.

## El Yo indígena

1. Parece sometido el indio a dos movimientos de renuncia de sí mismo. En la Conquista se manifiesta su ser "externo" como culpable; debió asumir, pues, esa culpabilidad supraindividual y expiarla, destruyéndose como tal pueblo culpable para acceder al pueblo nuevo ya reconciliado. Pero su conversión no fue completa. Permaneció en el seno del pueblo nuevo lejano, escindido, según lo revelará el "mestizo"; nunca acabó por negarse plenamente a sí mismo y nacer a vida nueva. Y, al aparecer como lejano, su antigua mancha parece revivir, revelándose ahora bajo otro aspecto: el de la esclavitud. Ésta se manifiesta al considerar al indio en el seno de la comunidad que lo trasciende; como antaño la culpa, el estigma de esclavitud no pertenece a la esfera de su intención sino a su ser efectivo, ante-la-historia. Y por segunda vez, deberá asumir ese ser si quiere salvarse. Lavar la mancha de la esclavitud lo logrará, también ahora, renunciando a sí mismo, destruyéndose en su especificidad de esclavo para advenir a la sociedad nueva en que no existen diferencias de razas. Al asumir lo universal —en el proletariado— y negarse como indio, no hace más que repetir su movimiento de expiación y reconciliación con lo supraindividual comunitario, llevándolo a su término.

2. La clase campesina, a la que pertenece la mayoría de los indígenas, es de suyo la clase menos universal. Ella es la fuente de todos los particularismos y regionalismos y por sí misma no llegaría nunca a la conciencia de una solidaridad humana universal. Para que el indio adquiera conciencia de universalidad y, por tanto, pueda proseguir su lucha libertaria, debe "pasar" a la clase más universal de la historia: el proletariado. Ese "paso" será una negación de la limitación del indígena a su conciencia y vida regional y particularista, a la vez que una conservación de los valores espirituales del indio, que quedarán asumidos por el proletariado. Para asumir la universalidad de lo humano sobre las distinciones de razas, precisa, pues, renunciar en cierta forma a sí mismo y adquirir la conciencia universalista del proletariado; cosa que logrará al proletarizarse o al dejarse dirigir conscientemente por esta clase.

3. El carácter "apasionado", según la conocida caracterología de René Le Senne, se distingue, entre otros caracteres, por reunir las dos "potencias" de actividad y emoción. (*Traité de Caractériologie*, 1946.)

POSIBILIDADES Y LIMITACIONES DEL MEXICANO
1. Rodolfo Mondolfo, *Feuerbach y Marx*, Claridad, Buenos Aires, s.f., p. 18.

PSICOANÁLISIS DEL MESTIZAJE
1. Octavio Paz, *El laberinto de la soledad*.

EL CARÁCTER NACIONAL MEXICANO
1. Erich Fromm, *"Psychoanalytic Characterology and Its Application to the Understanding of Culture"*, en *Culture and Personality*, S. Stansfield Sargent and Marian W. Smith, (eds.). The Viking Fund, Wenner-Gren Foundation for Anthropological Research, Inc., Nueva York, 1949.
2. Sigmund Freud, *"Charakter und Anal-Erotik"* (1908), *Obras Completas*.
3. Véase la nota 1.
4. El estudio completo de la aldea, incluyendo métodos y resultados detallados, ahora está en proceso de redacción y se publicará en forma de libro, con el título de *Class and Character in a Mexican Village*.
5. En 1950, el 29 por ciento de la población mexicana vivía en poblados de 10,000 habitantes o más. En 1960, el porcentaje se había elevado a 35. La población total ha aumentado desde 25.7 millones en 1950 hasta 34.9 millones en 1960; en 1940, la población era de 19.6 millones. La mayoría de la mano de obra corresponde a la agricultura, principalmente campesinos, aunque el porcentaje ha descendido de 58.3 en 1950 a 54 por ciento en 1960. Agradezco al señor Julio Boltvinik, de El Colegio de México, la compilación de estas estadísticas del censo nacional.
6. Véase George Foster, "El carácter del campesino". *Revista de Psicoanálisis, Psiquiatría y Psicología*, núm. 1, 1965, pp. 83-107. Asimismo, su estudio anterior, *Culture and Conquest*. Wenner-Gren Foundation for Anthropological Research, Inc., Nueva York, 1960.
7. Una descripción de la hacienda y su influencia sobre el carácter del peón puede encontrarse en Eric Wolf, *Sons of the Shaking Earth*. The University of Chicago Press, Chicago, 1959, especialmente el capítulo 10.

8. Un análisis de la influencia cada vez mayor de los Estados Unidos en México puede verse en Oscar Lewis, *"México since Cárdenas"*, en Richard N. Adams *et al., Social Change in Latin America Today.* Vintage Books, Nueva York, 1961. Lewis también cita hechos interesantes acerca de la industrialización y presenta un cuadro abreviado de México a principios de la década de los años sesenta.

9. La población que hablaba solamente una lengua indígena o el español combinado con una lengua indígena bajó de 11.2 por ciento en 1950 al 10.4 por ciento en 1960.

10. Los ejemplos incluyen los murales y los temas decorativos de la Universidad Nacional y en la grandiosa construcción del Seguro Social "Unidad Independencia". Los grandes artistas revolucionarios mexicanos tales como Rivera y Orozco son famosos por el uso que hacen de temas indígenas y su glorificación de los indígenas por encima de los conquistadores españoles. Sin embargo, es digno de notarse que los campesinos mestizos con frecuencia culpan de su conducta violenta y sentimientos vengativos a su "sangre india", a pesar del hecho de que muchas comunidades indígenas de México con más pacíficas y están mejor integradas que las aldeas cuya población es mestiza.

11. De acuerdo con el informe de la Oficina Sanitaria Panamericana, la prevalencia del alcoholismo en México es la tercera, en orden descendente, en el mundo, y sólo cede ante Chile, en la América Latina. Como Chile y México figuran también entre los colectores de datos más precisos de la América Latina, la posición relativa debe tomarse con cuidado, aun cuando México claramente sufre una alta incidencia de alcoholismo. Véase *Seminario latinoamericano sobre alcoholismo,* Informe Final, Oficina Sanitaria Panamericana, Oficina Regional de la Organización Mundial de la Salud, con la colaboración del Servicio Nacional de Salud, Santiago, Chile, 1961.

12. De acuerdo con un estudio empírico que compara las actitudes mexicanas con las correspondientes a otras cuatro naciones, hecho por Gabriel Almond y Sidney Verba, los mexicanos se sienten más orgullosos de sus instituciones económicas y de la belleza física de su país que de su gobierno. Pero es mayor la cantidad de mexicanos (30 por ciento) que se sienten orgullosos de sus instituciones políticas, en comparación con los italianos (3 por ciento) o los alemanes (7 por ciento). En tanto que los mexicanos critican la falta de un tratamiento justo por parte de las autoridades y se sienten impotentes para influir en la política, el estudio de Almond-Verba también implica que sus sentimientos de impotencia

están condicionados en parte por el contraste entre ideas sumamente elevadas y la realidad. Véase *The Civic Culture: Political Attitudes and Democracy in Five Nations.* Princeton University Press, Princeton, 1963.

13. Gordon W. Hewes, *"Mexicans in Search of the 'Mexican'", The American Journal of Economics and Sociology,* 13, 1953-54, pp. 209-223.

14. México, Imprenta Mundial, Miravalle 13, 1934.

15. Tengo la sensación de que los autores mexicanos subestiman los efectos de los sentimientos de inferioridad de su vida a la sombra de los Estados Unidos, con su abrumadora superioridad económica y militar, que se ha apoderado de grandes porciones del territorio mexicano. La mayor parte de los mexicanos todavía se muestran resentidos no sólo de su pérdida de territorio, sino también de la intervención norteamericana en la Revolución de 1910. Por otra parte, temen a la riqueza norteamericana, y los campesinos que han trabajado como braceros en los Estados Unidos perciben perfectamente el contraste entre ambos países. Estos sentimientos en parte se atenúan por la opinión de que los norteamericanos son fríos y preocupados abiertamente con los aspectos materiales de la vida, en tanto que desde el punto de vista emocional son ingenuos. La política del gobierno mexicano de no intervención en los asuntos latinoamericanos encuentra un profundo apoyo en el pueblo mexicano.

16. Aniceto Aramoni, *Psicoanálisis de la dinámica de un pueblo.* UNAM, México, 1961. Francisco Gónzalez Pineda, *El mexicano, psicología de su destructividad.* Editorial Pax-México, México, 1961. Santiago Ramírez, *El mexicano, psicología de sus motivaciones.* Editorial Pax-México, México, 1959.

17. Por ejemplo, véase Oscar Lewis, *Antropología de la pobreza, Cinco familias,* 4ª ed., Fondo de Cultura Económica, México, 1964, especialmente la familia Sánchez (pp. 189-256). Lewis es un observador sensible y dedicado, de la vida mexicana, que advierte el conflicto entre los sexos y su papel en la cultura mexicana. Pero ¿por qué escogió a la familia Sánchez para hacer un estudio más detallado de la vida en una familia mexicana, cuando ésta es una de esas raras familias a cuya cabeza figura un hombre y que carece de la fuerte influencia de la madre? Lo contrario es lo más común, y en nuestro estudio de la aldea, encontramos el 20 por ciento de las familias que tienen como jefe a mujeres sin marido.

18. Una descripción del dominio del hombre sobre las mujeres que significativamente era acompañado por prohibiciones estrictas contra la bebida puede encontrarse en Jacques Soustelle, *La vida cotidiana de los aztecas,* Fondo de Cultura Económica, México, 1965.

19. Fondo de Cultura Económica, México, 1959. También debe mencionarse al genio mexicano de la caricatura, que combina la crítica con el dibujo, que florece en los grabados de Abel Quezada y Rius, cuyo folleto cómico semanal, *Los Supermachos,* es leído vorazmente por los intelectuales mexicanos por sus pasquines devastadores del carácter mexicano y de las instituciones políticas.

20. p. 58.

21. p. 60.

22. Véase M. Maccoby, "La guerra entre los sexos en una comunidad campesina", *Revista de Psicoanálisis, Psiquiatría y Psicología,* núm. 4, 1966.

23. Véase M. Maccoby, *"Love and Authority: A Study of Mexican Villagers",* *The Atlantic,* 213:3, 1964, pp. 121-26.

24. Véase la nota 6. Foster publicará pronto un análisis más extenso del "bien limitado" y de sus relaciones con las actitudes y la conducta de los campesinos.

25. Véase Erich Fromm, *Ética y psicoanálisis,* Fondo de Cultura Económica, México, 6ª ed., 1966, p. 74.

26. Véase M. Maccoby, "El alcoholismo en una comunidad campesina". *Revista de Psicoanálisis, Psiquiatría y Psicología,* núm. 1, 1965, pp. 38-65.

27. Este mismo patrón de conducta aparece en otras sociedades caracterizadas por una emigración de las explotaciones campesinas pequeñas a la ciudad y se afirma que es común entre los negros norteamericanos y los aparceros de Arkansas que se trasladan a St. Louis. Véase Michael Harrington, *The Other America,* Penguin Books, Baltimore, 1963.

28. Una descripción más completa del carácter autoritario puede verse en Erich Fromm, *El miedo a la libertad.* Paidós, Buenos Aires.

29. La investigación de los valores en los trabajadores industriales de México, en comparación con los habitantes de poblaciones pequeñas, que ha hecho Joseph A. Kahl, sugiere determinar si estos cambios a los valores "modernos" reflejan un cambio de carácter profundamente arraigado. Agradezco al profesor Kahl el haberme mostrado su estudio *"The Measurement of Modernism: A Study of Values in Brazil and Mexico",* 1966, en su forma manuscrita.

Tiempo mexicano

1. Las concepciones romanas de continuidad y legitimidad son el origen más profundo del ejercicio vertical del poder en América Latina. Nuestros países pueden verse como una multiplicación de pequeñas Romas,

habitualmente gobernadas por pequeños Césares, mezcla de Calígula y Edward G. Robinson.

## CULTURA MEXICANA Y OPINIÓN POLÍTICA

1. "América como conciencia", *Cuadernos Americanos*, México, 1952, p. 2.
2. Héctor Pérez Martínez, *Cuauhtémoc. Vida y muerte de una cultura*, Espasa-Calpe, México, 1954, p. 219.
3. La mayor parte de las opiniones hispanistas han sido tomadas, un poco al azar, de periódicos y revistas; además el cap. v, "La Iglesia y la transformación mental del insurgente" de López Cámara en *La génesis de la conciencia liberal en México*, El Colegio de México, México, 1954; para la ideología conservadora durante la Independencia, y los discursos de Efraín González Luna durante su campaña presidencial en 1952, para la posición actual.

   Respecto al indigenismo se ha seguido el mismo método, la opinión actual se ha obtenido de lo publicado en periódicos y revistas populares por autores desconocidos en su mayor parte; también el libro de Villoro *Los grandes momentos del indigenismo en México*, El Colegio de México, México, 1950, pp. 167 y ss.
4. Francisco Pimentel, *Memoria sobre las causas que han originado la situación actual de la raza indígena en México y medios para remediarla*, citado en Luis Villoro, *op. cit.*, p. 16.
5. Tomás Córdova Sandoval, "Indios, criollos y mestizos", *Cuadernos Americanos*, núm. 6, México, 1961, p. 125.

## PSICOLOGÍA DEL MEXICANO

1. Hijos de obreros calificados o de padres con ocupaciones y educación semejante.
2. Los conceptos "cultura mexicana" o "cultura tradicional mexicana", se refieren al conjunto de preceptos o moralejas que forman el trasfondo de la forma de vivir de los mexicanos.

## LA CONDICIÓN POSTMEXICANA

1. Traducción de *"The Bridge, the Border, and the Cage: Cultural Crisis and Identity in the Post-Mexican Condition"*, conferencia presentada en la sesión inaugural plenaria de la reunión anual de la American Sociologi-

cal Association, el 9 de agosto de 1997, en Toronto. La reunión se realizó con el tema general de "Puentes para la sociología: internacionales e interdisciplinarios". Publicado en español en *La sangre y la tinta. Ensayos sobre la condición postmexicana*, Océano, México, 1999.

2. Paul F. Lazarsfeld, *"Problems in Methodology"*, en *Sociology Today*, editado por R.K. Merton, L. Broom and L. S. Cottrell, Jr., Basic Books, Nueva York, 1959, p. 39.

3. Véase al respecto de Gunther S. Stent, *The Coming of the Golden Age. A View of the End of Progress*, American Museum of Natural History, Nueva York, 1969, capítulo 6.

4. En el original, esta frase contiene un juego intraducible con las palabras *"academic wet-backs"* e *"intellectual wet-blankets"*.

5. Véase mi libro *Las redes imaginarias del poder político*, nueva edición corregida, revisada y aumentada, Océano, México, 1996.

6. *La jaula de melancolía*, Grijalbo, México, 1987.

7. He tratado este problema en dos ensayos: "Violencias indígenas", *La Jornada Semanal*, 130, 1997, y "La tentación fundamentalista y el síndrome de Jezabel", *Enfoque*, 128, *Reforma*, 16 de junio de 1996. Estos ensayos se fundieron en el texto "Sange y tinta del kitsch tropical", en *La sangre y la tinta: ensayos sobre la condición postmexicana*, 1999.